AF 315613

SOUVENIRS

DE

LÉONARD.

SOUVENIRS

DE

LÉONARD,

COIFFEUR DE LA REINE MARIE-ANTOINETTE.

Tome premier.

Paris,

ALPHONSE LEVAVASSEUR ET Cⁱᵉ,

Éditeurs de L'AFRIQUE FRANÇAISE, REVUE COLONIALE ;
du DICTIONNAIRE DES DATES,
des SOUVENIRS DU DUC DE VICENCE, etc., etc.,

8, PLACE DE LA BOURSE.

1838

AVANT-PROPOS.

—

Dans les sociétés vieillies, où les gloires réelles se sont usées par le frottement de la corruption, on recompose des gloires factices avec des ridicules et même des vices. Ce fut ainsi que, vers la fin du xviiie siècle, les danseuses, les marchandes de modes et les coiffeurs devinrent parmi nous des illustrations. La France n'avait plus de maréchal de Saxe, plus de Voltaire, plus de Montesquieu ; Paris et Versailles proclamèrent une Guimard, une Bertin, un Léonard.... Mais Léonard, ce héros de la coiffure, ce dieu régénérateur des beautés ou trop mûres, ou trop vite dépensées, ne vit aucune capacité marcher à sa hauteur ; il eut ses courtisans ; les aristocraties princières saluèrent son étoile ; le roi lui souriait ; la reine en fit le conseiller intime de sa grandeur souveraine : les voiles de son négligé lui furent transparents.

Léonard s'était placé, par le *génie,* au niveau des grands de l'ancienne cour ; il avait partagé leurs splendeurs ; quand ils vinrent à connaître l'infortune, il se crut solidaire

avec eux de souffrance et d'adversité : ce qui
prouva, en passant, que l'âme d'un coiffeur
peut valoir celle d'un comte ou d'un duc.
Léonard émigra, emportant dans sa mémoire
l'empreinte vraie de tout ce que les cabinets
de toilette et les petites maisons avaient célé,
depuis vingt ans, d'aventures piquantes et
de charmantes indignités; de tout ce que les
deux Trianons, Marly et Choisy avaient dérobé d'abandon secret; de tout ce que les
nuits du vieux Versailles avaient voilé d'es-
capades illustres....

Léonard reparut à Paris dès l'origine de la
restauration; mais on espéra vainement qu'il
ouvrirait le trésor de ses souvenirs : l'ancien
coiffeur virtuose, trop dépendant des hauts
personnages que ses révélations pouvaient
peindre sous un jour peu flatteur, se crut
obligé de garder le silence : on perdait là vraiment le croquis fidèle d'une époque qui ne

s'est pas encore offerte entièrement sous ses plus curieux aspects. L'esprit original de Léonard, son assurance perruquière, les jugements hardis qu'il portait sur les hommes et les événements, l'importance qu'il donnait sérieusement à sa vie, son expérience formée d'observations politiques, morales, littéraires, faisant relief sur un fond de poudre à la maréchale; tout, dans cette nature type, semblait promettre de ces récits qu'on a nommés depuis *pittoresques,* et dont le caractère peut être saisi dans un jet de ce naturel à part, qui surgit, en 1817, d'une fin de dîner chez Riche, entre champagne et café.

« La coiffure, disait Léonard avec le ton
» d'une intime persuasion, résume une épo-
» que avec une merveilleuse précision : ne
» riez pas, messieurs, j'arrive tout d'abord à
» la preuve tirée de notre propre histoire, et

» je ne remonterai pas bien haut pour vous
» l'offrir convaincante.

» Sous Louis XIII, les cheveux coupés car-
» rément, parfumés, mais frisés sans art, c'est
» la barbarie hautaine d'une noblesse aussi
» ignorante que vaniteuse, qui brille sans
» élégance, qui veut paraître grande sans
» grandeur. Cette coiffure-là dénote la féro-
» cité des duellistes raffinés, la passion fu-
» rieuse des joueurs de lansquenet, relevant,
» le matin, leur moustache au Louvre; dé-
» troussant, le soir, les passants dans les rues
» de Paris; elle révèle la galanterie brutale
» qui va droit au but sans préambule, et qui,
» du reste, y parvient sans obstacle.

» A l'aspect des grandes perruques du
» règne de Louis XIV, perruques si graves,
» si imposantes, ne voyez-vous pas se dé-
» velopper toutes les sublimités? cette coif-
» fure grandiose annonce Racine, Molière,

» Bossuet, Fénelon, Condé, Turenne, comme
» l'aurore annonce le soleil..... Plus tard,
» l'ampleur chevelue est restreinte ; les per-
» ruques sont ébranchées. Eh bien ! la sphère
» du génie devient plus étroite; les grands
» poëtes, les grands orateurs, les grands ca-
» pitaines s'éclaircissent, puis ils disparais-
» sent.....

　　» La Régence arrive avec son *crépé-dru,*
» sa frisure mesquine... Alors plus de supé-
» riorité nulle part, plus de noblesse dans les
» idées : des grands seigneurs qui s'enivrent;
» un régent qui signe ses édits sur les ge-
» noux d'une catin...; des intrigues finan-
» cières approchant de la friponnerie ; des
» laquais se prélassant sur les coussins du
» carrosse derrière lequel ils montaient na-
» guère; des gentilshommes, ruinés rue Quin-
» campoix, se faisant plus bas que les laquais
» avec lesquels ils ont changé de rôle.

» Dans la seconde moitié du xviiie siècle, la
» boucle à l'œil presque vaporeuse, les cro-
» chets délicats, le fer à cheval aérien, pou-
» drés au givre avec une exquise légèreté :
» ces frisures, si remarquables par leur savante
» ténuité et leur coquetterie ambitieuse ; ces
» édifices de cheveux dont la construction
» retranche chaque matin deux heures aux
» plus pressantes occupations, aux devoirs
» les plus impérieux, ne résument-ils pas les
» goûts d'une génération zéphyre qui effleure
» tout du bout de son aile, et dont les affec-
» tions, les idées, les penchants n'ont pas
» plus de solidité que la coiffure du temps...
» c'est Marivaux, c'est Dorat, c'est Sophie
» Arnould ; puis c'est Boufflers et Vestris
» conduisant le siècle sur un char traîné par
» des papillons, à la voix d'une Pompadour
» ou d'une Du Barry. Et, par bonheur, la
» frisure en vogue pèse moins qu'une plume

» sur les têtes ; car elles sont si creuses,
» si frêles, qu'elles éclateraient au moindre
» poids imposé par la raison.

» La révolution vient souffler sur cette
» civilisation de bulles de savon ; elle s'éva-
» nouit... Les coiffures tombent, et les têtes
» avec... Voici venir les cheveux à la *Brutus*,
» à la *Caracalla*... Messieurs, cette coiffure-
» là promettait du sang... elle ne trompait
» pas... vous connaissez les fastes horribles
» de 1793.

» Le Directoire et Barras surgissent de
» cette mare sanglante ; et voilà tout à coup
» un pastiche du siècle de Périclès, se pro-
» duisant sur nos débris... On ne rencontre
» que des têtes blondes, que des frisures
» bouclées et enduites *d'huile antique*...Tous
» les jeunes gens sont des Alcibiade ou des
» Aristippe ; toutes les femmes des Laïs ou
» des Lasthénie. On se drape du manteau

» grec; on chausse le cothurne; on néglige
» les jupes; on sable du champagne en fai-
» sant joyeusement la nique à la probité et
» aux bonnes mœurs... Je devinai ce déver-
» gondage rien qu'en voyant en Allemagne
» une tête parisienne de 1797 : la frisure bi-
» chonnée qui la couronnait ne pouvait me
» tromper.

» Soudain les cheveux coupés en *vergette*
» et les faces à *l'avant-garde* sont substitués
» à la frisure grecque, après une brève appa-
» rition des *oreilles de chien*..... C'était la
» puissance militaire qui commençait à poin-
» dre... *La vergette* et *l'avant-garde* an-
» nonçaient infailliblement Bonaparte : elles
» ont duré autant que lui. »

Ici l'accent de Léonard devint solennel et
chagrin : « Le pire de tout ceci, poursuivit-il
» lentement, c'est qu'à mon retour en France
» je ne trouve qu'une coiffure vague, indé-

» terminée, sans caractère arrêté; une coif-
» fure qui, comme le caprice qui l'inspire
» sans pouvoir la consacrer, flotte entre le
» Périclès, le Bonaparte, et le Charles XII...
» Ceci est grave, messieurs ! une société dont
» la coiffure ne se fixe pas, est une société
» malade, une société en dissolution.... Rap-
» pelez-vous ce que je vais dire : J'ai beau-
» coup vécu, beaucoup observé, beaucoup
» comparé... La nation assez indécise pour
» ne pas adopter une coiffure s'en va décli-
» nant... c'est une nation perdue. »

Un grand éclat de rire accueillit cette
boutade du coiffeur pessimiste; mais, loin de
partager l'hilarité de ses commensaux, il demeura stoïque comme la Pythonisse sur son
trépied, après un oracle de malheur... Léonard avait parlé avec conviction.

Depuis la mort de ce personnage singulier, arrivée en 1819, les éditeurs, friands de révélations authentiques, ont souvent regretté de ne pouvoir publier les Mémoires d'un témoin si intimement contemporain des aventures secrètes dont le Paris et le Versailles d'autrefois furent le double théâtre; témoin qui, par surabondance d'intérêt, joua plus tard un rôle, sinon fort important, du moins fort actif à l'étranger, durant l'émigration. On savait depuis longtemps que Léonard devait avoir laissé des manuscrits: un ancien négociant français, feu M. Béfort, avait même assisté à la lecture de quelques passages de cet écrit; et, par suite de ses indications, nous apprîmes, l'année dernière, qu'une femme de qualité, habitant aujourd'hui l'Allemagne, était en possession des précieux papiers. Nous lui écrivîmes sans perte de temps, et voici la réponse qui nous parvint :

« Il est vrai, monsieur, que le hasard a jeté dans mes mains un écrit curieux sur une époque dont un nombre infini de relations semblent avoir épuisé l'intérêt, et qui pourtant recèle encore d'étranges secrets, avec de plaisantes anecdotes, qui pourraient troubler plus d'une orgueilleuse sécurité. Mais il ne convient ni à ma position ni à mon caractère, de me faire la révélatrice directe de ces mystères, quelquefois roses, quelquefois d'une couleur moins pure, en attachant mon nom à une telle publication. C'est déjà beaucoup, monsieur, d'avouer que j'ai lu les Souvenirs de Léonard, où la verve méridionale de l'auteur ne respecte pas toujours les limites auxquelles mon sexe doit s'arrêter. J'ai voulu pouvoir fixer votre opinion sur la valeur littéraire de cet ouvrage; je me suis imposé, par conscience, une tâche que, sans pruderie, je me serais épargnée par goût; et je puis vous affirmer que les révélations, aussi spirituelles que piquantes du coiffeur célèbre, seront lues avec plaisir, avec entraînement.

» Le manuscrit m'est parvenu par une circonstance étrangère à toute spéculation, et que, pour garant d'authenticité, je pourrai vous communiquer plus tard. J'avais résolu d'ensevelir les faits que révèlent l'écrit de Léonard dans un complet oubli; car il ne doit pas remuer que des cendres. Mais je n'ai pu résister au désir, assez naturel, je crois, d'amuser le public de ce qui m'a amusée, et de l'intéresser par ce qui m'a inspiré un vif intérêt.

» Cédant donc à vos instances, monsieur, je vous fais juge et de la valeur de mes scrupules et de l'importance de ces Mémoires, dont je vous adresse la première partie. Vous recevrez bientôt la seconde, que je n'ai pu encore réunir, éparse qu'elle est parmi des papiers et des liasses de lettres, que Léonard se sera dispensé, je l'espère, de rapporter dans cette dernière partie de ses révélations... Il y a là, monsieur, un déshabillé d'âme, une naïveté de travers qui ne peuvent être produits au grand jour; et quand je songe au parfum de piété qui émane des noms auxquels tout ceci se rattache quelquefois, je m'écrie : « Ah ! mon cher Tartufe ! vous ne seriez plus maintenant qu'un écolier.

» Je suis très-parfaitement, etc.

» *La comtesse* Théonie de V***.

» Vienne, le 12 septembre 1837. »

Cette lettre et les cahiers qui l'accompagnaient nous parvinrent le mois dernier; huit jours après, les *Souvenirs de Léonard* étaient sous presse. Déjà madame de Vaussereuil nous annonce le manuscrit devant former la seconde livraison; l'intérêt du public, que nous espérons fixer sur cette publication, ne sera pas tenu en suspens; les deux derniers volumes suivront de près les deux premiers.

puniter le goût, à l'Historial du

public; ... ... pu-

blicité, n'aura pas lieu d'y regretter les

deux derniers volumes suivront de près les

deux premiers.

CHAPITRE PREMIER.

Des origines. — J'arrive à Paris. — Vénus passant sur le disque du soleil. — Le cabinet de la rue des Noyers. — Perspective du coiffeur. — Première toilette. — Les panégyristes de la rue. — Le coiffeur Legros. — Le marteau, le boudin et le marron. — Le conseiller *marronné*. — L'art de la coiffure. — Le café Procope. — Piron. — Plaidoyer des coiffeurs contre les perruquiers.—Le pot-au-feu. — Le mousquetaire noir. — Le *Pornographe*. — Bancelin. — La loge des danseuses. — Une tête de fée. — Mon premier triomphe. — Récompense prévue.

A chacun l'éloge ou le blâme de ses œuvres; à chaque époque le mérite ou le tort de ce qu'elle a produit. C'est sans raison que l'on attribue aux

principes révolutionnaires cet élan de l'imagination vers une sphère supérieure à celle où l'on
est né ; ce besoin universel de parvenir qui bouil-
lonne dans toutes les têtes..... Cela s'est remarqué de tout temps..... Sans parler des ambitions
bourgeoises, si avides jadis de *savonnettes à vi-
lain,* voyez combien nos pères se remuaient, dans
leur condition respective, pour en reculer les limites ou pour en sortir : le greffier voulait devenir juge ou bailli, l'épicier enrichi aspirait à
l'échevinage, le commis des aides ou des parties
casuelles visait à la présidence d'un grenier à
sel, le savetier rêvait l'ample considération du
cordonnier, qui pourtant n'était point encore
enrichie des fastes de la botte ; enfin l'humble
barbier de campagne, informé qu'à Paris *le corps*
des perruquiers portait l'épée, ne goûtait pas une
heure de repos qu'il ne fût en route pour cette
capitale..... Si l'opulent voyageur, du fond de sa
chaise de poste aux souples ressorts, à travers
le tourbillon de poussière qu'elle soulevait, aper-
cevait un pauvre piéton, portant son léger bagage en sautoir, et clopinant comme le fantassin
après une étape de dix lieues, c'était ordinairement quelque frater sur le chemin de la fortune. Parlait-il, il arrivait, dix fois sur douze, que
l'accent des rives de la Garonne révélait son
origine : Gascon et perruquier ambitieux, c'é-
tait synonyme.

Alors, cependant, la coiffure, malgré l'orgueilleuse prétention des majors [1], gardait le terre-à-terre d'un vil métier, abandonné à l'intelligence manuelle; l'art du coiffeur dormait encore en germe dans la nuit de l'avenir..... Il en est sorti depuis, à la voix d'un génie dont ces mémoires feront connaître l'essor : génie qui tint, durant vingt années, le siècle haletant; qui vit ramper à ses pieds toutes les vanités; qui fit tomber à son gré les voiles de la pudeur, pour prix d'un *pouf* savant ou d'un *chignon* sublime; qui faillit peut-être enfiévrer de jalousie deux têtes couronnées, grâce au succès d'une guirlande victorieuse ou d'un chiffon assassin..... Vous qui lirez un jour ces révélations, votre curiosité, votre intérêt, toutes les puissances de votre âme me seront acquises ;... car le génie de la coiffure,... c'est moi..... Ne m'accusez point de me montrer orgueilleux ; la modestie donnerait un démenti à ma renommée..... Je vous paraîtrai vain, et je ne serai que vrai..... Le mérite,

---

[1] Premiers garçons des perruquiers de Paris; types primitifs du *Figaro* de Beaumarchais, qui aspiraient aux honneurs de la lancette et du scalpel; mais qui, trop pauvres pour se soutenir à Paris sans le secours du peigne, se faisaient perruquiers, en attendant qu'ils fussent chirurgiens : Louis et Desault avaient été majors.

quelque impertinent qu'il soit, reste toujours au-dessous de la folie avec laquelle l'engouement public le proclame ou l'a proclamé.

Je conçois très-bien que M. de Chevert, sorti pieds nus et pourvu d'une seule chemise, incomplète peut-être, de la chétive échoppe d'un savetier de Verdun, se retourne avec orgueil vers ce point de départ, lorsqu'il est devenu lieutenant-général des armées du roi, et dise à son époque : C'est de là que je suis parti. La gloire militaire est un mirage séduisant qui embellit les origines ; mais il n'en est pas tout à fait ainsi de la gloire du coiffeur. Si le regard ne saurait percer un noble tourbillon de poudre à canon, pour se reporter avec dédain sur le chaume d'un soldat parvenu aux premiers grades de l'armée, il pénètre aisément, à travers un nuage de poudre à poudrer, jusqu'au bouge où naquit l'*artiste* en coiffure le plus illustre..... Passez-moi donc le petit mouvement de coquetterie qui me porte à vous taire, pour le moment, et ma naissance et mes premiers pas dans la vie. Plus tard, et quand j'aurai à vous raconter des faits moins intéressants que ceux qui ont marqué le début de ma carrière, je reviendrai peut-être sur ma première jeunesse, ne fût-ce que pour établir un de ces contrastes qui vous amusent.

Un soir d'été de l'année 1769, j'entrai à Paris

par la barrière d'Enfer. J'avais fait ce jour-là douze lieues à pied ; j'étais bien las, mais non pas résigné à le paraître ; car j'apportais de ma province, pour tout bagage, une vanité qui ne m'eût pas permis d'avouer que je venais de parcourir cent vingt lieues par le plus naturel de tous les moyens de locomotion. Le paquet suspendu au côté gauche à l'aide d'un cordon passé en écharpe, s'était offert à ma pensée comme un expédient ignoble ; j'avais trouvé plus convenable de mettre dans mes poches les effets dont j'étais pourvu, et je dois avouer qu'ils s'y trouvaient logés à l'aise.

Je me glissai donc dans la capitale du royaume de France avec une allure assez leste, mais laborieusement obtenue de mon extrême lassitude. Si l'on se bornait à remarquer la badine que je tournais fort agréablement entre mes doigts, et mes escarpins, dont la poussière avait disparu au grand préjudice de mon mouchoir, rien n'empêchait que je fusse pris pour un oisif revenant d'une promenade au Bourg-la-Reine.

Tout Paris était en l'air, le jour où j'y arrivai, pour observer le passage de Vénus sur le disque du soleil : phénomène annoncé depuis longtemps, et qui tenait en émoi tous les savants de l'Europe..... « Vénus passant sur le disque du soleil, me dis-je en me frottant les mains ; Léonard, mon ami, voilà parbleu un augure favorable pour toi, qui dois réussir par le beau sexe.... » Car vous saurez que, dès lors, je me sentais prédestiné à chercher la fortune sur les traces de la beauté.

En attendant, je me logeai dans un cabinet garni, rue des Noyers, près la place Maubert, moyennant le plus que modeste loyer de six francs par mois.

Le lendemain, j'étais encore étendu à dix heures sur l'inflexible grabat que mon hôtesse honorait du nom de lit : les yeux fixés au plafond de mon taudis, entre deux toiles d'araignée qui le décoraient, je cherchais à jeter les premières bases d'un plan de conduite. J'avais lu les gazettes; l'esprit du temps se résumait assez nettement dans ma pensée, et je me disais :

« Trois puissances se disputent la suprématie sur notre siècle : l'encyclopédie, l'ambition parlementaire et la galanterie; voyons à laquelle de ces influences je puis, avec le plus d'avantage, souder mes espérances, moi, coiffeur avide d'or et de renommée; car la direction d'un premier coup de peigne peut décider du destin de toute une vie. Les têtes encyclopédiques sont remplies de théories nouvelles, de systèmes réformateurs et fort insoucieuses de frisure. Les têtes parlementaires, ensevelies dans les vieilles perruques, dont l'ampleur constitue souvent toute l'importance de ceux qui les portent, ne peuvent enrichir que les perruquiers vulgaires et routiniers..... Pour la galanterie, c'est différent : puissance toujours altérée de succès, parce que ses succès sont de la félicité, elle se recrute de toutes les séductions, de toutes les coquetteries, et si peu qu'on ajoute à son pouvoir ou à son bienêtre, on la trouve reconnaissante sans calcul. La galanterie, soit qu'elle reçoive, soit qu'elle donne, ne compte jamais avec ses amis; mais il faut savoir l'intéresser........ Heureusement, outre la dextérité de la main, on se trouve en fonds pour avoir un accès flatteur auprès des dames. Le meilleur de mes amis est taillé sur un modèle qui se recommande partout; car nos belles du Midi s'y connaissent un peu, et leur avis ne m'a pas manqué.

» Voilà qui est décidé; Jean Léonard, tu devras ta fortune aux femmes, » poursuivis-je en jetant à mes pieds la couverture de laine grossière qui couvrait quelques-uns des éléments de richesse dont je venais de me prévaloir..... Et sans être autrement fixé sur ce que je voulais faire, sans entrevoir même la direction que pourrait prendre mon ambition, je commençai une toilette recherchée..... Entendons-nous : recherchée dans l'arrangement de ce qui devait y concourir; la recherche ne pouvait, hélas! se rapporter au choix des pièces constitutives : la simple unité exprimait le nombre de chacun des articles auxquels mes poches avaient servi de malle. Je déployai sur mon lit une chemise et une cravate blanche; je déroulai une paire de bas de soie, supprimée de la garde-robe d'un commis aux gabelles, puis ravaudée, blanchie et soufrée à mon intention..... C'était tout ; mais je pensais fermement que c'était assez.

En effet, quand j'eus relevé les boucles à l'œil de mes cheveux, et qu'un léger nuage de farine, tenant lieu de poudre, eut *givré* ma coiffure; lorsque mon habit de fin drap gris fut brossé à l'extraordinaire; que le chou de ma cravate offrit au regard amateur ses plis savants; que ma cuisse musculeuse se bomba sous ma culotte de raz de soie noire, et que le bas du commis aux gabelles, bien serré sous la jarretière, fit prononcer mon gras de jambe éloquent; alors, ma foi, je pouvais être pris, ailleurs encore que dans les châteaux en Espagne de ma vanité, pour un cavalier, sinon accompli, du moins facile à accomplir.

Je sortis sur la pointe du pied, portant sous le bras gauche mon chapeau jauni par le hâle des grands chemins; pour la première fois je

sentis qu'il me manquait une épée. Je longeais
la rue des Noyers et la rue Saint-Jacques avec
une assurance, une légèreté d'allure qui ne font
guère défaut à l'homme de vingt-trois ans, ferme
sur le jarret, et dont l'avenir offre une sécurité
de quarante-huit heures. Or, je possédais, la
quinzaine de mon cabinet payée, cinq gros écus
de six livres, un beau peigne d'écaille, et une
ample provision de confiance en moi-même.....
C'était une perspective infinie de bonheur. On
dînait alors rue de la Huchette pour cinq sous,
sans vin, par exemple, mais en compagnie de
plusieurs chevaliers de Saint-Louis; ce qui com-
pensait en vanité satisfaite ce que l'estomac
trouvait de mécompte dans ces repas économi-
ques. Quant à cette félicité que l'on nomme ac-
cessoire à cinquante ans, et qui s'appelle une
impérieuse nécessité à vingt-trois, elle ne devait
pas entrer dans mes calculs financiers; car j'a-
vais à peine quitté depuis dix minutes mon allée
sombre et fétide, que vingt fois mon oreille s'é-
tait sentie caressée par ces mots : « Il est fort
bien, ce jeune homme. — Beaux yeux bleus,
vraiment! — Jolie chevelure, en vérité! — Je
n'ai jamais vu jambe mieux tournée. — Son
pied est charmant. — Ce garçon-là fera son chemin. — Je l'espère bien aussi, me disais-je tout
bas; et je m'en rapporte à mes panégyristes. »

C'est vous avoir dit que ces flatteurs de la voie publique étaient des femmes, et vous en conclurez naturellement que Jean Léonard était ce qu'on nommait alors un miroir à fillettes.

Peu de temps avant mon arrivée à Paris, j'étais entré en correspondance avec un garçon perruquier que j'avais connu à Bordeaux, et qui, depuis six à sept mois, lancé dans la coiffure, était entré chez Legros, manipuleur de cheveux auquel la capitale laissait usurper une certaine réputation. Je me rendis chez ce prétendu coiffeur, que je trouvai bouffi de vanité comme un rat de cave devenu fermier général. Legros, enveloppé d'une magnifique robe de chambre, et presque couché sur un vaste fauteuil à bras, *dirigeait* en ce moment la coiffure d'un conseiller au parlement, qui, n'ayant pu obtenir une séance du soi-disant virtuose à son hôtel, s'était rendu chez lui, afin qu'il *étudiât* le genre d'accommodage qui convenait à sa physionomie.

Mon ami, devenu premier garçon de Legros, tenait entre ses mains la tête du robin, et la faisait volter tantôt à droite, tantôt à gauche, pour qu'elle offrît tour à tour ses différentes faces à l'artiste; tandis que celui-ci, plongé dans une méditation profonde, semblait étranger à ce qui se passait autour de lui..... Il ne m'avait pas même vu entrer.

Or, je dois consigner ici une remarque fort
importante : la coiffure parlementaire flottait à
cette époque entre le *marteau*, le *boudin* et le
marron : le marteau, protégé par les philosophes, avait beaucoup de partisans ; mais le boudin, que soutenaient de tout leur pouvoir les
conseillers ecclésiastiques, ne le cédait guère à
son rival : récemment encore, il avait triomphé
en obtenant qu'un exemplaire du *Dictionnaire
encyclopédique* fût brûlé dans la cour du Palais.
C'était un notable précédent ; mais cela n'empêchait pas que le marron, proclamé dans les
coulisses de l'Opéra, ne l'emportât décidément
sur ses deux concurrents ; et tout ce qu'il y avait
de robins fringants l'adoptait volontiers.

Cependant le magistrat dont mon ami faisait
en ce moment tournoyer la tête en présence de
son patron, n'avait pas osé prendre un parti sans
l'avis de Legros..... Enfin, après un bon quart
d'heure de contemplation, le coiffeur s'écria
d'une voix retentissante : « *Marronnez-moi cet
homme-là.,...* » et le conseiller fut marronné.

Pendant que cette opération s'accomplissait,
Legros, à qui mon ami venait de me présenter
sans quitter sa tête parlementaire, m'appela d'un
geste familier près de son fauteuil.

« Est-il vrai, mon garçon, me dit-il en se

jouant avec son jabot, que vous vous destinez à
la coiffure?....

— Oui, monsieur, et c'est pour me perfectionner dans cet art que je suis venu à Paris.

— Vous perfectionner! d'honneur, le mot est
impayable dans la bouche d'un jeune homme
arrivant de sa province.....

— Monsieur, répondis-je d'un ton piqué, j'ai
coiffé à Bordeaux, à Toulouse, à Marseille.

— Vous avez crêpé et poudré dans ces villes,
voilà ce que vous voulez dire ; mais sachez donc,
mon cher, que la coiffure n'existe qu'à Paris....
depuis que j'ai paru.

— Je croyais que le célèbre Dagé.....

— Dagé! interrompit Legros avec un pincement de lèvres dédaigneux, un coiffeur de fortune, une réputation née d'un bon mot glissé
entre deux papillotes de la Pompadour : *Je
coiffais l'autre*.... Voilà de ces renommées qui
font pitié..... Allez, allez, mon ami, il vaudrait
bien mieux que Dagé n'eût pas existé..... Un
homme sans génie, qui ne sut pas former un
élève, qui laissa tomber la coiffure en que-
nouille..... Savez-vous ce que j'ai trouvé dans la
carrière, quand j'y suis entré? des coiffeuses,
monsieur, d'ignobles coiffeuses...... Tout était
perdu sans moi.... Avez-vous lu mon livre?

— *L'art de la coiffure des dames françaises?*
Oui, monsieur, je l'ai lu.

— Bien, jeune homme; alors nous pourrons
faire quelque chose de vous. »

J'avais en effet parcouru la rapsodie du sieur
Legros, écrite en français de cuisinier royal.
L'auteur l'avait *ornée* d'une mauvaise imagerie
dessinée par lui, et représentant vingt-deux
coiffures dignes des acolytes de Thomas Diafoi-
rus. C'était précisément parce que ce prétendu
traité m'avait prouvé que le premier de nos
coiffeurs n'était qu'un lourd perruquier, que
j'entrais en lice, plein de l'espoir de surpasser
ce faux savant et tous ses émules.

« Certainement, reprit Legros en se rengor-
geant, puisque vous avez lu mon ouvrage, il y
a de l'avenir en vous:.... l'étincelle du feu sacré
vous a été communiquée... A propos, connaissez-
vous le supplément que je viens de publier, avec
sept coiffures nouvelles?... c'est le *nec plus ultra*
de la science...... Lisez cela, mon cher, lisez
cela......

— Je n'y manquerai pas.

— L'année prochaine, reprit Legros avec em-
phase, je m'éclipse quelque temps de Paris pour
faire jouir les cours étrangères de mes décou-
vertes; l'Angleterre, l'Allemagne, la Russie, me
demandent à cor et à cri... J'ai déjà jeté le plan de

quatre académies : à Londres, à Vienne, à Berlin,
à Saint-Pétersbourg.... J'irai les fonder. Dame ! la
capitale de France souffrira ; mais l'homme de
talent appartient à l'univers. Formez - vous,
jeune homme, et je vous donnerai de l'emploi. »

Le conseiller que l'on *marronnait* tandis que
Legros débitait, avec un aplomb fondé sur une
base solide de sottise, toutes les platitudes que
je viens de rapporter ; le conseiller les avait admises comme un oracle de Delphes. Le parlement de Paris, grâce à l'achat des charges,
possédait des membres capables d'écouter sérieusement de telles billevesées : c'était une
belle chose que la justice rendue par investiture
financière.

Lorsque mon ami eut fini de caractériser son
homme, Legros lui donna campo ; je sortis
avec lui, après avoir remercié le coryphée de la
coiffure parisienne, et de ses heureux présages,
et des excellents exemples que j'avais puisés
dans son œuvre :

« Entrons chez Procope, me dit le premier
garçon de Legros, en passant devant le café de
ce fameux limonadier, qui ne vivait plus que
par tradition ; c'est le rendez-vous des beaux esprits, et nous jouerons de malheur s'il ne s'y en
trouve pas quelques-uns : Piron ou Marmontel,
Poinsinet ou Dorat.... Peut-être La Harpe, s'il

n'est pas occupé, pour le moment, à déchiqueter
la réputation de quelqu'un. »

Nous ne trouvâmes là qu'un vieillard aux
yeux de basilic, au sourire de satyre. « C'est Piron, me dit mon ami..... Il parle de Voltaire ;
nous allons entendre quelque malice spirituelle?

— Avez-vous lu, messieurs, dans la *Gazette*
d'aujourd'hui, la grande, l'importante nouvelle,
dit l'auteur de la *Métromanie*, en s'adressant à
quelques habitués du café : nous avons maintenant un vaisseau baptisé du nom de Voltaire.

— Allons, monsieur Piron, dit un des auditeurs en riant, une bonne épigramme là-dessus.

— Rien de plus facile, messieurs, reprit le
vieux cynique; tenez, la voici :

> Si j'avais un vaisseau qui se nommât *Voltaire*,
> Sous cet auspice heureux, j'en ferais un *Corsaire*.

Ce distique malin, que je n'ai jamais oublié,
fut accueilli diversement par les assistants : les
anti-Voltairiens crièrent bravo; les encyclopédistes firent la grimace, et Piron se frotta les
mains, enchanté d'égayer les uns et de faire enra-
ger les autres : la malice et la gaieté résumaient
en effet la vie du Diogène bourguignon.

On nous servit du café, pendant que je jetais
les yeux sur la *Gazette de France*, qui était en-

core, si je ne me trompe, le seul journal quoti-
dien existant à Paris. Je lisais depuis environ dix
minutes, lorsque, soulevé tout à coup sur mon
tabouret par une vive émotion, je heurtai la table du genou, et renversai ma tasse, que j'avais
laissée pleine, tant j'étais préoccupé de ma lecture.

« Eh bien! Léonard, quelle mouche te pique
donc? s'écria mon ami en essuyant sa culotte
inondée de café.

— Le voilà,.... le voilà révélé cet art que ton
patron se flatte d'avoir fait sortir de ses langes....
Ce n'est pas lui, morbleu! qui, le premier, a
compris la coiffure transcendante; c'est un
avocat.

— Ah ça! deviens-tu fou? dit le garçon de Legros d'un air ébahi.....

— Fou, soit; mais fou d'inspiration.... Et cette
inspiration, grande, sublime, capable de tout
entreprendre, je la reçois d'un disciple de Cujas.
Ecoute, ami Frémont; écoute cet extrait du
*Mémoire pour les coiffeurs de dames, contre la
communauté des maîtres barbiers, perruquiers,
baigneurs étuvistes.....* C'est un chef-d'œuvre.

— Ah! oui, je sais; cette cause est portée devant la grand'chambre. Les perruquiers s'au-
torisent d'un prétendu privilége exclusif qui leur
livre, disent-ils, toutes les têtes mâles et femel-

les ;... mais nous avons pour nous les présidentes, les conseillères, les maîtresses des requêtes,
les greffiers ; nous aurons au besoin l'épée des
chevau-légers et des mousquetaires..... Ces dames nous l'ont promis.

— Et plus que tout cela, nous avons la plume
du grand légiste qui rédigea ce mémoire ;
écoute, écoute :

« L'art de coiffer les dames est un art libre,
comme la poésie, la peinture, la statuaire. Par
les talents qui nous sont propres, nous donnons
des grâces nouvelles à la beauté que chante le
poëte ; c'est souvent d'après nous que le peintre
s'inspire, et si la chevelure de Bérénice a été
mise au rang des astres, qui nous dira que, pour
parvenir à ce haut degré de gloire, elle n'a pas
eu besoin du secours d'un coiffeur ?

» Un front plus ou moins grand, un visage
plus ou moins rond, demandent d'être traités
bien différemment ; partout il faut embellir la
nature ou réparer ses disgrâces. Il convient encore de concilier avec le ton de chair la couleur
sous laquelle l'accommodage doit être présenté...
Il faut connaître les nuances, l'usage du clair-
obscur et la distribution des ombres pour donner plus de vie au teint, plus d'expression au
regard, plus d'attrait aux grâces. Quelquefois la
blancheur de la peau sera relevée par la teinte

I.   2

rembrunie de la chevelure; ou l'éclat trop vif de la blonde sera modéré par la couleur cendrée dont nous revêtirons les cheveux.

» Si l'arrangement du système capillaire ne remplit pas tout notre objet, nous avons sous les doigts tout ce que Golconde produit de trésors : c'est à nous qu'appartient la disposition des diamants, des perles, des diadèmes, des aigrettes, des croissants : ainsi le général d'armée sait quel fond il doit faire sur une *demi-lune* placée en avant; ainsi le coiffeur, au moyen d'un croissant placé avec avantage, détermine la victoire d'un joli minois..... Nul ennemi ne résiste à notre tactique; nous étendons, nous assurons l'empire de la beauté. »

Et le Cicéron des coiffeurs terminait par cette éloquente péroraison : « Quelques censeurs sévères diront peut-être qu'on se passerait bien de nous, et que s'il y avait moins de prétentions et d'apprêts dans la toilette des dames, les choses n'en iraient que mieux. Ce n'est pas à nous de juger si les mœurs de Sparte étaient préférables à celles d'Athènes, et si la bergère qui se mire dans la fontaine et se pare de ses grâces naturelles, mérite plus d'hommages que de brillantes citoyennes qui usent de tous les raffinements de la parure... Il faut prendre le siècle dans l'état où il est : c'est au ton des mœurs actuelles

que nous devons notre existence, et tant qu'elles
subsisteront, nous devons subsister avec elles.

—Tout cela, je le sentais, mais je ne l'aurais
pas exprimé en si beaux termes, dis-je à Frémont
après avoir achevé la lecture de l'extrait. Malheureusement je n'ai pas terminé tout à fait
mes études : quand mon père a vu que je décli-
nais proprement *rosa*, il a prétendu que j'en
savais assez, et m'a lancé dans le monde avec
toute la puissance de son pied paternel, chaussé
d'un sabot... Cela m'a fait rompre violemment
avec la syntaxe; mon éducation serait restée
imparfaite sans les leçons assidues que m'a données la femme de chambre d'une actrice, à laquelle certain capitaine de Royal-Roussillon
avait appris les belles manières, pendant que sa
maîtresse était en scène. Tu ne te fais pas d'idée,
mon ami, combien cette femme de chambre-là
a su féconder en moi l'inspiration ; non, mais je
me sens artiste, je me sens presque poëte : que
te dirais-je, Frémont, l'esprit m'est venu comme
il vient aux filles...

—Dame! peut-être qu'on l'inocule aussi.

—Veux-tu que je te dise une chose? repris-
je d'un ton solennel, avant trois ans Léonard
sera le plus grand coiffeur de l'univers...

— Ah! bah!... Tu me protégeras, dis?...

— Tu seras mon second...

— Tiens, je ne me trouverai pas si mal partagé : second coiffeur de l'univers ! Où demeures-
tu, que j'aille, demain matin, te demander mon
diplôme ?...

— Rue des Noyers, n° 15, dans un cabinet de
huit pieds sur quatre, répondis-je en accédant
au ton de plaisanterie qu'avait pris mon ami,
et qui, par bonheur, me tirait subitement du
ridicule où j'allais m'enfoncer jusqu'aux yeux.

— Rue des Noyers ! Jean Léonard, le quartier
est mal choisi pour fonder le trône de la coiffure
universelle...

— Plaisante tant que tu voudras ; mais voilà
comment je raisonne, moi, depuis que j'ai lu le
beau plaidoyer des coiffeurs : ces hommes à
hautes prétentions, et Legros lui-même, ne
visent qu'à une seule chose : détacher un fleuron de la couronne des perruquiers pour l'exploiter à leur profit, sans s'occuper des moyens
d'en rehausser l'éclat... Parcours le recueil de
ton vaniteux patron, tu n'y trouveras que du
perruquisme vulgaire, d'ignobles combinaisons
de la cadenette, du crochet ou du crêpé... une
coiffure serrée, mesquine, qui n'ose s'élever, qui
rampe sur le front ou le long des tempes. Legros
n'est pas doué de cette intelligence qui pourrait
comprendre la mission si bien développée dans
le noble plaidoyer que voici... Je la comprends,

moi, et je veux la mettre en œuvre... Oui, je veux que la coiffure exprime, modifie, déguise les passions; je veux qu'elle adoucisse ou enhardisse le regard; qu'elle se fasse ou coquette, ou langoureuse, ou mélancolique, ou conquérante; qu'elle se glisse, inaperçue, dans le cœur, ou l'escalade de vive force. comme un soldat à l'assaut... Je veux, ami Frémont, que de mon peigne jaillisse une nouvelle Jouvence : si le ciel me seconde, les femmes ne seront plus vieilles qu'à soixante ans bien sonnés; et la vie des jeunes beautés se dépensera, même avec prodigalité, sans qu'il y paraisse.

— Les pratiques ne te manqueront pas..... Ah! ça, tu viens donc à Paris bien foncé; car on a beau faire, le besoin vous arrive toujours plus vite que la fortune....

— Je possède trente livres dix sous six deniers.

— Ce n'est pas trop. Veux-tu que je te place?

— Chez un coiffeur?

— Fi donc! te confiner dans l'échoppe d'un de ces *manipuleurs de cheveux*, comme tu les appelles..... le premier coiffeur de l'univers ne peut partir de là. Ce que je veux te proposer est plus convenable, et surtout plus doux. Il y a, par le monde, de jolies nymphes qui, avec trois cents francs d'appointements au théâtre de Ni-

colet, trouvent le moyen d'avoir un train à
trente mille livres de rente, et qui font vivre un
honnête jeune homme des ricochets d'une pail-
lardise opulente. Tel que tu me vois, Léonard,
j'en suis à ce régime-là jusqu'à ce que je tienne
de ton amitié le brevet de second coiffeur du
monde connu. Accepte une telle existence, en
attendant mieux : cela n'empêchera pas la fortune de mettre du vent dans ta voile. Peut-être
même trouveras-tu, dans ce *cabotinage*, l'occasion de percer plus vite ; et, par exemple,
je te promets qu'il ne tiendra qu'à toi de livrer
aux expériences hardies que tu médites, toutes
les têtes féminines de Nicolet ; je t'assure même
que les pensionnaires, extrêmement privées, de
ce directeur, abandonneront sans réserve leur
personne à tes essais : ces demoiselles sont exercées à toute espèce d'épreuves.

» Précisément, continua Frémont, je connais
une certaine Julie, sujet de la danse, douée
d'une grande souplesse de jarret, et qui vient
de rompre avec un mousquetaire noir. Il avait
été convenu que la danseuse, richement entretenue par un abbé commendataire, donnerait
beaucoup d'argent à son amant, et qu'en récompense, celui-ci donnerait beaucoup de plaisir à sa maîtresse. Pendant six mois le contrat
fut exécuté avec ponctualité (remarque bien

que je ne dis pas avec fidélité, et pour cause);
mais au commencement du septième mois et
du dernier hiver, Julie s'aperçut que le militaire éludait sensiblement la clause principale
de leur marché ; alors elle se relâcha de ses habitudes financières. L'homme de la maison du
roi voulut rétablir l'équilibre en administrant
des coups de cravache à sa belle. Julie n'accé-
dait point du tout à l'avis de la femme de Sga-
narelle : elle trouva la compensation détestable, sauta aux yeux du mousquetaire noir, et
l'asile des amours devint un champ clos.....
Ce n'était pas dans ce genre de combat que la
danseuse des boulevards pouvait se mesurer à
un Hercule de cinq pieds sept pouces six li-
gnes : elle fut battue, mais non pas contente,
et résolut secrètement de se venger avec éclat.

» Cependant les tendres relations et les sub-
sides reprirent leur cours : le mousquetaire
noir était sincère dans sa réconciliation ; il savait, peut-être même éprouvait-il, que rien ne
retrempe mieux une intrigue amoureuse que
quelques coups de poing et quelques coups
d'ongle, échangés entre amants. Mais du côté
de Julie, la bonne intelligence n'était qu'une
paix plâtrée : le ressentiment couvait dans ce
cœur de femme ; il s'y élaborait une vengeance
qui ne tarda pas à éclater.

» Un soir de janvier, le mousquetaire noir vint souper chez Julie ; souper c'est tout dire : on sait que ce repas, chez une demoiselle de théâtre, a des suites fort expansives. Ce soir-là le vin de Champagne blanchit souvent de son écume pétillante le verre du galant.

« Buvez, chevalier, lui répétait Julie à chaque rasade mousseuse : les héros ne doivent jamais descendre des hauteurs de l'enthousiasme et de l'exaltation. Buvez : peut-être aurez-vous besoin, plus que vous ne pensez, de ce confortatif généreux.

» — Allons donc, ma toute belle, est-ce que vous m'avez vu souvent descendre des hauteurs de l'enthousiasme et de l'exaltation?....

» — Sans descendre précisément, on s'incline quelquefois.

» — Mauvaise !

» — C'est que, voyez-vous, chevalier, il neige à gros flocons ; il gèle à six degrés, et je ne crois pas que votre exaltation, comme nous l'appelons, exposée dans une heure sur le boulevard, se soutînt longtemps. »

» Cette allégorie, passablement grivoise, fut couverte par un double éclat de rire, auquel se mêlèrent bientôt une infinité d'agaceries réciproques, qu'aiguisaient singulièrement les copieuses libations de champagne qu'on venait de faire. Enfin, tout se terminait à la manière accoutumée ; le mousquetaire noir se dépouillait avec dextérité des pompes de ce monde ; il jetait son habit sur un fauteuil, sa veste sur un autre, sa cravate ici, ses bas de soie là : désordre enchanteur auquel on se livre délicieusement quand on est jeune, et que, vieux, l'on se rappelle en soupirant.

» Tout à coup, et lorsque le galant se trouva dans ce déshabillé qui ne permet plus de reconnaître ni mousquetaire, ni archevêque, ni duc et pair, une porte s'ouvrit, et l'on vit entrer un abbé à la calotte luisante, au manteau coquet, suivi de deux grands laquais munis de bâtons, qui parurent à notre officier d'une grosseur démesurée.

« Ciel ! monsieur l'abbé ! s'écria Julie..... nous sommes perdus.

» — Oh ! que non, dit résolument le mousquetaire, » malgré l'extrème légèreté de son habit de combat.

» Et soudain il se prit à chercher son épée ; mais ensevelie sans doute sous les chiffons résultant du déshabillé de la danseuse, cette arme secourable ne se trouva point ; et les deux grands laquais, saisissant le militaire non pas au collet, et tu sais pourquoi, mais par le bras, se disposèrent à faire jouer le corps contondant sur ses larges épaules. L'abbé s'y opposa.

« L'Eglise abhorre le sang, dit le bélitre d'un air de componction ; qu'on se borne à jeter cet homme à la porte. »

» Jamais ordre ne fut plus promptement et plus ponctuellement exécuté : au bout de cinq minutes, le pauvre mousquetaire, en chemise, tête et pieds nus, tendait le dos aux gros flocons de neige qui tombaient avec un cruel redoublement, comme pour seconder la jalouse vengeance d'un ministre du Seigneur..... Je ne sais pas au juste comment l'honnête galant se trouva d'une aussi subite transition du chaud au froid ; mais ce ne fut qu'après dix minutes de station sur le boulevard, par une gelée de six degrés, que le mousquetaire expulsé vit tomber d'une fenêtre un paquet formé de ses habits, et au centre duquel se trouvait son épée, bien inutile, hélas ! contre l'atteinte des frimas.

» Le cabinet de toilette du chevalier ne permettait pas une recherche de parure bien prolongée ; il s'habilla en toute hâte, au bruit de ses dents qui se choquaient ; et ne jugeant pas qu'il pût y avoir grand profit pour lui à casser les vitres de Julie, il prit sa course en homme auquel un exercice violent était nécessaire, et gagna la rue de Beaune, où l'hôtel des mousquetaires est situé.

» Tandis qu'il courait à perte d'haleine, on sablait à longs traits du champagne chez la danseuse, en mêlant ces libations redoublées des éclats d'un fou rire et d'une facétieuse hilarité..... La disciple de Terpsychore trinquait joyeusement avec l'abbé et avec ses laquais, qui lui faisaient raison en familiers de son intimité : l'abbé n'était autre que l'acteur Taconnet, et ses valets avaient été choisis parmi les plus robustes figurants de Nicolet..... Julie, ses trois camarades aidant, venait d'acquitter les coups de cravache qui lui étaient restés sur le cœur.

» Or, cher Léonard, continua Frémont, dans la crainte de s'ouvrir un pareil compte avec un nouveau galant, la maîtresse de l'abbé commendataire est restée sage depuis lors..... sage, s'entend, comme l'est une fille de théâtre qui ne se donne que par spéculation..... Bref, cette nymphe est à pourvoir d'un amant. Toi, mon ami, un pot au feu est dans tes premières nécessités; veux-tu de Julie? C'est une bonne créature quand on ne la bat guère; je crois qu'en ne la battant point du tout, tu pourras en tirer un excellent parti..... Des coups de peigne tant que tu voudras, mais point de coups de cra-

vache, et je réponds que tu tâteras des bénéfices et prébendes du véritable abbé..... Eh
bien, qu'en dis-tu, Léonard? faut-il que je te
prépare les voies? Mets la main dans ton gousset, soupèse tes trente livres dix sous : c'est dia-
blement léger ; et tu n'es pas encore le premier
coiffeur de l'univers..... Décide-toi ; sur un oui
catégorique, je te quitte une heure, je cours
chez Laure, ma donzelle, qui est l'amie intime de Julie ; j'arrange une partie carrée pour
ce soir, et nous signons le contrat.

— J'accepte, mon cher Frémont, va pour le
remplacement du mousquetaire noir..... Ta Julie me plaît assez. Est-elle gentille?....

— Elle est charmante, heureux coquin ; souple comme des gants de Grenoble, vive comme
un écureuil, biberonne comme un grenadier
aux gardes françaises.... un vrai trésor..... Et
puis des cheveux superbes ; tu la coifferas à la
journée pour te faire la main.

— Tout ce que tu me dis là m'enchante ; j'ai
hâte de commencer cette heureuse intrigue.

— Je le crois parbleu bien ! trente livres dix
sous pour revers de médaille ; il n'y a pas à ba-
lancer. A trois heures, trouve-toi au Palais-
Royal, sous l'arbre de Cracovie ; je ne tarderai
guère à t'y rejoindre, si je n'y suis pas déjà rendu.
Nous partirons de là pour aller dîner au bou-

levard du Temple ; puis, nous entrerons chez Nicolet par la rue Basse, par la porte du Tripot ; et nous nous glisserons dans la loge de ma beauté... J'ai mes libres entrées chez elle. Laure et Julie s'habillent en commun, par suite d'une tendre amitié dont on a même jasé ; mais que nous importe... : quelques parcelles d'or enlevées aux mines du Potose ne peuvent les appauvrir... L'essentiel, c'est de te faire trouver avec Julie : le souper viendra naturellement à la suite d'une entrevue avant le corset. »

Frémont me quitta bientôt, et comme j'avais plus de quatre heures à passer pour atteindre celle du rendez-vous, je pris le *Mercure*, qui se trouvait sous ma main. Il renfermait beaucoup de vers, parmi lesquels je distinguai un joli quatrain, composé par Gentil-Bernard, pour être inscrit au-dessus d'un boudoir de Choisy, digne, par ses voluptueuses dispositions, du souverain qui nous gouverne. Voici ces quatre vers : ils sont présents à ma mémoire comme le distique de Piron :

> Habitons ce petit espace,
> Assez grand pour tous nos souhaits ;
> Le bonheur tient si peu de place !
> Et ce dieu n'en change jamais.

Après ce jet charmant de la philosophie d'Epicure, venait, dans le numéro du *Mercure* que j'avais sous les yeux, le compte rendu d'un ouvrage attribué à l'un des encyclopédistes les plus renommés. Ce livre, intitulé le *Pornographe* (écrivain qui traite de la prostitution), tendait à prévenir les suites du libertinage, par le plus étrange des moyens. L'écrivain ne proposait rien moins que de concentrer, dans un certain nombre de maisons, toutes les filles éparses dans la France, et d'en former une espèce d'ordre monastique consacré au culte de Vénus. Le chef-lieu de cette vaste et morale institution, auquel l'auteur donnait le nom de *Parthénion*, eût été établi à Paris, d'où l'on aurait, à des époques données, fait diverger des nonnes d'un singulier caractère sur les *couvents* des provinces. Le *Pornographe* évaluait à trente mille le nombre des récluses qui pouvaient alors former cette communauté : il est probable qu'il ne comptait pas dans ce nombre les religieuses ordinaires dignes d'y entrer..... D'après des calculs raisonnés auxquels l'auteur se livrait, le tarif des faveurs à mettre en émission dans chaque monastère pouvait offrir une gradation de prix, depuis six sous jusqu'à un louis.

Ce projet, selon celui qui l'avait conçu, devait prévenir les malheurs qu'occasionne le publicisme des femmes ; il y voyait en outre une institution utile à la population, au com-

merce, à la culture des terres et à la réforme
des mœurs. Ce qu'il y avait de curieux dans
tout ceci, c'est que ce livre, que je lus peu de
jours après en avoir vu l'annonce, n'était ni
d'un fou, ni d'un sot, ni d'un débauché : la nécessité du vice, mais du vice organisé, y était
posée avec une netteté, une profondeur de raisonnement qui captivaient au premier moment :
jamais en vérité l'on n'avait réduit plus logi-
quement la débauche en principe d'administration.

Le *Pornographe* avait enchâssé son plan dans
un petit roman épistolaire, vif, agréable, rempli de naturel, de sentiment, de délicatesse.
Le tout offrait un ensemble qui ne pouvait
émaner que d'une tête bien organisée, d'un
cœur sensible et d'une âme honnête, dont la
triple influence avait produit, cependant, l'œuvre la plus extravagante qui jamais soit tombée
d'une plume française. Je me souviens, après
plus de trente ans, de l'impression produite
sur moi par le *Pornographe*, et je la cite comme
un témoignage frappant des erreurs auxquelles
s'abandonna la philosophie du dernier siècle...
Que de folies, bon Dieu ! dans les têtes les plus
sages !

Avant trois heures j'étais rendu sous l'arbre
de Cracovie, qui, chaque jour, étendait ses

vastes rameaux sur une multitude de gobe-
mouches et de nouvellistes, dont tous les mémoires du temps ont mentionné les suppositions politiques à perte de vue, les jugements
littéraires bizarres, et les causeries toujours lar-
dées d'exagération.

Je n'attendis pas longtemps mon ami.

«Bonne nouvelle, me cria-t-il du plus loin qu'il
m'aperçut : tout est arrangé ; tu plais déjà sur
le portrait que j'ai fait de toi. On nous attend
à cinq heures et demie dans la loge de Laure...
Nous allons d'abord dîner chez Bancelin...,
précisément je suis en fonds ; les conseillères
ont donné cette semaine ; Legros ne se dérange
que pour les présidentes, et les substitutions
me garnissent toujours le gousset. Partons. »

Bancelin tenait alors, sur le boulevard, ce
qu'on appelait une guinguette : devanture ouverte à tous vents et à tous venants ; une grosse
joufflue d'écaillère exposant ses huîtres, moins
fraîches qu'elle, son battant-l'œil de dentelle,
sa gorge rebondie, sur laquelle flottait une
large et massive croix d'or. Sur un comptoir
bien propre, s'élevaient des pyramides de pi-
geons et de poulets rôtis, des hures de sanglier,
des gigots de mouton à la superficie dorée :
appâts offerts aux promeneurs affamés. Derrière
cet appareil culinaire, se présentait madame

Bancelin, beauté parvenue à son automne, prodigue de sourires engageants', et luisante de ses girandoles de diamants.

A toute heure du jour, on voyait chez Bancelin un mouvement de garçons qui dénotait la vogue de cette maison : garçons qui ne ressemblaient en rien à ceux du xixe siècle. Honnêtes Bourguignons en souliers ferrés et portant la courte jupe de coutil noir, ils faisaient le service avec lenteur, mais avec exactitude. Ils ne criaient pas vingt fois *voilà! voilà!* au consommateur impatient; mais ils venaient en effet, quand on les demandait; et comme les cabinets particuliers existaient déjà du temps de Bancelin, ses aides, moins lourds au moral qu'au physique, ne se présentaient jamais sans avoir été appelés par le couteau frappé sur le verre.

Bancelin était un homme gros, gras, court, ayant le visage haut en couleur, l'œil émerillonné, des lèvres épaisses exercées à déguster les vins, et un sourire dont la franchise dégénérait quelquefois jusqu'à la niaiserie. Ce cabaretier, devenu homme du monde par le frottement habituel de toutes les classes, ne manquait cependant ni d'esprit ni de jugement; il s'était composé même une sorte d'instruction des échos littéraires et scientifiques de ses salons.

Bancelin se montrait d'ailleurs gai, communicatif, bourré d'anecdotes graveleuses, observées dans le voisinage, ou saisies au vol à travers les entretiens de sa clientèle, où les comédiens, les clercs de basoche, les marquis mauvais sujets et les demoiselles faciles dominaient toujours. En un mot, Bancelin était un hôte taillé sur le patron des aubergistes de Lesage : une commère, plus la virilité, dont le coquin faisait, disait-on, quelque abus avec les actrices de Nicolet, son voisin.

Notre dîner fut long, friand, et mouillé d'un Clos-Vougeot que Bancelin avait voulu tirer, comme il nous le dit, de derrière les fagots. Selon sa coutume, il apporta son verre à notre table pour nous aider à vider la dernière bouteille : honneur qu'il ne faisait, du reste, qu'à ses clients privilégiés, et Frémont était du nombre.

Nous avions une pointe de vin quand nous nous glissâmes, en esquivant un régisseur-argus, dans la loge de nos danseuses. Elles commençaient à s'habiller pour paraître dans une pantomime nouvelle; et la toilette de Julie, ma future maîtresse, en était à tel point de simplicité, qu'en entrant, mon regard commença la connaissance de sa jolie personne de

la manière dont les connaissances galantes
s'accomplissent ordinairement.

« Mes toutes belles, dit Frémont du ton d'une
intime familiarité, je vous présente mon ami
Léonard, coiffeur de la plus belle espérance ;
cavalier qui, de la tête aux pieds, peut défier
l'examen le plus scrupuleux : jeune homme séduisant et artiste habile, tout à la fois, qui sait,
avec la même supériorité, parer une tête fémi-
nine ou la faire tourner.

— Je vous prie, mesdames, de prendre cet
éloge emphatique pour une plaisanterie, dis-je
avec une timidité provinciale dont je devais
bientôt me défaire ; je suis tout simplement
votre très-humble serviteur, et l'homme du
monde le plus reconnaissant de ce que vous
daignez m'accueillir.

— Vraiment, monsieur, répondit Laure, qui
ne manquait pas d'esprit, en vous voyant on se
sent disposé à croire que Frémont ne dit rien de
trop..... Quand il parle de lui, c'est différent : il
exagère.

— Je veux ce soir même te faire signer un
certificat attestant le contraire.

— Nous verrons, » répondit Laure avec un
sourire de doute.

Jusqu'à ce moment, Julie, ma fiancée de comédie, s'était tenue, sauf le premier aperçu de

son déshabillé, dans une réserve fort circon-
specte : elle s'avança alors vers moi en souriant
avec une affabilité charmante.

— Puisque monsieur possède si bien l'art de
la coiffure, me dit-elle d'une voix caressante,
je présume qu'il voudra bien m'apprendre comment je dois disposer mes cheveux pour représenter convenablement une fée ; car je suis fée
dans la pièce où je joue ce soir.

— Je parirais que vous l'êtes partout, répondis-je avec une spontanéité d'inspiration
qui avança singulièrement ma conquête.

— C'est trop obligeant, monsieur Léonard,
reprit l'enchanteresse du théâtre Nicolet ; mais
mon pouvoir ne va pas jusqu'à me créer une
coiffure analogue au personnage que je vais
jouer.

— Si vous daignez me le permettre, dis-je en
relevant un peu les manches de mon habit, je
vais essayer de remplir cette tâche. J'avoue cependant qu'il y a quelque audace de ma part à
coiffer des immortelles à Paris, quand je ne me
suis encore exercé que sur des mortelles de province.

— Allons, allons, trop modeste Léonard, dit
Frémont avec une gaieté malicieuse, oubliez-
vous qu'avant trois ans vous devez être le premier coiffeur du globe terrestre... Voyons, faites-

nous vite une tête de fée, du minois fripon que
voici.

—A l'œuvre donc, repris-je en homme inspiré,
tandis que je désignais du doigt à Julie le siége
placé devant la toilette... Quelle fée êtes-vous,
mademoiselle? fée bienveillante, fée protectrice
du fils d'un roi? ou fée vengeresse, furieuse de
n'avoir pas été appelée à la naissance d'une
princesse belle comme le jour?.... Il faut que je
sois fixé à cet égard...

— Bravo ! Léonard, s'écria Frémont en battant des mains. Tu viens d'être superbe.

— Je suis une fée protectrice, répondit la
danseuse : je n'accepte jamais les rôles dans
lesquels il faut haïr... cela nuit aux actrices.

— Bien, me voici sur la voie, continuai-je en
divisant avec dextérité les beaux cheveux blonds-
cendrés que Julie livrait à ma verve...Vous avez
des perles, des fleurs, de l'oripeau, des escar-
boucles, des émeraudes, des diamants... Il est
indispensable que l'inspiration nage dans les
éléments constitutifs d'une coiffure originale.

— Cette boîte est remplie de tous ces objets,
dit Julie en me montrant une espèce d'écrin
de bijoux faux.

— Que vois-je?...des étoiles! continuai-je avec
feu... délicieuse découverte... J'entrevois une
idée, je la saisis, je l'étreins, je la captive... Belle

Julie, votre coiffure fera sensation : j'ose vous
le promettre.

— Tant mieux, monsieur Léonard ; je suis
l'amie des sensations, moi.

—Surtout quand elle les partage, ajouta Frémont.

— Vous n'en savez rien, vous, dit Julie d'un
petit ton impertinent.

— Je ne m'en vante pas, beauté mutine.....
Je ne suis qu'un écho. »

Cependant la chevelure de Julie, dégagée de
ses papillotes, avait pris un certain développement sous mon peigne ; je l'avais divisée par
zones, et chacune d'elles offrait des richesses
différentes : ici des émeraudes, là des perles ;
plus bas, quelques fleurs qui semblaient se faire
jour entre des boucles de cheveux ; plus haut,
une rivière de brillants, se montrant, puis se
perdant sous des mèches artistement disposées,
pour se remontrer encore et se reperdre de
nouveau.... Mais le plus ingénieux, le plus im-
prévu des attributs de cette coiffure macédoine,
à laquelle je voulais imprimer le caractère de
toutes les richesses qui peuvent tomber de la
baguette d'une fée, ce fut une auréole d'étoiles
qui ne devait pas paraître tenir à la tête qu'elle
couronnait. Le moyen que j'employai, et auquel
je dus peut-être ma fortune, était simple ; mais

il fallait le trouver. J'attachai mes étoiles à un
cercle en fil de fer extrêmement fin, auquel
j'adaptai deux tiges du même fil, que j'assujettis
dans les cheveux : de sorte que les étoiles d'or
semblaient s'arrondir d'elles-mêmes en couronne sur la tête de ma fée, sans y tenir par
aucun secours mécanique. A deux pas, l'illusion était complète.

Il en est ainsi de tout dans le monde : le
grand art, pour réussir, c'est de cacher avec
adresse le fil d'une intrigue, ou celui qui fait
jouer les marionnettes.

Quand la coiffure de Julie fut entièrement
achevée, Frémont la regarda avec une attention
méditative. Je vis bien qu'il y trouvait plus d'un
détail à reprendre ; mais sa critique, stupéfiée,
n'osa pas se produire....

« Léonard, me dit-il, je te tiens pour un homme
avisé : tu as pensé avec raison qu'on pouvait tout
hasarder avec ces honnêtes contemporains pour
qui ce fut un usage de bon goût d'avoir un pantin
dans sa poche ou sur sa cheminée....Tu iras loin,
mon garçon.

— Et monsieur Léonard ira vite, » ajouta
Julie, enchantée du salmigondis que je venais
d'échafauder sur sa tête ; Julie qui déjà, sans
doute, se promettait de me faire parcourir beaucoup de chemin dans cette même soirée.

Cette danseuse avait eu jusqu'alors fort peu d'agrément au théâtre : elle ne savait pas faire un usage heureux de la plus jolie jambe et du plus joli pied du monde ; il y avait de la gaucherie dans son geste, peu de souplesse dans ses attitudes, et point de grâce dans ses mouvements. On aimait à la voir paraître parce qu'elle était très-belle femme, parce que sa physionomie libertine promettait beaucoup à ces hommes qui tiennent moins aux talents de l'actrice qu'à ceux de la courtisane ; mais le succès de Julie au théâtre se bornait aux avantages d'une exhibition quotidienne, qui n'était pas sans influence sur les recettes de Nicolet.

Ce fut bien différent lorsque la fée sortant de mes mains parut en scène ; lorsque l'on eut remarqué sa coiffure, étrangement originale, et que l'on se fut vainement consumé en recherches pour découvrir comment l'auréole d'étoiles pouvait se tenir au-dessus de sa tête. Le public fut tenté de croire à une féerie réelle... On admira d'autant plus que l'on comprenait moins : c'est l'usage ; et Julie, qui n'avait jamais obtenu une claque... sur la scène, fut applaudie à tout rompre chaque fois qu'elle se montrait.... Cet accueil inaccoutumé l'encouragea ; elle hasarda quelques poses, quelques intentions mimiques au delà de sa sphère de médiocrité ordinaire; tout lui réussit, et, ce qui ne s'était pas encore vu chez *les grands danseurs du roi* [1], elle fut redemandée après la représentation.

Lorsque Julie et Laure nous rejoignirent au foyer des acteurs, la première se jeta à mon cou avec transport.

« Je vous dois le plus grand bonheur que j'aie ressenti de ma vie, me dit-elle en dirigeant son baiser rémunérateur à la manière des anciennes connaissances.... Léonard, je suis à vous à la vie et à la mort.

— A la vie seulement, belle Julie; c'est tout ce que je veux....

— Et comme de pareilles dettes sont impérieuses pour les âmes bien nées, dit Frémont d'un ton théâtral, allons souper. »

---

[1] Nom que les rivalités théâtrales avaient assigné, par ordre, à la troupe de Nicolet, qui ne pouvait représenter des ouvrages dramatiques qu'en s'imposant la danse de corde au commencement de chaque représentation.... Il fut un temps même où l'on obligea Nicolet à comprendre un chien dans sa troupe; ce chien, qui s'appelait *Carabi*, fut peut-être l'acteur qui fit le plus souvent chambrée.

CHAPITRE II.

Partie carrée. — La *Bourbonnaise*. — Second triomphe. —
La soirée de madame d'Amblimont. — Le duc de Choiseul. — Quatre abbés de contrebande. — La toilette
mi-partie. — Les baisers de M. de Jarente. — L'évêque
bon vivant. — Mot de Louis XV. — Scrupules d'un
protégé. — Je commence à percer. — *Les impures :* ce
que c'est. — Les actrices *Léonardées*. — La marquise de
Laugeac. — L'investigation.

Il n'y a pas un seul de mes lecteurs qui, dans
la présente année 1800, durant laquelle je commence à écrire mes Mémoires, ne sache ce que

c'est qu'une partie carrée, se composant de deux actrices égrillardes et de deux jeunes gens enchantés de les trouver telles..... Depuis que la révolution est venue affranchir les Français de ce qui gênait leurs allures et leurs pensées, ils ont prodigieusement dévoilé le mystère des actions pécheresses ; et, comme s'ils eussent craint qu'un si bel exemple ne fût perdu pour la postérité, ils ont écrit tout ce qu'ils avaient fait.... On sait généralement aujourd'hui ce qui résulte d'un petit souper devant une table où les genoux se pressent, où les pieds se cherchent d'abord, où les siéges se rapprochent ensuite, puis les têtes, puis les bouches ; où les yeux se couvrent à demi de leur paupière appesantie par une double ivresse ; où les seins s'agitent, les voiles s'é-cartent, les bougies s'éteignent, les rideaux se tirent.... En 1769, c'était déjà connu, cela : la révolution n'a fait que généraliser la méthode.

« Léonard, me dit Julie entre neuf et dix heures du matin, ton ami avait raison, tu es un homme de talent.

— Ne parle pas de cela, crois-moi, à ton abbé commendataire....

— A quoi bon ? Ce n'est pas ton genre de coiffer les hommes.

— Je croyais t'avoir prouvé le contraire.

— Je fais semblant de l'avoir oublié.

— C'est juste.... » Et nous rejoignîmes, après une toilette rapide, les deux autres membres de notre quadrille, dans la chambre de Laure, où nous déjeunâmes.

« A présent, parlons peu et parlons bien, dit la maîtresse de Frémont, en avalant une dernière gorgée de liqueur des îles, qui avait clos notre déjeuner. Vous ne pouvez, monsieur Léonard, demeurer si loin de vos nouveaux amis; il faut quitter votre vilaine rue des Noyers, et vous loger sur le boulevard : c'est le quartier des gens à la mode, et vous ne tarderez pas, je vous le prédis, à prendre une place distinguée parmi eux....

— Je le voudrais bien, répondis-je, dominé par cette pudeur de l'homme qui répugne à devoir à sa maîtresse autre chose que du plaisir;... mais je ne puis en ce moment....

— Point de mais, Léonard, dit Julie avec vivacité; je veux que tu te rapproches de moi.... C'est ainsi que cela se pratique, vois-tu, et le scrupule a fort mauvaise grâce parmi les gens qui se conviennent.... Entre amis tout doit être commun : aujourd'hui, je partage avec toi; demain, ou un peu plus tard, ce sera toi qui partageras avec moi. Ainsi, voilà qui est décidé. Fais-moi le plaisir de prendre un fiacre pour apporter tout ton bagage ici, et ce soir nous t'installerons dans un gentil garni du boulevard.

— Un fiacre pour apporter mon bagage! répondis-je en riant; me prends-tu pour un fermier général?... Les équipages de trois voyageurs aussi bien équipés que moi tiendraient dans un mouchoir de poche, noué par les quatre coins.... Je pourrais, à la rigueur, m'épargner un déménagement, si je ne tenais singulièrement à mon beau peigne d'écaille, que j'ai laissé rue des Noyers.

— C'est juste, dit Laure, qui depuis quelques instants s'exerçait à des battements et à des gargouillades devant sa glace : le peigne d'un coiffeur, c'est le violon d'un virtuose, l'épée d'un général, le canapé d'une beauté sensible.... Allez, beau Léonard, chercher votre peigne d'écaille. Pendant votre voyage au faubourg Saint-Marceau, Frémont va vous retenir une chambre, et après la répétition nous dînons ici...., N'oublions pas que ce soir vous avez à refaire une fée... Et puis, le lendemain des noces donc.... Ah! ah! ah! que la vie est drôle.... A propos, Frémont, connais-tu *la Bourbonnaise*.... une chanson charmante, que l'on chante partout, à l'OEil-de-Bœuf et sur le Port-au-Bled; une allégorie en vaudeville de notre presque reine, la Dubarry.... Le vieux Latteignant, ce chanoine si spirituel, si gourmand, si biberon, si libertin, va faire jouer, cette semaine, à notre théâtre, une comédie sous le même titre : *la Bourbonnaise*; quelle fortune fera Nicolet si cette pièce a autant de représentations que l'autre Bourbonnaise a eu d'amants!.... Tiens, voilà ma commode qui danse; je crois que je suis un peu grise.... Ce diable de chablis me joue toujours de ces tours-là : je suis sûre que je vais faire un faux pas dans la répétition de mon entrée.

— Bah! un de plus, qu'est-ce que cela? dit Frémont avec un éclat de rire.

— Tu serais riche, vraiment, reprit Laure avec une joyeuse colère, si l'on ne trébuchait jamais.... » A ces mots, la danseuse, prenant son mantelet qui traînait, moitié à terre, moitié sur une chaise longue, où il servait de couche à un gros matou, enveloppa sa fine taille d'une draperie de taffetas noir, et s'élança sur l'escalier en répétant :

La Bourbonnaise
On dit qu'elle en a.

Laure et Julie se rendirent à la répétition; Frémont dit qu'il allait donner deux heures aux soins de son art, et je courus à mon logement de la rue des Noyers, commencer mon déménagement.

Pour la seconde représentation de la pantomime nouvelle, je fis à Julie une coiffure plus
extraordinaire encore qu'à la première : ce pro-
digieux édifice de cheveux, d'oripeau, de pierres
fausses, et de tout ce qui m'était tombé sous la
main, n'aurait pu entrer dans un boisseau. Aussi
l'actrice fut-elle accueillie avec un crescendo
d'enthousiasme.... La *Gazette* avait parlé le matin de ce chef-d'œuvre, et le soir une notable
portion de la haute bourgeoisie et de la noblesse
était accourue au boulevard pour jouir d'un
spectacle si nouveau. Il y avait à la porte du
théâtre une double file d'équipages; des mains
blanches s'appuyaient, à l'extraordinaire, sur la
balustrade des loges de Nicolet, où se posaient
ordinairement les doigts rouges et gonflés des
cuisinières cordons-bleus. On voyait circuler,
dans l'incommode foyer des grands danseurs
du roi, l'habit aux basques fleuries ou à pluie
de paillettes; en un mot, jamais Nicolet n'a-
vait vu dans sa salle enfumée un aussi illustre
public....

Au milieu du transport de joie que cette au-
baine argentifère lui causait, l'émerveillé directeur me rencontra dans un couloir. Je crus
qu'il m'étoufferait dans ses embrassements con-
vulsifs; et lorsqu'il me quitta, après avoir fait
subir à mes mains entre les siennes une véri-

table torture rémunératrice, il me déclara qu'il allait arranger une cabale au parterre, pour faire demander l'auteur de la coiffure sublime.... J'eus beau le supplier de m'épargner cette malencontreuse ovation, le traître me quitta bien déterminé à me faire traîner glorieusement en scène. Il ne me restait pas d'autre ressource qu'une fuite précipitée, et ce fut le parti que je pris en toute diligence.

J'en fus presque fâché lorsque, le lendemain, Frémont m'apprit que Legros, le fier Legros, accouru chez Nicolet au bruit de ma renommée, avait pâli en voyant la stupéfiante frisure de la fée.... Frémont, que son patron avait rencontré à la fin du spectacle, me dit qu'il était visiblement troublé, et que la tête de Julie semblait le poursuivre comme l'ombre d'Electre poursuivait Oreste.

« Votre ami, avait-il dit à son premier garçon, a tenté un moyen que je n'ai pas abordé assez ouvertement : il ose exploiter le bizarre, l'outré, le ridicule.... C'est un essai dangereux : un artiste qui s'y livre provoque ou les huées ou les acclamations du délire; pour aspirer à une moisson de lauriers, il brave une mousqueterie de pommes cuites.... Ce sont les couronnes que Léonard a obtenues... Maintenant, il peut se jeter à corps perdu dans l'absurde...

tout lui réussira... à moins que... Nous verrons.

— Le genre académique aura toujours ses
partisans, répondit Frémont pour consoler un
peu l'affligé Legros.

—Dieu t'entende, mon garçon; mais je crains
bien que ce novateur audacieux ne nous laisse
bientôt que les douairières qui n'ont plus d'a-
mants, et les robins qui n'entretiennent plus
d'actrices. »

Là-dessus, Legros quitta son premier garçon
en hochant de la tête.

« Voici bien une autre affaire, s'écria Julie
en revenant ce même jour de la répétition : la
troupe de Nicolet ne doit-elle pas jouer ce soir
sa pantomime nouvelle chez madame la comtesse d'Amblimont ! c'est encore un honneur
que nous attire la fameuse coiffure de la fée...
Ce matin un *par ordre* de M. le duc de Choiseul
a été apporté par un piqueur à M. Nicolet ;
Son Excellence a convoqué deux troupes, les
Variétés amusantes et nous, à l'hôtel de la comtesse... ce sera drôle. »

La fée, ses étoiles, sa macédoine d'attiffets
produisirent à l'hôtel d'Amblimont le même
effet qu'au boulevard. Non-seulement la comtesse voulut me voir, mais, après la pièce, je fus
promené par elle dans ses salons et montré à sa

brillante société, comme un joli sapajou récemment arrivé des îles... Toisé avec fierté dans une pièce, lorgné à travers les bois de l'éventail dans une autre, complimenté sur mon talent dans une troisième, entendant chuchoter l'éloge de ma tournure ailleurs ; j'arrivai enfin, conduit par la maîtresse de la maison, qui, soit dit entre nous, me serrait quelquefois la main, dans un arrière-cabinet où nous ne trouvâmes qu'un seigneur superbement vêtu, assis sur un petit canapé, à côté d'une femme très-jolie..... La pièce me parut bien faiblement éclairée pour que ce tête-à-tête fût tout à fait innocent... Néanmoins, il fallait qu'il le fût, quoique le seigneur eût le bras cavalièrement passé autour du cou de la dame ; car j'appris bientôt que ce couple était M. le duc de Choiseul et madame de Grammont, sa sœur.

— Voici, monsieur le duc, dit la comtesse d'Amblimont, l'auteur de cette fameuse coiffure qui fait tant de bruit à Paris.

— Ah ! c'est le jeune novateur, dit le ministre en riant. Eh bien ! voilà qui est à merveille, mon ami ; vous savez au besoin n'avoir pas le sens commun... qualité précieuse, parbleu !... Étonnez, étourdissez, moquez-vous de la raison, et votre fortune est faite. Déjà même vous êtes plus en crédit que vous ne pensez ;

car, moi, premier ministre de Sa Majesté, j'attends un service de vous...

— Monseigneur, m'empressé-je de répondre, je suis le très-humble serviteur de Votre Excellence.

— Je le crois, mon garçon, répliqua le duc d'un ton qui signifiait : tu sais bien, maraud, que la récompense suivra de près le service. Avez-vous quelquefois coiffé des abbés?

— Il en coiffe un depuis trois jours, » eût répondu résolument Julie, si elle se fût trouvée derrière moi.

Je me bornai à répondre qu'en province j'avais même accommodé plusieurs têtes épiscopales.

« Aujourd'hui, reprit le ministre en riant, il s'agit seulement de nous aider à en *incommoder* une.

— Quoi, mon frère, vous persistez dans le projet de mystifier ce pauvre M. de Jarente, évêque d'Orléans!...

— Ma sœur, je lui dois une revanche : il a refusé un bénéfice à un jeune ecclésiastique que vous protégiez... et que je tenais à envoyer au fond du Limousin... » Ces derniers mots avaient été prononcés avec une expression singulière de physionomie. « Au surplus, la plaisanterie que je médite, continua le duc, est plus innocente que Sa Grandeur : c'est moi qui vous l'assure. » Puis, le ministre illustre, s'étant levé, me prescrivit de le suivre.

Ayant traversé plusieurs appartements, nous arrivâmes derrière le théâtre où l'on venait de jouer la pantomime du boulevard. Son Excellence, après avoir frappé légèrement à une petite porte, l'ouvrit sans que l'on eût dit : Entrez, et nous nous trouvâmes au milieu de quatre jeunes actrices occupées à s'habiller en abbés, mais qui, déjà revêtues de la culotte et des bas de soie noirs, accusaient encore la femme par une complète exhibition de seins et d'épaules d'albâtre.

« Ah ! monseigneur, s'écria l'une d'elles, il ne fallait pas entrer ; nous ne sommes pas encore prêtes à jouer notre rôle.

— Jolies friponnes, répondit le duc, j'aime assez à me glisser derrière le rideau... Ne voyez-vous pas, d'ailleurs, que je vous amène notre habile coiffeur ?

— Ah ! oui, c'est bien... merci, monseigneur... »

Et nos lutins femelles ne s'inquiétaient nullement de cacher ce qui n'était point du tout abbé en elles.

Enfin, le duc donna à ces dames rendez-vous dans le grand salon, et les pria de se hâter, afin de ne pas trop prolonger l'entr'acte. Elles se mirent entre mes mains; j'eus bientôt fait de leurs minois libertins les quatre plus jolies figures d'abbés qui jamais fussent sorties d'un séminaire, et je me glissai ensuite dans les salons pour voir ce qui allait se passer.

Il y avait, ce soir-là, chez madame d'Amblimont une foule de grands seigneurs et plusieurs prélats, parmi lesquels se trouvait M. de Jarente. Nos jeunes abbés s'attachèrent immédiatement aux pas de cet évêque. En général Sa Grandeur n'aimait point ce genre de rencontres, parce qu'elles lui attiraient toujours force obsessions et importunités, en sa qualité d'administrateur de la feuille des bénéfices... Cependant, les quatre petits abbés parurent si intéressants à monseigneur, ils ressemblaient tant à des chérubins, les compliments qu'ils adressaient à Sa Grandeur étaient si gracieux, qu'ils firent accueillir leur demande. Jeunes candidats pleins de ferveur, ils voulaient, disaient-ils, se consacrer au service des autels, et M. le duc de Choiseul, parent de l'un d'eux, leur avait promis sa protection. Le ministre, qui n'était pas loin, vint appuyer leurs sollicitations; M. de Jarente, pour le moins aussi bon courtisan que bon catholique, jura qu'il prendrait le plus vif intérêt aux protégés de Son Excellence; et pour garant de sa promesse, il

consentit à embrasser plusieurs fois les charmants néophytes.

Il n'est pas besoin de dire que toute la société,
les évêques exceptés, connaissait le mystère
de la mascarade; et que les accolades données
par Sa Grandeur aux plus égrillardes actrices
des Variétés amusantes, égayèrent singulièrement l'assistance.

Cependant ce n'était là que le premier acte
de la pièce imaginée par M. le duc de Choiseul :
lorsque l'autre représentation continua, M. l'é-
vêque d'Orléans se trouvait assez près du théâtre; qu'on juge de sa surprise lorsqu'il reconnut, sous des habits de femme, les quatre
abbés qu'il avait si cordialement embrassés....
Ce n'était pas tout : une gentille parade, inter-
calée dans la pièce, offrit la mise en scène de
l'aventure des salons; monseigneur, avec toute
la compagnie, dut se reconnaître, et je le vis
rire assez franchement d'un vaudeville final où
Sa Grandeur était quelque peu égratignée...

Au souper qui termina la fête, les abbés, re-
devenus de jeunes filles, jolies, aimables et point
du tout farouches, se produisirent avec toutes
sortes de grâces et de minauderies. Elles ne
voulaient point, dirent-elles, retenir les biens
de l'Eglise, et contraignirent obligeamment le

prélat à se laisser rendre les baisers qu'il avait donnés.

« S'il fallait que la restitution s'étendît seulement à six mois, dit Louis XV, à qui l'on raconta cette aventure peu de jours après, M. de Jarente n'aurait pas de quinze jours une minute pour dire son bréviaire. »

En quittant l'hôtel d'Amblimont, ma main pouvait se jouer, dans mon gousset gauche, d'une dizaine de louis, que M. le duc de Choiseul venait de me donner pour la coiffure des abbés de sa façon et de la mienne. Ce ministre m'avait dit, avec cette noble aisance qui le distinguait : « Il faut venir me voir, Léonard ; je vous recommanderai parmi les dames de la cour, et madame de Grammont vous accordera sa protection. »

Pendant que je roulais, avec ma danseuse, vers le boulevard, elle me disait, à travers de grands éclats de rire et en croisant sa jambe sur mon genou :

« Dis donc, Léonard, je crois en vérité que je suis, en effet, un peu fée ; depuis que tu me connais, te voilà presque un homme à la mode ; les grandes dames te prennent par la main, et les grands seigneurs te protégent.... Vrai, sans que je m'en doute, il y a de la féerie dans mon fait.

— Tais-toi donc, folle.... Ce qu'il y a de plus

réel dans tout ceci, ce sont tes caresses et les dix louis de M. le duc de Choiseul. Quant à sa protection, il est prudent de réfléchir avant de l'accepter.

— Hein ! répète-moi donc cela ; je n'ai pas compris.

— Je dis que monseigneur le ministre des affaires étrangères n'est pas un protecteur sur lequel on puisse compter.

— Jean Léonard, vous qui juchiez, il y a deux jours, dans un cabinet de la rue des Noyers, à raison de quatre sous par nuit, je vous trouve un peu bien dédaigneux envers les puissances du monde.

— C'est que je raisonne, ma chère Julie, en homme qui ne veut rien hasarder.

—Dieu de Dieu ! rien hasarder dans cette vie !...

— Le crédit de Choiseul baisse, vois-tu.

— Ah ! ah ! ah ! Choiseul tout court ; ne dirait-on pas qu'il a juché à côté de toi rue des Noyers ?

— La comtesse Dubarry aura renversé ce ministre avant que trois mois se soient écoulés.

— Bah ! tu crois ; une si bonne tête !

— Sans doute, il a sa tête ; mais la favorite n'a-t-elle pas ses charmes !

— C'est vrai, et notre bon roi s'y laisse prendre volontiers.

« — Tu vois donc bien qu'en m'inscrivant parmi les créatures du duc, je risquerais de déplaire à la comtesse au moment où la bonne tête sera emportée par..... tout ce qu'elle a de séductions.

— Vraiment oui ; je t'approuve à présent, Léonard ; il vaut mieux marcher moins vite, et marcher plus sûrement. »

Sans que j'aie jamais pu savoir comment mon adresse avait été découverte, je reçus, dans les huit jours qui suivirent la soirée de madame d'Amblimont, une trentaine de petits billets musqués qui faisaient autant d'appels à mon talent : tantôt c'était une danseuse, tantôt c'était une cantatrice, tantôt une actrice du Théâtre-Français, plus souvent une nymphe des Variétés amusantes ; quelquefois c'était une de ces demoiselles qu'on nommait alors des *impures*, parce qu'elles n'étaient ni comtesses, ni marquises ; seules qualités qui leur manquassent pour être aussi *pures* que les dames de haut lieu. Je comptai bientôt sur la liste de mes clientes, comme on dirait aujourd'hui, les Sophie Arnould, les Duthé, les Guimard, les Clairon, les Adeline ; mais les femmes de qualité ne me demandaient que de loin en loin, et cela me surprenait. Dans les salons de madame d'Amblimont, j'avais entendu murmurer l'éloge de ma taille, vanter la vivacité de mes yeux, la blancheur de ma main, et je m'étonnais qu'à une époque où les laquais faisaient fortune dans le grand monde, un coiffeur, dont le début avait été si brillant, languît encore, après trois mois, dans le demi-jour des loges d'actrices. J'appris enfin qu'on m'avait desservi auprès des puissances, et je ne tardai pas à découvrir que l'envie aux doigts crochus, au teint pâle et livide, comme a dit *Figaro* quelques années plus tard, s'était ingéniée pour me perdre. Legros, étourdi par mon premier succès; Legros, incapable de se piquer d'une généreuse rivalité, parce qu'il était hors d'état de s'élever au-dessus de la sphère des chignons, des fers à cheval, des crêpés-drus et des boudins ; Legros se prit à distiller contre moi les poisons de la calomnie. Il ne pouvait nier ma supériorité : ma tête de fée l'avait écrasé, et chaque jour une tête d'actrice ou de danseuse *léonardée*, comme on disait dans le monde théâtral, eût donné un démenti éloquent à la détraction de mon antagoniste. Mais, ne sachant comment attaquer l'artiste, il attaqua la moralité de l'homme.

Pour bien comprendre le succès des propos malveillants que Legros débitait et faisait débiter contre moi, il faut savoir qu'à cette époque le coiffeur était, chez les dames, l'homme de l'intimité, le confesseur du cabinet de toilette.

Appelé à s'aider de tout ce qu'il y avait de séductions dans le beau sexe, afin d'en corroborer
l'empire par d'heureuses combinaisons, cet ap-
pareilleur des charmes, ce metteur en œuvre des
grâces, ne devait ignorer aucune des ressources
que l'esprit, le cœur et l'organisation de ses clientes ménageaient à son art. Que vous dirai-je? pour
le coiffeur digne de sa mission, il n'y avait de secrets ni dans le boudoir, ni dans le cabinet de toilette, ni dans la chambre à coucher; et ceux de
mes lecteurs qui se rappellent les mœurs de ce
temps, savent qu'entre laisser voir sans mystère,
laisser entendre sans discrétion et laisser faire
sans réserve, la distance était d'ordinaire fort
courte chez les femmes de qualité. Je ne manquerai pas de preuves, dans la suite de ces Mémoires, à rapporter à l'appui de cette assertion,
et j'en produirai plus d'une d'origine illustre.

On concevra donc sans peine que le premier
mérite du coiffeur était d'être bel homme et
doué d'un physique agréable..... Or, vous savez
ce que les dames pensaient de moi sous ce rapport. Cependant Legros parvint quelque temps
à me fermer les cabinets de toilette du faubourg
Saint-Germain, de la place Royale, de l'île Saint-
Louis et du faubourg Saint-Honoré; et voilà
comment il s'y prit. Ici, s'autorisant de mon
accent méridional, il prétendait que j'étais un

malheureux Italien disposé, par un art cruel,
pour chanter la haute-contre en dépit de la nature. Là, je devenais un familier de coulisses et
de mauvais lieux, qui portais sans cesse la peine
de mes dérèglements. Ailleurs, j'avais été le favori d'un cardinal romain, et je ne savais pas
rendre à la beauté les hommages que lui doit
tout cavalier bien appris. Comprenez-vous tout
ce qu'il y avait de noirceur dans ces trois versions ?

J'en étais là de ma fortune, lorsque je reçus
un matin un petit billet triangulaire; celui-ci
était imprégné d'un parfum fort délicat; je l'ouvris et je lus : « Madame la marquise de Lan-
» geac prie M. Léonard de passer chez elle de-
» main à midi; elle donne une fête dans la
» soirée, et comme il pourra s'y trouver une fée
» bienfaisante, elle sera charmée de s'entendre
» avec M. Léonard sur la coiffure qui convien-
» dra à cette fée-là, pour qu'elle n'ait rien de
» commun avec celle de Nicolet. »

Je ne sais quel instinct m'empêcha de montrer ce billet à Julie; mais je me disposai à me
rendre chez la marquise de Langeac dans le plus
grand secret. Vous en conclurez peut-être, et ce
ne sera pas sans raison, que ma vanité marchait
plus vite encore que ma fortune; car la vogue
qui semblait m'accueillir ne s'étendait point

jusqu'alors dans les hautes régions sociales;
pourtant elle ne laissait pas d'être productive, et
elle avait suffi pour me procurer une existence
complétement innocente de prélèvements im-
mondes sur les prébendes et bénéfices de l'abbé
commendataire.....

On pouvait alors, à Paris, devenir élégant à
bon marché : les grands seigneurs ne portaient
que deux ou trois fois les diverses pièces de leur
habillement, et c'était une grasse curée pour
leurs valets de chambre, quoiqu'ils vendissent
cette défroque à vil prix. Au moyen d'acqui-
sitions de seconde main, je m'étais composé
une garde-robe fort propre et surtout très-variée.
Rien n'y manquait, pas même l'épée à poignée
d'acier, non plus que le claque revêtu de satin
noir, pour la grande tenue. Si je sortais le matin
en *chenille*, j'endossais la lévite à longues basques, et j'enfonçais sur mes yeux le large chapeau rond, bordé d'un petit galon d'or. Enfin
on pouvait me prendre partout pour un enfant
de bonne maison, et lorsque je parlais, il m'arrivait rarement de donner un démenti roturier
à mon élégance et à ma tournure de chevalier
à la mode.

Pour me rendre chez la marquise de Langeac, voici quel était mon costume : habit de
soie gris-perle; culotte pareille; veste blanche

brodée en soie de couleur ; bas de soie blancs ; souliers à talons rouges, avec boucles taillées en pointes de diamants..... coiffure à l'oiseau royal poudrée au givre ; *sac à charbon* [1] du meilleur goût. Assurément je tenais beaucoup plus du marquis que du coiffeur ; et lorsque je me fis annoncer chez la marquise, sa femme de chambre, qui m'introduisit, cria : *Monsieur de Léonard.*

Madame de Langeac me reçut au lit : c'était autrefois l'usage des dames de condition avec les personnes qu'elles traitaient sans façon ; et quelquefois elles s'y prenaient ainsi pour être traitées de même.

« Monsieur Léonard, me dit la marquise avec un sourire charmant, tandis que son grand œil noir m'examinait de la tête aux pieds, j'étais coiffée par Larsenneur, que l'abbé de Vermont vient de mander à Vienne auprès de notre future dauphine ; je fais choix de vous pour le remplacer.

—Madame la marquise, c'est beaucoup d'honneur pour moi.....

—Laissons là l'honneur, monsieur Léonard,

----

[1] Petite bourse qui était fort à la mode vers le milieu du xviiie siècle.

vous qui faites des divinités avec de mauvaises
figurantes de Nicolet; ce sont vos exploits qui
vous honorent. »

La marquise avait beaucoup appuyé sur les
mots *mauvaises figurantes de Nicolet*, et, sans
doute par un effet de cette vanité qui me do-
minait ce jour-là, j'y avais attaché l'idée d'un
mouvement de jalousie.

« Mais je ne vous cacherai pas, Léonard, que
j'ai entendu diversement parler de vous : quelquefois favorablement, plus souvent avec défaveur.

— Avec défaveur! madame la marquise, qui
peut donc s'exprimer ainsi sur mon compte?

— Des méchants, je crois, et la preuve que
j'ajoute peu de foi à leurs propos, c'est que vous
êtes chez moi par mon ordre.

— Je remercie madame la marquise de son
opinion bienveillante, et je puis lui assurer que
je n'en suis pas indigne.

— Voyons, Léonard, reprit madame de Langeac en me montrant un fauteuil placé au che-
vet de son lit, venez vous mettre là, et causons
un peu. Je veux savoir d'où vous venez.

— De la Gascogne.

— Pas mal, si vous n'êtes pas trop Gascon.

— Je tâcherai de ne l'être avec madame la
marquise qu'autant que cela pourra l'amuser.....

— Vous n'avez donc jamais chanté la haute-contre dans les théâtres ou les cathédrales d'Italie.

— Madame, j'ai le bonheur de posséder une basse-taille à briser les vitres...

—Ah! ah!.... Et vous n'avez pas été attaché aux légats du saint Père.

— A quoi bon...?

— C'est ce que je me disais. »

Il était évident que madame de Langeac connaissait deux des trois versions calomniatrices que Legros et ses acolytes débitaient contre moi... Après quelques instants de silence, elle reprit :

« Quant au surplus..... » la marquise n'acheva pas; mais je pus me convaincre plus tard qu'elle avait voulu dire : « Quant au surplus, si les coulisses et les loges d'actrices offrent de grands hasards, les petites maisons, où se glissent nos roués de bonne compagnie, n'en sont pas plus exemptes, et l'on pourrait même dire qu'ils y sont plus fréquents. »

« Léonard, reprit madame de Langeac, vous êtes mon coiffeur. Maintenant, écoutez ce que je puis vous prédire de votre avenir. Le roi daigne me compter parmi les dames de la cour qui doivent, assure-t-il, être agréables à la jeune dauphine qu'on attend ; je suis désignée pour appartenir au cercle particulier de cette princesse dès qu'elle sera rendue à Versailles : Sa Majesté a pour cela des raisons que je pourrai vous faire connaître plus tard... Car, ajouta madame de Langeac avec un clignotement plein de séduction, vous savez, Léonard, qu'un coiffeur, lorsqu'il entend son état, mérite bientôt la confiance des dames qui l'appellent à leur toilette. Or, je consens à vous dire dès ce moment que mon intention est de vous pousser dans le monde. Bien mieux, je ne désespère pas de vous donner à la dauphine. Larsenneur, que l'abbé de Vermont a envoyé à Vienne, est un homme lourd, sans imagination, une sorte de perruquier, dont les discours nous écrasent l'esprit en même temps que sa main pesante nous écrase la tête. Un tel serviteur ne peut convenir à Marie-Antoinette d'Autriche, dont M. le cardinal de Rohan, ambassadeur à Vienne, nous a parlé comme d'une archiduchesse vive, sémillante, un peu légère : ce que, par parenthèse, il assurait d'un ton fort singulier. D'ailleurs son altesse impériale est formée aux mœurs françaises par une jolie actrice, sœur de Fleury, les poésies de Chaulieu, de Dorat et de Gentil-Bernard aidant. Ces précédents et l'extrême jeunesse de la princesse semblent donc indiquer un naturel coquet, rieur, un peu folâtre, et il y aura bien assez du dauphin pour former le grave contre-poids de toutes les têtes légères que l'on groupera autour de sa jeune épouse.

» Ainsi, vous pouvez, Léonard, concevoir l'espérance d'être le coiffeur de la dauphine. Mais je veux que vous me soyez dévoué, et je vous avertis que je suis un peu exigeante.

— Il doit être si doux de vous obéir, madame la marquise, qu'on n'en peut jamais trouver l'occasion assez fréquente.

— Joli compliment en vérité.. Mais, nous verrons, dit la grande dame avec un balancement de tête qui me parut exprimer quelque doute. Et d'abord, continua-t-elle résolument, plus d'assiduités au tripot de Nicolet; les actrices du boulevard énervent l'inspiration et gâtent la main d'un coiffeur. Les Guimard, les Sophie Arnould, les Duménil, à la bonne heure; toutes ces dames ont essayé de la vie princière; elles en ont pris les allures... Nous partageons tout avec elles, nous autres femmes de qualité... Il faut bien s'y résigner, puisque ces messieurs le veulent ainsi. Et puis je ne voudrais pas vous interdire l'accès auprès de ces puissances dans l'empire des modes : je tiens à ce que votre renommée s'agrandisse, et personne ne sait mieux que les actrices aider aux réputations... Mais

j'y reviens pour que vous me compreniez bien :
plus de danseuses des boulevards, plus de Julie... c'est au-dessous d'un protégé de la marquise de Langeac... Vous me promettez d'être
fidèle... Que je suis folle...! je veux dire : vous
me promettez d'être docile...

— L'un et l'autre, madame la marquise, répondis-je, emporté par un mouvement de vanité qui n'effaroucha nullement ma protectrice.

— Bien, Léonard... A cette heure, allez-vous-
en, que je me lève... Mais non, ne vous en allez
pas... Disposez tout sur ma toilette pour me
coiffer... Essuyez la glace... et ne regardez pas
dedans. »

Je pris ces dernières paroles dans le sens que
la grande dame y attachait évidemment : je re-
gardai dans le miroir, qui se trouvait placé précisément vis-à-vis du lit, et la marquise en des-
cendit avec le plus entier oubli de précaution...
Je me dis tout bas : Léonard, mon ami, te voilà
lancé dans les brillantes aventures... Heureux
coquin...!

Jugez si je devais, en effet, me croire heureux : la marquise de Langeac était une femme
de vingt-trois ans, petite, mais délicieusement
faite : un pied, une jambe, une gorge à défier

toute comparaison ; avec les traits, sinon les plus réguliers, du moins les plus piquants... Et puis des cheveux et des sourcils d'un noir d'ébène, faisant ressortir un teint d'une finesse extrême, sur lequel la marquise n'avait jamais voulu gâter, par le fard, cette éloquente pâleur qui décèle les vives passions.

En voyant madame de Langeac, on devinait, pour peu qu'on eût d'expérience, qu'elle devait savoir, au suprême degré, provoquer et partager les délices de l'amour ; et la chronique secrète en racontait long à cet égard. Vers le milieu de l'année 1769, la maréchale de Mirepoix, la marquise de Montmorency et la marquise de Langeac formaient un trio de grâces dans les rêves du vieux roi. Elles avaient consenti à ce que Sa Majesté rêvât jusqu'au point de les voir figurer quelquefois à la table mécanique de Choisy, mais en présence d'un nombre rassurant d'autres convives. On avait prétendu, depuis, que mesdames de Mirepoix et de Montmorency s'étaient décidées à passer du songe à la réalité ; mais que madame de Langeac avait refusé de se *réaliser* pour Sa Majesté, parce qu'elle se trouvait beaucoup plus heureusement réelle avec un certain chevalier d'Arc, qu'elle aimait alors éperdument.

Le règne du chevalier dura peu ; et vous allez voir comment la poésie épigrammatique expliqua cette rupture :

> Tant que *d'Arc* eut ardeur et zèle,
> A ses transports *Langeac* a répondu ;
> Mais on la vit devenir infidèle
> Sitôt que *l'arc* fut détendu.

Ce fut quelque temps après l'émission de ce quatrain malicieux que la marquise m'appela à son lever : lever que le miroir de sa toilette venait de me montrer si prodigue de charmes ; et sans fatuité, sans porter à l'extrême mes espérances, je pus dès ce moment me convaincre que j'étais destiné à remplacer le chevalier d'Arc. Mais il me fut aisé de reconnaître, en même temps, que, par des considérations solides, madame de Langeac tenait essentiellement à ce qu'il n'y eût pas deux cordes à son *nouvel arc*, qui n'avait pas toute la puissance du fameux arc de Nembrod. Passez-moi, je vous prie, cette réflexion trop grivoise, peut-être : elle appartient aux réminiscences d'une époque si pittoresque, qu'il est difficile que le style ne le soit pas en la peignant.

La marquise, sans le secours de sa femme de chambre, avait pris une jupe presque diaphane de mousseline, et s'enveloppait assez négligemment d'un peignoir de batiste orné d'une large dentelle de Malines. Elle s'était assise devant sa toilette, et je me disposai à la coiffer.

— Comment madame la marquise veut-elle être accommodée? dis-je en divisant, par mèches soyeuses, la brune chevelure qui m'était confiée.

— Vraiment je n'en sais rien... conseillez-moi, Léonard. » Et dans ce moment madame de Langeac demandait à sa glace un autre conseil, qu'elle le lui donnait probablement conforme à son désir, car elle lui souriait de manière à me rendre jaloux.

— Si madame la marquise veut bien me dire quelle toilette elle se propose de prendre ce matin, cette indication me fixera sur le caractère de la coiffure dont j'ai à m'occuper.

— Ah! oui, vous avez raison, Léonard... Vous avez là une fort jolie veste. Eh bien! mais je crois que je ne veux pas sortir.

— Madame va peut-être recevoir ce matin, et dans ce cas, c'est d'un négligé que je dois saisir l'élégant abandon.

— Oui, comme vous dites, Léonard, il faut saisir l'abandon du négligé... Pourtant, je ne veux pas recevoir... Appelez Sophie, ma femme de chambre. »

J'obéis, et la femme de chambre entra, en réprimant un sourire par je ne sais quel pince-

ment de lèvres, qui me parut passablement critique.

— Sophie, dit la marquise sans se retourner,
faites prévenir mon Suisse que je n'y suis pour
personne, et je vous donne congé ce matin.

— Cela suffit, madame, » répondit Sophie en
sortant. Il me sembla qu'en ce moment le regard
de la soubrette disait quelque chose, comme :
« Encore un... »

« Là, nous voici seuls, Léonard, reprit madame de Langeac; faites-moi bien jolie.

— La nature ne m'a rien laissé à faire à cet
égard, madame la marquise.

— Petit flatteur! si fait, si fait, la nature peut
toujours tenir quelque agrément de l'art habile.
Mais il me semble que votre main tremble.

— C'est que je n'ai jamais craint autant de
mal faire.

— Pourquoi donc? je ne dois pourtant pas
avoir l'air bien sévère. »

Et dans cet instant, madame de Langeac
ayant négligé de tenir son peignoir, il s'écarta,
et me laissa voir entièrement le plus beau sein
du monde... Le dirai-je, il me sembla vivement
agité.

Eperdu, ne sachant plus ce que je faisais,
j'essayai cependant de dérober le trouble de
mon esprit en occupant mes mains.

« Prenez donc garde, Léonard, vous me tirez
les cheveux, s'écria la marquise ; en vérité, je
crois que vous ne comprenez pas bien votre
état.

— Je vous avouerai, madame, que mon
trouble est extrême.

— Pauvre garçon ! Qui peut donc causer ce
trouble ?

— Je n'oserai jamais l'avouer à madame la
marquise.

— Ah ! j'y suis, dit madame de Langeac après
avoir jeté un coup d'œil sur son miroir.

— Et vous concevez sans doute, repris-je vivement, que les pauvres petits mortels pour
lesquels le ciel s'ouvre soudain...

— Le ciel est délicieux, répéta la marquise
en riant. Allons, enfant, continuez votre besogne, » poursuivit-elle en attachant sur moi un
regard langoureux, sans recouvrir ce que j'avais
cru d'abord découvert par le hasard, et qui me
paraissait maintenant exposé par l'intention.

— Ah ! ma foi, madame, m'écriai-je avec
transport, dût la foudre m'anéantir, je cesse de
résister au délire qui m'entraîne... » Et j'impri-
mai un baiser brûlant sur le sein de la marquise.

« La foudre, peut-être, dit l'infidèle du chevalier d'Arc d'une voix presque éteinte ; mais

elle ne tue qu'un moment. » Cette phrase venait de s'échapper avec un soupir des lèvres tremblantes de la marquise ; et sa tête, un moment vacillante, se laissa tomber sur mon bras, enveloppée des longues mèches de cheveux que mon peigne avait divisées.

Je ne vis plus la grande dame, je ne me sentis plus un coiffeur : je ne trouvai là qu'une femme qui se donnait à moi ; je la pris.

Tard, bien tard dans la soirée, madame de Langeac me dit : « Léonard, si j'avais le privilége de faire des nobles, tu serais prince dès ce soir.

— Marquise, je me trouve assez fortuné d'être un peu marquis ; mais, de grâce, ne me démarquisez pas trop vite. »

Je viens de vous raconter, avec une entière vérité de nuance morale, comment les femmes de qualité comprenaient alors l'honneur du sexe.

CHAPITRE III.

Exigence d'une dame de qualité. — Excursion matinale. —
La mise en demeure. — La fin de non-recevoir. — Elle
est bonne fille. — Le petit diable. — Répartition d'amour
et de temps. — Les carrosses de la dauphine. — Madame
Dubarry en scène. — Présentation. — *C'est çà votre pro-*
tégé. — Premier voyage à Versailles. — Léonard écoute
aux portes. — Conversation du roi et de la favorite. —
La France *aiguillonnée.* — Le *boutez-en-avant.* — Ce que
c'était. — La Cléopâtre de Versailles. — Rendez-vous à
Luciennes. — Mademoiselle Guimard et son théâtre de
Pantin. — Tableaux de mœurs.

Madame de Langeac, avant de se faire le
cadeau de ma personne, avait cherché, comme
on l'a vu, à se donner toutes les garanties possi-

bles pour qu'il n'en restât rien à Julie. Ce fut bien mieux, ou si vous voulez bien pis, après l'événement. La marquise me faisait demander à toute heure ; on eût pu croire qu'elle passait sa vie entre les mains de son coiffeur, et jamais cependant on ne l'avait vue plus mal coiffée.

C'était ordinairement le soir, à l'heure où la ville et la cour se font rouler les cheveux, que madame de Langeac me mandait. Il y avait toujours sous jeu quelque bal, quelque concert au vauxhal, qu'on venait d'ouvrir ; ou bien c'était la lecture d'une comédie de Dorat ou d'une tragédie de La Harpe, qu'on devait aller entendre chez une comtesse de cinquante ans, qui n'avait plus rien de mieux à faire que de devenir bel esprit. Et de tout cela, rien, sinon le rire niaisement significatif du Suisse, habitué à me voir entrer par la porte cochère, sans jamais me voir sortir ; sinon encore le rire malicieux de Sophie, qui me reconduisait par la petite porte du jardin, sans que sa maîtresse s'inquiétât de cette conduite, parce que la marquise passait, avec raison, pour une femme fort habile à se donner, en telle occurrence, bonne et valable caution.

Mais les parties intéressées sont, en toute chose, difficiles à tromper : ma danseuse, à mes fréquentes absences du soir, à l'air quelque peu impertinent que je prenais avec elle, peut-être à d'autres signes encore, soupçonna que je détournais de notables portions de l'hommage que j'avais rendu primitivement à ses charmes. Les femmes, en pareil cas, aiment à se procurer des certitudes : assez enclines à se venger, il leur convient d'être bien fixées sur le délit du coupable ; car rien ne leur est plus désagréable que de rester au-dessous d'une juste réciprocité.... Elles ont tant à gagner en se plaçant au-dessus. Julie me fit suivre un soir par quelque garçon de théâtre, qui me vit entrer chez la marquise de Langeac. Jusque-là rien que de fort ordinaire ; mais il ne me vit pas ressortir après une attente de cinq heures, et cela commençait à devenir fort significatif.

Or, avant d'avoir été la maîtresse d'un abbé commendataire, la fée du théâtre Nicolet avait été entretenue par un procureur, et vous allez voir qu'elle entendait parfaitement la procédure.... Un matin, avant huit heures (c'était au commencement de l'hiver), j'entendis frapper précipitamment à ma porte ; je venais de rentrer, et mon lit, intact, attestait éloquemment qu'il ne m'avait pas servi la nuit précédente.... J'ouvris au visiteur matinal, sans me douter le moins du monde qui ce pouvait être ; je reculai deux pas en reconnaissant Julie.

« Oui, c'est bien moi, me dit-elle d'un ton calme, que je la croyais peu capable d'obtenir de son caractère irascible et pétulant....

—Quelle heureuse surprise! m'écriai-je, avec un accent de joie qui ne dut pas être fort adroitement simulé.

—Heureuse surprise! c'est ce que nous allons voir.... Léonard, m'aimes-tu...?

— La demande, après six mois de douce intimité, est au moins surprenante.....

— Du tout; mais je la rendrai très-significative en la répétant avec un mot de plus: m'aimes-tu encore?

— Ce doute, ma chère Julie....

— Est bien naturel, ce me semble, quand je te trouve paré dès le matin, devant ton lit, qui n'a pas été défait.

— Singulier motif pour te faire douter de mon amour!

— Je ne sais; mais mon doute ne cédera qu'à des preuves....

— Preuves de quoi, Julie?

— De ta tendresse, donc.

— Des preuves.... des preuves.... Les femmes d'aujourd'hui tiennent essentiellement au nombre pluriel.

— C'est que les hommes tendent plus essen-

nellement encore à se singulariser.... Eh bien !
va pour la preuve singulière. »

Vous voyez que, dans ses relations avec un
procureur, Julie avait appris ce que c'est qu'une
mise en demeure ; et j'avouerai que je fus contraint d'exciper d'une *fin de non-recevoir......*

« Voilà ! reprit alors la danseuse du ton, plus
triomphant que fâché, d'une personne qui vient
d'avoir raison, même au prix d'une vive contrariété..... « Après cela, vois-tu, je ne te fais
point de reproches, poursuivit la pensionnaire
de Nicolet, en redressant ses cheveux dans ma
glace ; la constance en amour, c'est comme qui
dirait une vive démangeaison avec défense
de gratter : dix fois sur douze il arrive qu'on
gratte.... D'ailleurs, il n'y a point de clause pour
la fidélité dans le traité que nous avons signé
tu sais où et comment ; et depuis que nous sommes ensemble, quand un amant m'a plu, je me
le suis donné : témoin le petit Diable, notre
premier danseur de corde, qui est bien l'Adonis
le plus séduisant que je connaisse. Ainsi,
comme je prétends que tu me passes mon
sauteur, je te passe, moi, ta marquise de Langeac...

— La marquise de Langeac !.... qui t'a dit....

— Que tu vas arranger ou déranger sa coif-

fure tous les soirs, et que cela duré jusqu'au
matin.... Parbleu, tout le monde le sait.... La
petite femme n'en est pas à son coup d'essai, va ;
et pour une fois de plus qu'elle jette son bonnet
par-dessus les moulins, elle a pensé que ce n'était
nullement la peine d'en faire un mystère.... Il
faudra pourtant que nous nous révoltions, nous
autres femmes de théâtre, contre ces beautés du
grand monde. En vérité, si cela continue, il ne
nous sera bientôt plus possible d'avoir un amant
un peu propre. Depuis huit à dix ans, elles nous
ont soulevé presque tous les soupirants titrés
ou opulents : il ne nous reste pas un pauvre petit
conseiller au parlement au-dessous de la soixan-
taine ; et les marquises ne nous envoient les
gendarmes ou les mousquetaires que lorsqu'ils
sont épuisés d'argent et d'amour..... Mainté-
nant voilà ces dames qui se mettent à nous
souffler les coiffeurs et les laquais. Il n'y a plus
moyen d'y tenir, et décidément je monte une
conspiration.

» Adieu, Léonard, je voulais savoir à quoi
m'en tenir sur certaines choses, pour la distribution de mon temps et de mon amour : je vais
arranger cela en conscience.... L'abbé aura de
la comédie pour son argent ; toi, tu auras de la
tendresse pour tes beaux yeux ; et je me flatte
qu'il en restera encore assez pour récompenser

le petit Diable de sa force et de son agilité sur
la corde tendue. »

Et Julie sortit en chantant avec malice ce
refrain d'une vieille chanson :

> Il a voulu,
> Il n'a pas pu.

L'entretien étrange que nous venions d'avoir
avec ma danseuse m'enleva la possibilité de
prendre quelque repos ; la marquise m'attendait
à onze heures, et cette fois il s'agissait bien réellement de la coiffer. Les carrosses qui devaient
être envoyés à l'archiduchesse Marie-Antoinette
excitaient en ce moment la curiosité de la ville
et de la cour : chacun voulait les voir ; il y avait
foule chez le carrossier Francien, pour admirer
ces délicieux équipages, exécutés à grands frais
par l'ordre de M. le duc de Choiseul.

Madame de Langeac, qui, pour la vivacité des
désirs, surpassait toutes les femmes et même
toutes les nonnes, s'étonnait de n'avoir pas encore vu les carrosses de madame la dauphine :
« En vérité, me disait-elle pendant que je la
coiffais, je me reprocherais d'avoir attendu si
longtemps pour contenter une fantaisie, si je
n'eusse été aussi sérieusement occupée à satisfaire un goût... » Je m'inclinai bien bas.

« Voyons, Léonard, surpassez-vous, me dit la marquise quand j'eus esquissé sa coiffure ; faites-moi une tête bien coquette, bien friponne. On dit que madame Du Barry doit visiter ce matin les ateliers de Francien ; il est possible que je rencontre cette belle beauté, et la marquise de Langeac n'a pas coutume de perdre un seul des regards de ces messieurs, même quand la favorite est présente.

» A propos, Léonard, continua la marquise, vous viendrez aussi chez Francien ; je veux vous y voir.... Ayez soin de vous trouver sous ma main ; je vous présenterai à madame Du Barry : ce sera une occasion toute naturelle qui pourra vous profiter.

— Je vous obéirai, madame la marquise.....

— Il serait possible que la comtesse congédiàt Legros pour vous prendre.... Mais, ajouta madame de Langeac avec un clignotement expressif, il faudrait remplacer Legros tout juste.

— Bien entendu, madame la marquise.

— C'est que notre demi-reine protége d'une manière... Il y a toujours en elle de la marchande de modes.

— Il me semble, me dis-je intérieurement, qu'elle protége à peu près de même.

— Léonard, je me trouve un peu pâle aujourd'hui.

— Mais, madame.... » et j'ajoutai tout bas : « Il y a bien de quoi. »

Quand la coiffure de madame de Langeac fut terminée, je la remis entre les mains de sa femme de chambre, quoiqu'elle trouvât depuis quelques jours que cette fille l'habillait fort mal, et qu'elle prétendît que le lacet était passé dans les attributions du coiffeur. J'alléguai, pour excuse, l'ordre que madame la marquise m'avait donné de me rendre chez Francien, et la nécessité où je me trouvais d'aller mettre un habit présentable. Elle n'insista pas pour me retenir; mais je jugeai qu'il serait très-difficile, avec madame de Langeac, de poser des limites à l'extension progressive des devoirs de mon état.

Une foule compacte assiégeait la porte du fameux carrossier lorsque j'y arrivai, et j'eus beaucoup de peine à pénétrer dans le hangar où l'on voyait les voitures destinées à l'archiduchesse. C'étaient deux berlines plus grandes que les carrosses ordinaires, mais plus petites que ceux du roi. L'une était revêtue extérieurement d'un velours ras cramoisi, sur lequel on avait brodé en or les quatre saisons, avec tous les attributs qui les distinguent. L'autre, revêtu en velours bleu, représentait les quatre éléments, aussi brodés en or. Il n'y avait aucune peinture dans tout cela; mais la broderie était d'un goût exquis. L'impériale de chacune des voitures offrait des bouquets de fleurs en or, de diverses couleurs et d'un travail précieux. La souplesse des ressorts était telle, que ces voitures s'agitaient au moindre attouchement. Madame Du Barry, qui se trouvait là avec M. le duc d'Aumont, premier gentilhomme de la chambre, toucha légèrement à l'une des voitures, et lui ayant imprimé un doux balancement, elle dit à demi-voix à son conducteur : « Voyez donc, monsieur le duc, on dirait que » ceci se recommande au tendre amour plutôt » qu'au grave hymen. »

En ce moment, la favorite aperçut madame de Langeac, et s'approchant d'elle avec empressement :

« Eh ! bonjour, chère marquise, lui dit-elle du ton le plus caressant, que devenez-vous donc ? on ne vous voit plus à la cour ; quelque indisposition, peut-être.... Je vous trouve pâle ; serait-on malade ?

— Je suis extrêmement sensible à l'intérêt que vous me témoignez, madame la comtesse ; mais j'ai l'honneur de vous assurer que je me porte fort bien. »

Tout en parlant, madame de Langeac, qui m'avait aperçu dans la foule, me faisait signe d'approcher ; je lui obéis. Me prenant alors par la main, ma protectrice me présenta à la maîtresse de Louis XV, en lui disant :

« Voici, madame la comtesse, le jeune Léonard, coiffeur d'une grande distinction, qui serait déjà fameux à la cour s’il était moins modeste.

— Madame d’Amblimont m’a parlé de ce jeune homme.... Vraiment, il est fort bien.... Et vous le protégez, marquise? ajouta la favorite avec un sourire trop étudié pour être sans intention.

— Je m’intéresse assez à lui, d’après la connaissance que j’ai de son talent, pour oser le recommander à madame la comtesse....

— Comment donc, mon cœur! mais il n’y a rien que je ne fasse pour vous obliger. Il faut que ce jeune homme vienne me voir à Versailles; j’aurai soin de sa fortune.... N’est-ce pas, monsieur le duc, continua la comtesse en s’adressant à M. d’Aumont, on pourra pousser ce coiffeur.... N’oubliez pas d’en parler à la duchesse de Villeroy, votre sœur.

— Trop heureux, madame, répondit le courtisan, de pouvoir vous être agréable en cela, ainsi qu’à notre charmante espiègle de marquise, » ajouta-t-il en baisant la main de ma jolie protectrice.... Puis il ajouta : « Voulez-vous bien cacher ces yeux-là, qui vous assassinent sans aucune rémission. » Le premier gentilhomme de la chambre, qui venait de prononcer ces paroles en se dandinant, me regarda avec ce dédain protecteur dont nos grands seigneurs d’autrefois assaisonnaient leur obligeance, lorsqu’ils disaient : « *C’est ça* votre protégé.... » Mais le regard, passablement prolongé, que la comtesse avait jeté sur moi exprimait, je puis le dire sans fatuité, un tout autre intérêt. Madame de Langeac se le rappela lorsque, trois jours après cette présentation, je lui annonçai que j'allais me rendre auprès de la favorite : « C'est très-bien, Léonard, me dit-elle; mais souvenez-vous de ce que vous m'avez promis....» Je n'avais heureusement rien promis positivement; car, en pareil cas, on ne peut jamais prévoir ce qu'on tiendra.

Je fis le voyage de Versailles comme un vieux chevalier de Saint-Louis allant solliciter la pension, comme un vicaire poursuivant une cure à portion congrue, comme un poëte qui va demander à un grand seigneur la permission de lui dédier son œuvre; en un mot, je m'assis, moi troisième, sur le coussin aplati d'une banquette de coucou. Heureux encore d'avoir trouvé cette place : j'avais vu souvent des abbés coquets en *lapin*, et d'honnêtes commis aux aides en *savate*[1].

Lorsque je me fis annoncer chez madame Du

---

[1] Une planche étroite était placée derrière la voiture; deux voyageurs, assis dessus, avaient le ventre appliqué à la caisse, et les jambes passées dessous; ayant l'avantage de se crotter un peu plus que s'ils étaient à pied. Si le *coucou* versait, ils pouvaient avoir les jambes brisées.

Barry, le roi était avec elle. Mais cette entrevue n'offrait aucun mystère; car, de la pièce où l'on me fit attendre, j'entendis Louis XV et la favorite discourir à haute voix :

« Toujours la même, cher ange, ne voulant être surpassée en rien par aucune femme.

—Sire, il y a des avantages que je ne dispute à personne.

— Celui de la chasteté, par exemple, répondit Louis XV en riant.

— Je vous demande, Sire, ce que vous feriez d'une femme chaste.

— Pas mal, pas mal.

— Quant à ce qui tient à la magnificence, il me semble que Louis quinzième du nom régnant, la femme qu'il honore de ses bontés doit occuper le premier rang partout.... Cela tient essentiellement à la majesté du trône.

— La majesté n'est pas précisément le mot.... Eh bien ! vous dites donc, comtesse, que Francien vous fait un vis-à-vis plus magnifique encore que les voitures destinées à la dauphine.

— En voici le dessin, mon petit Louis, » dit madame Du Barry, que j'entendis dérouler une grande feuille de papier.... Puis elle continua : «Voyez, Sire, s'il est possible d'imaginer rien de plus enchanteur : de gracieuses armoiries sur un fond d'or forment l'ornement principal des quatre panneaux ; les côtés offrent, d'une part, une corbeille garnie d'un lit de roses, sur lequel deux colombes se becquètent amoureusement ; de l'autre, un cœur traversé d'une flèche, avec des carquois, des flambeaux, tous les attributs de l'amour ; enfin, une guirlande de fleurs en burgau, qui court alentour des panneaux pour les encadrer de ses vives couleurs.... Votre Majesté vit-elle jamais, de ses deux yeux, rien de plus galant.

— Peut-être l'est-ce un peu trop, comtesse.... Le public malin pourra remarquer que l'une des colombes a soixante ans bien sonnés, et je ne sais si l'on ne rira pas des roses, des carquois et des flambeaux.

— Allons donc, Sire, est-ce que les rois vieillissent ?

— Je sais qu'ils vieillissent lentement avec vous, mon cœur ; mais le public compte d'après un autre calendrier, et me reproche quelquefois le mien...

— Laissez-les dire ; ils paient et ils chantent.

— Ils chansonnent aussi, ma tout adorable, et ces diables de Parlements commencent à faire chorus.

— Est-ce que le bien-aimé a perdu le fouet du grand Louis XIV ?...

— Oh ! bien oui, nous aurions de beaux

trains avec ces grandes robes, si j'allais faire du pouvoir despotique... N'ont-ils pas trouvé, sous leurs perruques, je ne sais quel mot de *patriotisme* ?

— Sire, écoutez une petite historiette : Votre Majesté sait que j'avais un chef de cuisine qui ressemblait étonnamment à votre ministre des affaires étrangères. J'ai renvoyé mon Choiseul parce qu'il me faisait de mauvaises sauces ; pourquoi ne renverriez-vous pas le vôtre, qui vous fait de mauvais gouvernement, et laisse durcir vos Parlements, comme l'autre laissait durcir le mouton à la broche ?

— Comtesse, vous retombez toujours dans la même faute : je vous ai déjà dit bien des fois que Choiseul m'était utile, très-utile... Voyons, pouvez-vous soutenir ma politique dans les cours étrangères, vous ?...

— Ma foi, Sire, si je m'en mêlais...

— A la bonne heure, voilà de la plaisanterie.. .. ne sortons pas de ce ton-là, surtout ne me parlez plus de votre d'Aiguillon, à moins que ce ne soit pour rire. A propos, comtesse, je vous dirai que j'ai trouvé ce matin sur mon bureau un sixain fort gentil, dont il faut que je vous fasse part.

— Des vers politiques ?

— Si l'on veut... Tenez, je vous en fais juge. »

Et Louis XV remit à madame Du Barry une demi-feuille de papier dorée sur tranche, sur laquelle la comtesse lut :

> Qu'alerte et frigante haquenée,
> Cotillon, troisième du nom,
> Soit éprise de l'*aiguillon*,
> C'est assez de sa destinée...
> Mais hélas! qui trouverait bon
> De voir la France *aiguillonnée!!*

« Sire, que pensez-vous de mon joli vis-à-vis? reprit gaiement la comtesse, en jetant au feu le sixain épigrammatique.

— Je vous dirai mon avis quand je saurai ce que vous voulez faire de vos lits de roses, de vos carquois, de vos flambeaux.

— Quoi! Votre Majesté ne devine pas?... Ce sera le char des amours... Si vous saviez, Sire, combien les ressorts en seront flexibles.

— Oui, oui, le char des amours! je me suis figuré cela jadis avec le marquis de Lugeac, dans un carrosse de place, dont les ressorts étaient, j'adore Dieu! très-loin d'être flexibles... Partie carrée avec des nymphes de l'Opéra..... Il me souvient même d'une aventure où des clercs de basoche nous rouèrent de coups, parce que notre fiacre voulait prendre le pas sur le leur... Le mauvais sujet de Versailles eut l'omo-

plate meurtrie, et le roi fit semblant de l'ignorer... Ah ! c'était le bon temps : l'allégorie dés
deux colombes se becquetant eût été juste alors;
mais à présent l'un de ces tendres oiseaux traîne
ses ailes, tandis que l'autre bat de l'aile amoureusement... Ainsi, mon cher ange, sous ce rapport, votre charmant vis-à-vis, votre *boutez-en-
avant*, comme on appelle maintenant ce genre
de voiture, serait relégué sagement sous la remise... A moins, ajouta Louis XV en riant, à
moins que, dans une promenade à Longchamp,
en compagnie de votre candidat ministre, vous
ne teniez à prouver que vous êtes *aiguillonnée...* »
Sur cette malice, le roi sortit en riant à gorge
déployée.

Je venais d'avoir un échantillon des mœurs
de Versailles ; j'avais entendu raisonner ce
Louis XV, dont tous les petits rimeurs d'étrennes mignonnes vantaient la *Majesté*, et je savais
d'autant ce que valaient les mots à la cour.
Je commençais à broder, dans ma cervelle, un
beau commentaire moral sur ce sujet, lorsqu'un monsieur en habit noir, une espèce
d'huissier (pourquoi l'emploi de favorite n'en
comporterait-il pas ?), me poussa dans le boudoir de la comtesse, que le roi venait de quitter
par une autre porte.

Madame Du Barry était couchée sur un canapé,

la tête appuyée sur sa main, de manière à faire
valoir le plus joli bras du monde : une véritable attitude de Cléopâtre d'après les pierres
antiques. Il y avait en outre ici un petit pied et
beaucoup plus de la moitié d'une jambe modèle, exposés avec cette recherche de coquetterie qui s'inquiète peu du qu'en dira-t-on.

« Ah ! c'est vous, jeune homme, dit la favorite avec un sourire encourageant..... N'est-ce
pas Léonard qu'on vous nomme?...

— Oui, madame la comtesse...

— Eh bien, Léonard, vous voilà mis comme
un gentilhomme, et la tournure ne dépare pas
du tout le costume.

— Madame la comtesse est trop bonne.

— Vraiment la marquise de Langeac a fort
bonne main à choisir ses protégés..... Le roi a
raison, cette dame est un cadeau précieux à
faire à la dauphine qui nous arrive, et pour
peu que cette petite altesse ait de dispositions,
nous l'aurons bientôt francisée..... On tâchera,
Léonard, de vous faire admettre à sa toilette :
peut-être, ajouta la favorite avec un sourire incisif, sera-t-il plus facile de renverser le perruquier Larsenneur que le ministre Choiseul.
Mais il est indispensable que je sache ce que
vous savez faire : la petite tête mutine de mon
amie la marquise pourrait, voyez-vous, fermen-

ter en dedans plus qu'elle ne prouve à l'exté-
rieur... Je ne sais si vous me comprenez...

— Mais.... non, madame la comtesse...

— Comment! Gascon, et si peu apte à devi-
ner, cela ne saurait se concevoir... » Et tout en
se récriant sur mon défaut de perspicacité, la
maîtresse de Louis XV fit sur son canapé le
plus indiscret des mouvements, et put se convaincre que mes yeux savaient mieux pénétrer
que mon esprit.

« Si madame la comtesse daignait un matin
m'appeler à sa toilette, j'essaierais de mériter
son suffrage.

— Eh bien, oui, venez me trouver demain à
Luciennes : à la cour les essais sont craintifs,
l'inspiration est gênée... aux champs l'art devient plus hardi, plus oseur... venez demain à
Luciennes.

— L'heure de madame la comtesse?...

— Midi...Vous mettrez cet habit : il vous sied
à merveille... Adieu, Léonard...Vous direz votre
nom à ma femme de chambre : elle aura mes
ordres. »

Tandis que l'humble voiture qui me repor-
tait à Paris me cahotait rudement sur ses coussins d'Utrecht râpé, j'arrangeais dans ma tête
un petit thème qui me dispensât d'avouer à
madame de Langeac mon rendez-vous du

lendemain. J'ai déjà dit que j'entrais dans le monde avec une dose d'amour-propre assez forte, et l'on conviendra que mon succès auprès de la marquise pouvait me faire présumer un résultat fort agréable du voyage à Luciennes. Je ne me faisais cependant illusion, ni sur la conquête que j'avais faite, ni sur celle qui, selon mes présomptions un peu vaniteuses, m'était ménagée dans cet élégant pavillon dont tout Paris vantait alors la magnificence. Ces grandes dames s'abandonnaient aux ducs et aux marquis; mais elles se donnaient heiduques et coiffeurs : les premiers étaient leurs amants d'apparat, les derniers étaient des amants par corvée.

J'avais beau chercher, je n'arrivais pas aisément à la solution de la difficulté que ma position présentait. Madame de Langeac ne voulait plus se faire rouler les cheveux que par moi; il y avait obligation d'assister, chaque soir, à son coucher, et la petite porte du jardin était passée dans mes habitudes... Heureusement un incident inattendu vint à mon secours. Lorsque je rentrai chez moi, je trouvai un billet de mademoiselle Guimard, qui m'invitait à me rendre, le soir même, à sa délicieuse maison de Pantin, où l'on jouait la comédie, ainsi que l'ont rapporté tous les

mémoires du temps. La célèbre danseuse m'annonçait que j'aurais dix à douze têtes femelles
à coiffer, et que je devais me munir d'inspirations variées.

Le motif qui me dispensait, pour un soir,
des soins du coucher de la marquise, était au
moins plausible : elle-même m'avait dit plus
d'une fois que, dans l'intérêt de ma carrière
future à la cour, je devais m'exercer beaucoup
sur les têtes de nos illustrations théâtrales, par
lesquelles le goût étendait ordinairement son
empire. Malgré ce précédent, madame de Langeac accueillit, avec une petite moue assez
prononcée, l'avis de mon absence ; il n'y avait
encore que trois semaines qu'elle m'honorait
de ses bontés ; et les amants par corvée ont
bien aussi leur mérite, à l'heure où tous les
chats sont gris. Par bonheur, la marquise
avait du monde lorsque j'allai la prévenir ;
sans cela elle eût été femme à se faire *rouler
les cheveux* à trois heures du soir... Et que
serait devenue ma gloire présumée du lendemain ?

Mais, bon Dieu ! que j'eus de peine à la sauver intacte, cette gloire future, durant la soirée
que je passai à Pantin ! Lorsque j'arrivai dans
cette petite maison de Thalie, que mademoiselle
Guimard avait élevée sous l'inspiration des

mœurs de toutes les petites maisons possibles,
je trouvai, derrière le théâtre, un amalgame
étrange d'actrices des divers spectacles de Paris;
de gentilshommes, amants de ces dames; de
demoiselles entretenues, jouant la comédie en
amateurs; de mousquetaires remplissant auprès d'elles l'office d'habilleuses..... C'était la
plus plaisante bigarrure de demi-nudités féminines, d'uniformes de la maison du roi, et d'abbés coquets... Ici un gendarme laçait le corset
pudibond de *Nanine*, et le lacet de soie se rom-
pait entre ses doigts militaires. Ailleurs, un
petit collet attachait au-dessus du genou la
jarretière de Lucrèce, qui ne pouvait se bais-
ser sous la pression de ses baleines. Plus loin,
une chaste Diane, qui devait jouer dans le bal-
let, poursuivait Endymion à travers un bos-
quet sur lequel s'ouvrait le fond du théâtre, et
reléguait bientôt le croissant de Phébé sur le
front du fermier général entreteneur..... Mademoiselle Guimard, en étudiant ces épisodes
variés, en riait à se tenir les côtés, et prenait le plus grand plaisir à voir se résumer la
galanterie du siècle dans l'asile qu'elle lui offrait.

Lorsque j'eus coiffé actrices, danseuses et
cantatrices, je crus trouver quelque repos, en
attendant le spectacle, dans un salon voisin du

théâtre ; mais là se tenaient toutes les femmes
de chambre, marchandes de modes, coutu-
rières, fleuristes, qui avaient été appelées pour
contribuer aux fastes de la représentation ; et si
l'on veut bien juger de la moralité de ces demoiselles sur le renom de l'époque, on comprendra que moi, coiffeur en vogue et gentil, je
dus me trouver là comme le saint Antoine de
Sedaine au milieu des diablesses en falbalas.
Songeant à ma visite du lendemain, je voulus
me réfugier dans le jardin, sous les charmilles
épaisses et déjà assombries par le crépuscule ;
mais on ne pouvait y faire un pas sans trébucher
contre quelque chose : dans ce coin, c'était un
petit pied en soulier blanc ; dans cet autre, c'était
une botte à l'écuyère. A quelques pas de là, je m'ar-
rêtais à point pour ne pas écraser, sur le gazon,
une tête qui sortait à l'instant de mes mains, et
qu'un moment plus tard je devais sans doute reconnaître en scène, passablement défrisée. En un
mot, les jardins de mademoiselle Guimard étaient
un véritable Élysée, rempli de personnages heureux autrement qu'à la manière des ombres.
Ce qui me prouva surtout que le bonheur devait
être quelque peu matériel en ces lieux, c'est
que la douleur physique s'y faisait sentir : en
pénétrant dans un boulingrin extrêmement
sombre, j'eus le malheur de marcher sur une

main que je n'avais pas aperçue, toute blanche qu'elle était; et le cri que poussa la dame inattentive qui oubliait ainsi cette partie de sa personne, me prouva que là aussi résidait quelque sensibilité.

La sonnette annonçant le commencement du spectacle me fit songer à la place qui m'était réservée dans une loge d'avant-scène; je m'y rendis. Je jetai les yeux sur l'assemblée; elle se composait, en grande majorité, de libertins aimables et de filles de divers étages : le magasin de l'Opéra y avait une nombreuse députation. Quelques femmes honnêtes, qui pourtant étaient bien aises d'assister à un spectacle réputé très-galant, occupaient certaines parties de la salle, mais en loges grillées.

La représentation qui se préparait devait clore l'année théâtrale de Pantin; en conséquence, M. de La Borde, premier valet de chambre du roi, à qui mademoiselle Guimard avait confié la direction de son théâtre, après lui avoir confié beaucoup d'autres choses, s'était chargé de faire composer un discours de clôture. Ce morceau d'éloquence dramatique me parut si drôle quand je l'entendis, que je ne voulus pas quitter Pantin sans en emporter une copie : rien ne caractérise mieux l'époque dont je m'occupe, et quelque extraordinaire que puisse paraître cette pièce, je dois affirmer qu'elle est authentique [1].

L'orateur fut choisi parmi les acteurs les plus fêtés de ce public à part; le rideau se leva, et les trois saluts d'usage ayant été applaudis avec une courtoisie toute charmante, on entendit ceci :

« Messieurs, autant que l'usage des choses de théâtre ont pu me donner de pratique; non, je mets la charrue devant les bœufs; je veux dire autant que la pratique des choses de théâtre a pu me donner d'usage, j'ai remarqué qu'en général, j'ai même expérimenté que les clôtures sont bien plus difficiles à faire que les ouvertures; que le moment où l'on rentre a quelque chose de bien plus gracieux, de plus agréable, que le moment où l'on sort, et que les actrices ne pourraient jamais se consoler des regrets de la sortie, si elles n'envisageaient l'espérance d'un bout de rentrée.

» Ce discours tend à vous montrer d'un clin

---

[1] Nous avons hésité longtemps à rapporter ce discours, quoiqu'il soit écrit en entier dans le manuscrit de Léonard ; mais comme nous sommes bien sûrs que la plupart de nos lecteurs le passeront, nous avons cru devoir le conserver, comme gage historique de ce qu'on osait dire alors au public.

d'œil, à vous exposer d'une manière qui ne tombera pas en oreille d'âne, qu'on peut rapprocher, par un trait insensible, les avantages de la sortie d'avec ceux de la rentrée; la clôture, enfin, de l'ouverture.

» Mais ne pensons point à l'ouverture quand nous en sommes à la clôture; ne pensons pas au commencement du roman quand nous en sommes à la queue..... C'est le plus difficile à écorcher, messieurs; on le sait, et c'est pour cela que je rentre dans la matière de mon compliment, et que je reviens à la clôture d'aujourd'hui, qui fait le fond de mon sujet.

» Vous trouverez ma clôture bien courte, bien petite, en comparaison des ouvertures si grandes, si brillantes, mesdames, dont nous vous sommes redevables; quelles obligations ne vous avons-nous pas pour les avoir soutenues ainsi agréables, douces, faciles; pour avoir écarté à propos ces critiques qui vilipendent sans cesse un acteur, l'obligent de se retirer la tête basse dans la plus grande humilité! Vous avez soutenu notre zèle, suppléé à notre faiblesse, en nous prêtant généreusement la main pour nous dresser selon vos désirs, et nous avez mis, par ce moyen, dans le cas d'entrer en concurrence avec les sujets du premier talent, qui marchent toujours la tête levée, et auxquels on ne peut reprocher qu'un peu trop de roideur, défaut dont ils se corrigeront aisément.

» Mais je m'aperçois que je m'allonge un peu trop sur les efforts de nos acteurs ; que je pourrais m'étendre sur quelques-unes de nos actrices. Mais ce n'est pas là le moment ; je me contenterai de vous dire que si nous donnons aujourd'hui quelque relâche à vos amusements et à notre spectacle, c'est reculer pour mieux sauter..... Et quoiqu'il ne soit pas permis à tout le monde d'être heureux à la rentrée, c'est cependant sur elle que nous fondons toute notre espérance. »

Au moment où j'écris ce chapitre, et quand les rudes habitudes des camps dominent dans la société, l'on comprendra difficilement qu'à l'époque où vivaient d'Alembert, Buffon, Diderot, Condillac, Voltaire et Rousseau, de pareille prose ait trouvé des auditeurs ; cependant elle en trouvait, et de fort attentifs. M. de La Borde connaissait même si bien la chambrée ordinaire de Pantin, qu'il avait dit à l'auteur de ce discours de clôture, le sieur Armand, de le faire aussi libre, aussi graveleux qu'il serait possible : on voit que M. le directeur avait été obéi.

Tant qu'avait duré le débit de tous ces lieux communs orduriers, mademoiselle Guimard, assise sur le devant de sa loge avec le prince de Soubise, s'était livrée à la plus rieuse hilarité, tandis que le prince d'Hénin appliquait avec effort toute sa perspicacité germanique pour comprendre les finesses de Port-au-Blé dont le discours était lardé. Tout à fait derrière la loge, le baron Grimm prenait des notes, afin d'envoyer à la czarine Catherine II un croquis de mœurs, destiné à ajouter aux belles manières du palais impérial de Saint-Pétersbourg.

Minuit sonnait lorsque je rentrai à Paris ; heureux d'échapper aux dangers de Pantin et aux exigences de l'hôtel de Langeac, déjà dépouillées de leur enveloppe de séductions. En passant sur le boulevard du Temple, je vis de la lumière dans l'appartement de Julie : ce que c'est que l'humaine engeance ! Cette danseuse, alors fort éprise du petit Diable et de ses sauts extraordinaires, ne songeait nullement à moi. Eh bien ! ne me sentis-je pas au cœur...... (au cœur, c'est beaucoup dire) une ardeur renaissante pour elle !..... à tel point que mes ambitieuses espérances de gloire et de fortune, qui, depuis le matin, étaient en arrêt sur le pavillon de Luciennes, comme un chien couchant sur une compagnie de perdreaux, laissèrent envoler subitement cette riante perspective....... Je n'aspirai plus qu'au retour immédiat vers un bonheur vétéran qui, le matin encore, n'avait plus pour moi ni charmes ni souvenirs... Je ne sais quelle jalousie s'emparait de moi, sous l'influence du champagne de mademoiselle Guimard. « Je veux lui prouver, m'écriai-je tout haut, qu'il n'y a pas que les sauteurs qui sachent faire des tours de force, et qu'à l'occasion, je sais être aussi diable que son danseur déhanché. Mais s'il était là... Ah! s'il était là, l'intrigue se compliquerait... Mais non, et l'on peut même en calculer d'avance les chances. Julie habite cette petite maison avec deux domestiques femelles seulement ; si je cassais ses vitres à coups de pierre, ce que n'a pu faire, il y a quelques mois. le mousquetaire expulsé, vu l'extrême légèreté de son costume, qui ne lui permettait pas ce genre d'assaut par une gelée de cinq degrés ;... eh bien ! il arrivera de deux choses l'une : ou ces trois femmes, dépourvues d'assistance masculine, supporteront l'attaque sans bouger ; ou le saltimbanque se trouvera là, et alors il ne manquera pas de faire une sortie contre l'assaillant. Mais tandis qu'il me cherchera, je me glisserai dans la porte restée ouverte, et me rendrai maître de la place... Allons, à l'œuvre, Léonard ; chasser et

supplanter un rival, il y a là de quoi rajeunir
une passion décrépite, et la mienne n'est encore
âgée que de six mois. »

Il était écrit que d'autres événements devaient, ce soir-là, sortir de l'urne de mes destinées : au premier derlin-din-din du carreau
brisé, la fenêtre s'ouvrit, et je vis paraître une
belle, grasse, rouge trogne : une face de jubila-
tion qui, s'étant retournée, me montra la calotte luisante de l'abbé commendataire. « Ah !
diable, m'écriai-je, c'est l'entreteneur. . reti-
rons-nous... Honneur à l'amant qui paie ! » Je
faisais là certainement une judicieuse réflexion ;
mais elle arrivait tard, et depuis quelques minutes j'étais observé par le guet, qui, contre son
habitude, se trouvait, pour le quart d'heure,
exempt de pituite. Les honorables tristes-à-
pattes venaient de se former à la sourdine en
demi-cercle derrière moi, et quand je me retournai pour m'éloigner, le demi-cercle devint
autour de ma personne un cercle entier...

« Que faisiez-vous là, monsieur ? me demanda
brusquement le sergent.

— Sergent, j'observais les astres ; la soirée est
superbe, et je suis un peu astronome.

— Il n'y a pas de mal à cela ; mais je ne crois
pas que l'amour de l'astronomie autorise à casser les vitres des habitants de Paris...

— Vous vous trompez, sergent; il arrive souvent que l'on casse des vitres dans l'exercice de la science.

— Possible; mais les instructions de M. le commandant du guet ne nous permettent pas de souffrir ce genre d'exercice, et vous allez, s'il vous plaît, nous suivre au corps de garde...

— De grâce, monsieur le sergent, conduisez-moi chez M. le commissaire du quartier; je me ferai connaître à lui...

— M. le commissaire ne reçoit pas les délinquants à l'heure qu'il est; il soupe, et tout procès-verbal trouble sa digestion.

— Mais son clerc...

— Il lit un roman à madame la commissaire, pendant que son mari digère en sommeillant; et quand M. le commissaire dort tout à fait...

— M. le clerc, interrompis-je avec impatience, cesse de lire son roman pour en filer un...

— Cela ne nous regarde pas, les instructions de M. le commandant du guet n'en disent rien; et comme ni M. le commissaire, ni sa femme, ni son clerc n'aiment à être dérangés après minuit, je vais vous conduire au corps de garde, où vous finirez la nuit sur un matelas de bois de chêne, avec traversin pareil, ne vous en déplaise.

— Mais, monsieur le sergent, j'appartiens au

service de madame la comtesse Du Barry..... »

A ce nom colossal, le chapeau du sergent, enlevé de sa tête à la mode prussienne, tomba, avec la main qui le tenait, sur le genou de ce bas officier.

« Tiens, murmura je ne sais quel caporal raisonneur, qu'est-ce que c'est donc que madame la comtesse Du Barry, pour qu'un sergent du guet salue son nom ?

— Silence dans les rangs, reprit le commandant de la patrouille... Puisque vous appartenez à madame Du Barry, continua-t-il, ceci change la thèse..... Cependant, vous cassiez des vitres.

— C'était par ordre de madame la comtesse...

— Les gens de cour ont de drôles d'idées, dit le bas officier d'un air important.

— Du tout, répliquai-je en imitant l'importance du sergent ; la danseuse Julie, devant la maison de qui vous m'avez rencontré, a calomnié madame la comtesse, et c'est toujours comme cela qu'elle se venge.... le roi l'entend ainsi.

— Pas mal vu, ça fait travailler les vitriers ; mais il faudra que madame Du Barry s'entende là-dessus avec M. le commandant du guet, pour qu'il le fasse mentionner dans le règlement... Bonsoir, monsieur ; n'oubliez pas de dire à madame la comtesse de parler au patron des vitres cassées ; mon frère est vitrier, et je suis intéressé dans sa maison. »

Je saluai avec politesse messieurs du guet et je me retirai lestement, heureux d'échapper au matelas de bois de chêne et à l'oreiller pareil : c'eût été un précédent fort désagréable, en vérité, pour ma présentation à Luciennes.

CHAPITRE IV.

Le lendemain, à neuf heures, je fis avancer un fiacre pour me conduire à l'élégant pavillon de madame Du Barry; mais je ne pouvais me dispenser de faire acte de comparution à l'hôtel de Langeac, et Dieu seul savait comment j'en sortirais. Tout le monde était habitué à me voir circuler à travers les appartements de la marquise... J'entrai donc, sans être annoncé, dans un salon qui précédait le boudoir, puis dans cette pièce; puis je me présentai à l'entrée de la chambre à coucher, dont je trouvai la porte entr'ouverte. Mon pas s'était fait de plus en plus léger en approchant de ce sanctuaire de la beauté, où plus d'une fois je m'étais présenté comme Hiérophante.... J'approchai davantage, en annulant tout à fait le bruit de mes pas.... Il me sembla qu'on parlait dans la chambre, que dis-je, dans le lit de la marquise... Dans son lit! et le marquis, colonel de je ne sais quel régiment de dragons, tenait garnison en Flandre... Dans son lit! murmurai-je d'une voix étouffée. Aurait-elle renoué avec le chevalier d'Arc? ou plutôt une nouvelle inclination... Rien de tout cela... J'eus le courage d'écouter : c'était une femme qui se trouvait là.... Une femme....! Le siècle visait à la plus étrange hérésie, et madame de Langeac aimait les idées nouvelles.

— Qui t'a remplacée chez mademoiselle Arnould? demandait la marquise d'une voix très-émue....

— Une jeune Allemande arrivant de Vienne.

— Une néophyte?

— Bien plus, une grande prêtresse...

— Je ne croyais pas que les Allemandes eussent foi.

— Vous étiez dans l'erreur, madame, et l'on dit que la jeune archiduchesse destinée au dauphin de France...

— Serait-il possible?...

— C'est un bruit assez généralement répandu à Vienne.

— C'est bon à savoir.

— Quoi! madame la marquise....!

— L'archiduchesse n'est pas encore arrivée, et tu es là....»

On a noté le chant des pâtres de la Suisse, on a noté le bruit des flots se brisant sur des récifs, on a noté le gazouillement harmonieux des rossignols... Si jamais il prend fantaisie à quelque compositeur de noter ce que j'entendis ce matin-là à l'hôtel de Langeac, je tâcherai de me rappeler les intonations, les motifs, les modulations... Assez fixé sur ce genre d'harmonie, je m'éloignai en disant :

« Pour ce matin au moins, mon absence ne sera pas remarquée par la marquise. »

A midi juste, je montais lentement le coteau qui conduit de Marly à Luciennes. Je me nommai : partout on m'attendait, partout on me laissa passer. Enfin, après avoir traversé six pièces plus riches de peintures, d'arabesques, de dorure les unes que les autres ; après être entré dans une sorte de temple, dont l'autel était un lit magnifique, encore défait, je trouvai, dans un couloir étroit, une jeune femme de chambre, qui me demanda mon nom avec un sourire fort engageant.

« Léonard, lui répondis-je.

— Et vous demandez ?

— Madame la comtesse...

— Elle est au bain.

— Madame la comtesse avait daigné me dire hier à Versailles qu'elle me recevrait à midi.

— Aussi m'a-t-elle donné l'ordre de vous introduire.

— Ne m'avez-vous pas dit que madame la comtesse est au bain ?

— Madame vous recevra. »

Et la femme de chambre, m'ayant ouvert une petite porte dont elle avait la clef, m'introduisit, sans m'annoncer autrement, dans le cabinet dont elle était la gardienne.

La favorite avait quitté sa baignoire et venait de se glisser entre deux draps bien chauds... on ne lui voyait que le bout du nez.

« Bien, Léonard, dit une voix sortant des replis d'une fine batiste... vous êtes ponctuel, et j'aime la ponctualité... Vous n'avez pas voyagé en Orient, par hasard?

— Non, madame la comtesse, répondis-je, un peu surpris de ce début.

— C'est qu'un capitaine des vaisseaux du roi, qui est fort de mes amis, me racontait un singulier usage qui existe dans plusieurs contrées de l'Asie : les Orientaux ont quelquefois de bonnes idées.... Je crois cet usage salutaire, agréable surtout, et s'il venait à s'introduire en France, il appartiendrait aux attributions des coiffeurs, comme successeurs des anciens étuvistes du moyen âge.

—Si madame la comtesse daignait m'expliquer ce dont il s'agit, je pourrais peut-être hasarder un avis à ce sujet.

—Je vous dirai donc que, selon mon capitaine des vaisseaux du roi, les gens opulents de l'Asie ont l'habitude de se faire *masser* en sortant du bain...

— Le mot lui-même est nouveau pour moi.

— Cela consiste, toujours selon mon ami le capitaine, à exercer avec la main une certaine pression sur différentes parties du corps, comme moyen tonique... C'est tout naturellement une ressource d'hygiène, d'autant plus puissante, prétend encore le capitaine, qu'elle

est appliquée par une personne d'un autre sexe
que la personne massée... A Smyrne, à Damas,
par exemple, les croyants ne se servent pour
cela que de femmes..... Il me semble que la
contre-partie n'offrirait aucun inconvénient :
Ceci n'est pas une affaire de principes, mais une
prescription médicale..... Qu'en pensez-vous,
Léonard?

— Mais, madame la comtesse, répondis-je,
rouge de toute la rougeur qui manquait au
front de la favorite, je pense que l'usage est,
comme vous me faisiez à l'instant l'honneur
de me le dire, très-salutaire, très-agréable, et
que les coiffeurs des dames acquerraient en
cela le plus beau fleuron de leur couronne...
Si un tel bonheur m'était réservé...

— Ah ! si vous allez parler de bonheur, vous
allez mettre en émoi toute la cohorte des scrupules; puis la décence, la chasteté, la pudeur...
que sais-je, moi... L'on ne s'adresse à rien de
tout cela : il n'est question que d'un soin
purement sanitaire. Voulez-vous essayer, Léonard?

— Vraiment, madame, c'est une épreuve...

— Allons donc, enfant, vous aurez la gloire
d'avoir admis en France un usage oriental...»

Je me prêtai à ce qu'exigeait de moi la com-

tesse, qui avait la bonté de me diriger de la
voix, quelquefois de la main... De temps en
temps, elle disait : « Il a raison, mon ami le capitaine de vaisseau..... je veux conserver cette
habitude... il faut que j'en parle au roi..... Les
Orientaux sont des gens fort..... avisés..... vraiment c'est délicieux, c'est..... » Un instant après,
la comtesse se tut, elle ne me dirigeait plus de
la voix ; mais...

En vérité, le duc d'Aiguillon avait choisi le
plus agréable de tous les chemins pour arriver
au ministère ; que ne devais-je donc pas espérer en le suivant, moi qui ne voulais parvenir
qu'à l'emploi de coiffeur de la dauphine ?

Je retournai à Paris en me félicitant de voir
mon crédit à la cour fondé sur une double
base... Hein ! n'est-ce pas qu'il est heureux le mot
de *base ?* Mais j'étais bien décidé à ne pas entretenir la marquise de Langeac de l'hygiène orientale que madame Du Barry venait de se faire
appliquer à Luciennes. J'aurais pu, sans doute,
me récrier un peu sur les privautés accordées à
la femme de chambre Sapho ; mais les grandes dames de cette époque n'entendaient la réciprocité que sauf leur bon plaisir. Je devais
m'avouer, au surplus, qu'en opposant une bonne
grosse infidélité à cette bagatelle, incompré-

hensiblement bizarre, dont quelques beautés du temps s'occupaient entre elles, j'avais de beaucoup excédé la mesure des compensations.

J'arrivai à l'hôtel de Langeac avec un petit thème fort bien arrangé sur l'entrevue que je venais d'avoir au pavillon de Luciennes: Marmontel lui-même, dans un de ses contes, n'eût pas mieux esquivé ce qu'il fallait taire, et ne se serait pas montré plus adroit à y substituer ce qu'on pouvait dire. Mais je n'eus pas besoin, au moins pour le moment, de recourir à ma petite comédie: l'intervention d'un personnage nouveau entre la marquise et moi me dispensa de toute justification. Ce personnage n'était rien moins que le marquis de Langeac, mari de ma protectrice. Or, voici l'occasion d'esquisser le portrait d'un mari grand seigneur de ce temps; je ne la laisserai pas échapper.

M. de Langeac me parut un de ces colonels modelés sur celui du *Cercle* de Poinsinet: faisant des nœuds, brodant au tambour, coquet de coiffure, exposant avec habileté une jambe irréprochable; Adonis en uniforme blanc à revers roses; héros des boudoirs, plutôt que des camps, dont Granval ou Molé avaient fourni le type à la comédie française.

Le colonel arrivait à l'instant; j'avais vu sa chaise encore attelée dans la cour, et quelques minutes plus tôt, j'assistais au premier baiser. M. de Langeac papillonnait autour de sa femme dans le petit boudoir qui précédait sa chambre à coucher : la marquise, en femme habile à profiter de tout, s'était placée, à l'arrivée du marquis, sur le chemin direct d'une reconnaissance conjugale avec toutes ses circonstances et dépendances. Un mari se reproduisant après six mois d'absence, c'était presque une bonne fortune, et je vis clairement que ma protectrice me savait peu de gré de ma venue en ce moment.

« C'est mon coiffeur, monsieur le marquis, dit madame de Langeac avec une feinte légèreté, tendant sans doute à prévenir le soupçon de ce qu'il y avait de rapports, au delà de la coiffure, entre l'adroite marquise et moi.

— Lui, coiffeur! s'écria le colonel en me toisant avec une impertinence qui me fit féliciter secrètement d'avoir, en fait de malins procédés, beaucoup d'avance sur lui... D'honneur, on dirait que la nature s'entend avec les philosophes pour confondre maintenant toutes les conditions... On prendrait monsieur pour un honnête gentilhomme.

— On ne se tromperait, monsieur le marquis, que sur la dernière de ces qualités, répondis-je en prenant une attitude qui n'était guère moins marquise que celle du colonel.

— Bien répondu, parbleu! Dites-moi, mon ami, combien de femmes nobles avez-vous eues depuis que vous exercez...?

— Vraiment, marquis, vous êtes d'une grande indiscrétion, minauda la marquise pour cacher le trouble qu'une pareille demande venait d'exciter en elle....

— Allons donc, madame! des scrupules! à quoi bon? les amants ne sont-ils pas passés dans les mœurs de la cour?...

— C'est une idée que vous auriez pu vous faire sans croire à sa réalité; mais cela sert à justifier nos galants colonels d'avoir admis les maîtresses dans les mœurs de garnison.

— Dorat et Barthe vous envieraient cette réponse... Mais qui songe à nier les amours de garnison...? en vérité, cela fait partie de l'ordonnance... A quoi diable voulez-vous donc que l'on passe son temps dans nos maussades villes de province, si ce n'est à suppléer quelque président ou quelque secrétaire du roi, sinon à dégrossir l'esprit de quelque petite bourgeoise à marier, et qui, grâce à nous, arrive dans son

ménage avec des manières fort distinguées?...
En temps de paix, est-ce que la vie militaire
est faite pour autre chose que pour desserrer
un peu ces unions de cour si drôlement con-
clues, si respectables après six mois du bonheur solide réservé aux époux?... On part pour
son régiment, muni d'un bon congé de se-
mestre signé l'hymen, et, par une équitable réciprocité, laissant au logis un pareil congé...
Madame et monsieur, chacun de son côté, en
usent à leur guise... Rien de plus juste ; car l'a-
mour n'a pas donné son visa.

— En vérité, marquis, vous êtes fou, dit madame de Langeac avec une gravité affectée...

— Fou ! non, le diable m'emporte ; je suis
sincère, et ma franchise se met au niveau des
allures du jour... Vous même, marquise, est-ce
que vous seriez sans amant?... Depuis quand?...
Prenez-y garde, ce serait à vous montrer au
doigt.

— Finissez ce badinage indécent, monsieur,
s'écria ma protectrice d'un petit air de prude
qui ne lui allait point du tout, et qui fit éclater
de rire le colonel.

— A propos, j'ai vu le quatrain .. vous savez... l'arc détendu... très-drôle, nous en avons
ri comme des bienheureux dans un petit sou-

per avec des actrices... Ah! ça, marquise, ce
pauvre chevalier d'Arc... on n'en pouvait donc
plus rien faire... Vrai? le quatrain est impayable... Mais avec des yeux comme les vôtres, on
ne reste pas longtemps à pourvoir...

— Finissez, monsieur, dit madame de Langeac, véritablement irritée, ou je pars à l'instant
pour ma terre d'Auvergne ..

— Ah! pas de cela, Cécile... Vous m'avez
éloigné quelque peu du sujet que je traitais phi-
losophiquement, comme disent les encyclopédistes : j'y reviens. Le congé de l'hymen expire;
on revient dans ses bras, retrempé d'une absence
de six mois, qui procure six heures au moins de
bonheur... Avantage réel de la vie militaire sur
la vie civile, qui, la lune de miel passée, ne vous
offre pas six minutes par an de délices conju-
gales. Vous voyez bien, marquise, que ce n'est
pas le moment de vous éloigner; et comme il
faut que je parte à l'instant pour Versailles, je
vous demande une demi-heure à valoir sur mes
six heures.

— Quelle extravagance! dit la marquise en
rougissant.

— Du tout, Cécile, demandez à votre coiffeur... Je parie qu'il est pour la demi-heure à
valoir. »

Je me rongeais les lèvres à me les faire sai-
gner; et si le matin, la scène du cabinet de bain
avait excédé de beaucoup la compensation de
celle jouée par la marquise et sa femme de
chambre Sapho, le marquis allait, le traître,
me laisser singulièrement en arrière. Tandis
que je faisais cette réflexion, Langeac, tout en
lutinant sa femme, l'enleva du canapé où elle
était assise, et poussant du pied la porte de la
chambre à coucher, il s'y précipita avec la marquise, en me criant : « Ne vous en allez pas,
coiffeur, madame vous rejoint tout à l'heure....»

A quel genre de mystification appartient donc
la demi-heure que je passai dans le boudoir,
en attendant qu'il plût à madame de Langeac
de venir me confier sa tête? En vérité, je crois
qu'il y eut peu d'exemples d'un pareil désagrément imposé à un rival; et sur l'honneur, lorsque le marquis ressortit de la chambre, j'avais
une furieuse envie de lui dire : « Madame la
marquise a deux signes bien noirs placés, à trois
pouces l'un de l'autre, beaucoup au-dessous du
sein gauche.

« A vous maintenant, monsieur le coiffeur,
me dit Langeac en traversant la pièce où j'étais
resté; madame vous attend.... L'Olive, Saint-
Jean, Vernois, ma voiture... »

La marquise s'était réfugiée dans son cabinet de toilette, où je me rendis d'un pas précipité.... Il y avait de l'indignation dans ce pas-là. La pauvre Cécile, honteuse comme une grisette qui vient d'être surprise dans un blé avec un commis marchand, baissa ses grands yeux noirs quand elle me vit entrer; et, sous prétexte de préparer ses cheveux en m'attendant, elle en avait jeté les longues mèches sur son visage, pour dérober la rougeur qu'y avait épandue l'espèce de honte que lui causait son aventure conjugale.

« Léonard, me dit madame de Langeac, vous ne m'avez pas parlé des visites que vous avez faites à madame Du Barry?

— Je n'en ai pas trouvé le moment, ainsi que madame la marquise a pu s'en apercevoir.

— Mais à présent... Dieu! Léonard, que vous avez la main lourde aujourd'hui!... Eh bien, vos visites à la favorite!

— La première a été assez insignifiante.

— Et la seconde? demanda vivement madame de Langeac.

— La seconde, repris-je, bien décidé à changer entièrement le thème que j'avais arrêté en revenant de Luciennes, la seconde m'a prouvé que madame Du Barry n'est pas moins amie du

progrès des arts que feu la marquise de Pompadour.

— Comment donc cela, Léonard?

— Madame la comtesse m'a reçu dans sa salle
de bains...

— Habitude très-connue de la favorite! c'est
là qu'elle donne ordinairement séance à son
peintre.

— Oh! mais ce matin il ne s'agissait pas de
peinture.... »

A ces mots, je fis purement et simplement, à
ma trop expansive marquise, le récit de l'usage
oriental dont la comtesse m'avait demandé
l'application : je n'omis rien du tout; et plus
j'avançais vers le dénoûment de l'aventure,
plus les petits pieds de l'impatientée Cécile s'a-
gitaient violemment sur le parquet.

« Et vous lui avez obéi! s'écria madame de
Langeac en me donnant, de ses jolis doigts, la
plus sèche des chiquenaudes.

— Madame la marquise s'est-elle montrée
moins obéissante envers M. le marquis?

— C'est bien différent, M. de Langeac me
revenait après une absence de six mois.

— Je ferai observer à madame la marquise
que je voyais madame Du Barry pour la première fois, et dans ce genre d'entrevue, c'est

une chose bien agréable qu'une nouvelle connaissance, même quand ce n'est qu'une connaissance accidentelle. Cela, je me le disais ce matin en vous entendant raisonner d'une étrange manière avec votre nouvelle femme de chambre...

— Quoi ! vous avez entendu ?

— Ce n'est pas ma faute, les portes étaient ouvertes...

— Léonard, je vous défends de retourner à Luciennes... Allons, promettez-moi de n'y pas retourner.

— Je m'engagerai envers madame la marquise quand elle aura acquitté les cinq heures et demie qu'elle redoit à M. le marquis..... Il m'est avis même qu'elle ne lui redoit que cinq heures et quart.

— Léonard, vous vous trompez d'une demi-heure au moins.

— Je vois, au surplus, madame, que nous resterions difficilement d'accord sur le temps que vous avez passé avec le colonel : j'attendais, tandis que vous...

— Silence, monsieur, je n'aime pas les malices venant de certaines personnes.

— Je conçois, madame, que vous préfériez les douceurs de toute origine.

— Léonard, ceci est de l'insolence.

— Non, madame, c'est de la jalousie, et vous me la pardonnerez : il est si juste d'être avare d'un trésor qu'on ne pourrait retrouver...

— A la bonne heure, voilà qui vous absout; mais plus d'hygiène orientale à Luciennes.

— Madame Du Barry n'a pas tous les jours des inspirations nouvelles.

— Ceci n'est qu'un détour de Gascon... D'ailleurs, à défaut d'inspirations nouvelles, la favorite se répète très-volontiers.

— D'accord, madame la marquise; mais elle change aisément d'interlocuteur....

— Je n'aurai pas une promesse.

— Quoi qu'on en dise, les Gascons tiennent souvent plus qu'ils ne promettent. »

Nous nous quittâmes, la marquise et moi, sur un petit ton de bouderie assez aigre : on le concevra sans peine, et je ne crois pas qu'un grand nombre d'amants, dans une telle situation, et après de semblables précédents, aient procédé à une réconciliation complète.

En me rendant chez mademoiselle Arnould, qui m'avait fait demander, je traversai le Palais-Royal. J'y trouvai une foule nombreuse sous l'arbre de Cracovie. On devisait du cardinal Ganganelli, récemment élu pape, sous le nom de

Clément XIV, et qui signalait son avénement au saint Siége par des réformes presque philosophiques. Parmi les plus ardents panégyristes du saint Père, on remarquait un homme pâle, à l'œil étincelant, au geste animé et gracieux, dont l'accent italien servait à merveille une loquacité fort spirituelle. Je demandai quel était cet orateur, dont la tête fumante, au milieu de l'hiver, annonçait une vivacité peu commune d'inspiration et de pensée.

« D'où venez-vous donc, me répondit un de mes voisins, pour ne pas connaître le fameux Carlin, l'âme de la comédie italienne, le meilleur ami du nouveau pape?

— Hein, plaît-il, notre arlequin par excellence est l'ami du saint Père...?

— Pourquoi pas?... Mais écoutons, le voilà qui débite à la foule les dernières nouvelles qu'il a reçues de Rome.

— Oui, messieurs, continua Carlin, non-seulement mon respectable ami porte chaque jour la réforme dans l'administration intérieure de son Etat, mais il corrige les mœurs, réprime les abus, et fait une guerre à mort aux préjugés absurdes. Il a proscrit, sur les théâtres de Rome, l'usage ridicule de faire jouer les rôles de femmes par de jeunes garçons; ce qui présentait de graves inconvénients... Le sexe a été remis en possession de toutes ses fonctions à cet égard, inconvénients compris. Bien plus, messieurs, le plus philosophe de tous les vicaires de Jésus-Christ vient d'abolir la coutume atroce de défaire des hommes pour faire des chanteurs. Sa Sainteté aime beaucoup la musique; mais elle aime encore plus l'humanité. Par son ordre aussi, les femmes sont admises dans les musiques d'église, dont les avait exclues un scrupule inexplicable : la présence du sexe dans les temples n'est pas plus profane pour chanter les louanges du Seigneur que pour les entendre.

» Mais voici, messieurs, quelque chose de plus remarquable, continua l'arlequin panégyriste du pape : Clément XIV veut que le dogme de la religion, afin de s'épurer des absurdités qui s'y mêlent, soit, comme toute autre œuvre de l'esprit humain, soumis à la critique de l'esprit et du raisonnement. Un livre intitulé : *Histoire critique de la vie de Jésus-Christ* a été mis à l'index en France; le souverain pontife l'a renvoyé devant un comité de cardinaux pour être examiné et jugé. Cette commission a-t-elle émis une opinion bien sage sur ce livre anti-canonique? je l'ignore; mais je puis vous lire l'analyse qu'elle en a faite, sauf avis officieux de votre part si vous voyez approcher les suppôts de messieurs de la grand' chambre.

» L'auteur de ce livre, ont dit Leurs Éminences, annonce clairement le projet de représenter l'Evangile comme un roman oriental un peu moins digne de foi que les *Mille et une Nuits;* comme une histoire où la critique ne trouve aucune liaison dans les faits, nul accord dans les circonstances, nulle suite dans les principes, nulle uniformité dans les récits.

» Pour rédiger son ouvrage, l'écrivain s'est servi du texte même des Evangiles, et sans presque les dénaturer, il présente les faits sous un jour si ridicule, il prétend en faire voir la faiblesse, la contradiction, l'absurdité d'une façon si palpable, qu'il faut être, dit-il, revêtu de la foi la plus robuste pour regarder une telle vie comme celle d'un homme Dieu, et pour adopter une religion dont les bases sont si mal assises.

» Tout ce que l'incrédulité a pu produire d'arguments les plus forts, les plus pressants, les plus propres à séduire ou à convaincre, est ici rapproché sous le même point de vue, et forme un corps de preuves presque irrésistibles... pour ceux, bien entendu, qui voudront examiner notre sainte religion avec les dangereuses lumières

de la raison, et se servir d'une logique réprou-
vée en matière de foi.

» On est forcé d'en convenir, si l'auteur ne
décelaît visiblement le projet de saper notre
sainte religion, il faudrait lui savoir gré, par
l'intérêt qu'il a mis dans ses récits, de faire lire
les Evangiles à beaucoup de gens qui ne les au-
raient pas lus sans lui.

» Mais voici qui est réellement trop fort : il
résulte de cet ouvrage que Jésus n'était qu'un
artisan enthousiaste, mélancolique ; un jon-
gleur sans adresse, sorti d'un chantier pour séduire les hommes de la dernière classe ; puis
échouant dans tous ses projets, puni comme un
perturbateur public, mourant comme un larron ;
et cependant, après sa mort, devenu, sans qu'on
sache trop comment, le législateur et le Dieu
d'un grand nombre de peuples.

» L'auteur fait voir ensuite comment le
christianisme s'est établi : il ne faut pas, assure-
t-il, attribuer ses progrès rapides à des miracles,
mais bien à des causes naturelles inhérentes à
l'esprit humain, dont le propre est de tenir fortement à sa façon de penser, de se roidir contre
les violences, de s'applaudir de ses forces, d'admirer le courage dans les autres, de s'intéresser à ceux qui en montrent, et de se laisser gagner à leur enthousiasme. Il finit par un tableau

rapide du christianisme depuis Constantin jusqu'à nos jours ; et, en calculant la durée ordinaire de ce qu'il appelle les extravagances hu-
maines, il prétend que nous n'en avons pas pour
plus de cent ans encore d'absurdité religieuse...
Alors, s'écrie cet écrivain par forme de péroraison, le bon sens et la vérité reprendront leurs
droits ; les souverains et les sujets se dégoûteront d'une religion onéreuse pour les peuples,
et qui ne procure d'avantages sensibles qu'aux
despotes et aux prêtres... »

Carlin achevait cette lecture, que l'assistance
avait écoutée avec tant d'attention, qu'on n'avait pas vu s'approcher une demi-douzaine
d'agents de police conduits par un exempt.

« De par le roi, je vous arrête, » dit le chef
des alguasils, en saisissant au collet l'arlequin
de la comédie italienne.

— Vous m'arrêtez, monsieur l'exempt, voilà
qui est bientôt dit... Et qui est-ce qui jouera ce
soir Arlequin dans *les Deux Billets?*

— Jouez les arlequins, monsieur Bertinazi,
car je vous reconnais maintenant ; mais ne vous
mêlez pas de faire des lectures impies.

—Lectures impies!...Tenez, monsieur, voyez, »
dit fièrement Carlin en présentant à l'officier
une lettre dans laquelle l'analyse ci-dessus était
incluse.

L'exempt prit le papier et lut :

« Voici, cher Carlino, un travail fait par
» quelques membres de notre sacré Collége, qui,
» nous le croyons, ont lu Voltaire et l'Encyclo-
» pédie. Nous voudrions bien savoir ce que la
» Sorbonne, notre chère fille, pensera de cela.
» Ne manquez pas de remettre, secrètement, et
» en notre nom, ledit travail à quelque docteur,
» et vous nous ferez parvenir le jugement que
» la Sorbonne aura porté.

» Nous vous donnons, cher Carlino, notre
» bénédiction apostolique.

» CLÉMENT. »

« Nous vous donnons notre bénédiction apostolique, répéta l'arlequin avec complaisance...
Qu'ils viennent donc m'excommunier, vos ca-
suistes féroces, avec une cuirasse comme celle-
là... Vous voyez bien, monsieur l'exempt, que
j'ai mission de soumettre à la Sorbonne ce que
je viens de lire; et ce qu'un pape ne regarde
pas comme jugé, je ne crois pas qu'un officier
de police puisse le condamner.

— C'est juste, c'est juste, monsieur Carlin;
mais le saint Père, qui choisit ses légats à la comédie italienne, doit être un bon vivant. »

L'exempt se retira sur ce bon mot, le meilleur qu'il eût fait de sa vie, et moi je courus chez mademoiselle Arnould, qui m'entendit raconter avec le plus grand plaisir l'anecdote de l'arbre de Cracovie, et la répéta, enrichie de variantes, à ses joyeux amis. Le comte de Lauraguais promit qu'il en ferait un opéra : je n'ai jamais su s'il avait accompli sa promesse.

Cependant la dauphine, Marie-Antoinette, attendue depuis si longtemps, était enfin arrivée. Elle avait fait son entrée à Paris dans l'une des magnifiques berlines de velours rehaussé d'or envoyées à Vienne par la courtoisie de M. le duc de Choiseul ; équipage splendide, auquel madame la comtesse Du Barry n'avait pas manqué d'opposer son *boutez-en-avant*, son lit de roses, ses tourtereaux se béquetant, et ses carquois d'amour.

On racontait, au moment où Son Altesse arriva, un épisode de son voyage qui caractérise bien l'ambition ecclésiastique. M. l'archevêque de Reims, qui, aux portes de cette ville, avait reçu Marie-Antoinette à la tête de son clergé, n'avait pu, dans ses fonctions pontificales, jouir d'un droit de pairie à l'exercice duquel il tenait beaucoup, et qui consistait à embrasser la dauphine sur la joue. Incapable de lâcher une si douce prérogative, Sa Grandeur, aussitôt la cérémonie terminée, se jette dans sa chaise de poste,

roule sur Châlons, y arrive une heure avant la
princesse, lui donne la main pour descendre de
voiture, et cueille le baiser honorifique.

« Mais, monseigneur, il me semble que je vous
ai vu hier à Reims, dit Marie-Antoinette en souriant.

— Oui, madame...

— Vous avez fait diligence, monseigneur.

— Qui ne l'eût faite, madame, en songeant
au noble prix qui m'attendait au terme du
voyage ?

— Propos de capitaine des gardes, monsieur
l'archevêque,» répliqua la jeune princesse d'un
ton malicieux.

Le jour de l'entrée de la dauphine, il s'était
porté à sa rencontre une telle foule que, litté-
ralement, on se portait au milieu de cette
cohue de tous les rangs et de tous les âges. Un
plaisant, qui se sentait les côtes extrêmement
pressées, s'écria tout haut : « Où est donc notre
cher abbé Terray ? que n'est-il ici pour nous ré-
duire de moitié, comme nos finances. »

Ce n'est point à Versailles que Marie-Antoinette fut conduite d'abord, mais au château de
la Muette, où elle coucha seule avec ses femmes
le 15 avril 1770. La dauphine arriva à Versailles le 16. Au moment où elle descendait de

voiture dans la cour de marbre, je la vis pour la première fois. Le portrait que je vais faire de cette jeune archiduchesse ne ressemblera guère à ceux que les poëtes ont tracés avec de si brillantes couleurs. Marie-Antoinette n'était alors ni belle, ni jolie, ni même séduisante. Il n'y avait en elle que des promesses de beauté. Sa taille, bien prise, élancée, mais déparée par une extrême maigreur, manquait encore de grâce, sans être toutefois disgraciée de cette roideur autrichienne, que Son Altesse laissait heureusement aux bords du Danube. La fille de Marie-Thérèse, dont les cheveux étaient alors d'un blond cendré, me parut fort mal coiffée; mais peut-être pensera-t-on que cette partie de mon jugement doit être accueillie avec défiance: je prononçais en rival de Larsenneur. Les yeux de la dauphine étaient d'un beau bleu d'azur, d'une expression vive, spirituelle, un peu hardie. Elle avait le front élevé, le nez aquilin trop prononcé, la bouche petite, les lèvres épaisses, mais d'une grande fraîcheur, le teint d'une blancheur éclatante, et relevé par des couleurs naturelles un peu fortes.

Marie-Antoinette portait la tête haute; il y avait de la fierté dans ses manières, mais une fierté tempérée par un air et par un ton de douceur qui captivaient, au moment où l'on allait se trouver offensé de l'orgueil que cette affabilité démentait avec bonheur.

Madame de Langeac fut une des premières dames présentées à la dauphine; ses prévenances engageantes, la vivacité de son esprit, et sa physionomie piquante, lui eurent bientôt assuré la faveur de Son Altesse royale, dont l'humeur sympathisait parfaitement avec celle de la marquise. Ce fut donc à ma jolie protectrice que je dus la connaissance des traits que je vais réunir pour esquisser le portrait moral de Marie-Antoinette.

Le fond de son caractère était la douceur; jamais un acte de méchanceté ni même de malice offensante ne se faisait remarquer dans sa conduite; mais on pouvait prendre pour l'élan d'un naturel fâcheux les mouvements impérieux qui échappaient à cette archiduchesse. Quant aux qualités de son sexe, la princesse royale les rendait perpétuellement dépendantes de ses vives inclinations : on peut dire qu'elle était vertueuse par principes, mais légère à l'excès par entraînement... Résister à un désir paraissait à Marie-Antoinette l'effort le plus difficile, et l'on sait que les grands se livrent peu volontiers à des soins laborieux, pour le mérite, un peu terne, qui résulte de l'exercice des vertus privées.

La comtesse de Noailles, femme gourmée, grande maîtresse en la science de l'étiquette, fut donnée à la dauphine en qualité de dame d'honneur, avec mission de guider Son Altesse dans tout ce qui appartenait au cérémonial des cours. Cette tâche offrait de grandes difficultés. Vainement la comtesse représentait-elle souvent à l'étourdie illustre qu'elle s'affranchissait trop des règles de la dignité royale, et se familiarisait à l'excès ; ces représentations déplaisaient ; on se cachait de la dame d'honneur comme d'une duègne incommode. Madame de Langeac, au contraire, charmante folle, petite femme d'une morale aisée, ainsi que vous en avez pu juger, fit en peu de semaines la conquête de Marie-Antoinette ; elle lui déclara qu'elle ne pouvait se passer d'elle, et qu'il fallait absolument qu'elle prît un logement au château.

Madame de Langeac passait généralement pour une femme légère et d'un abord encourageant : son admission dans le cercle de la dauphine fit jeter les hauts cris à madame de Noailles ; cris qui furent d'autant plus persévérants, que Son Altesse royale chargea décidément la petite marquise de lui former une société. Elle se composa de femmes amies du plaisir, ennemies de la gêne, riant de tout, même des propos qu'on tenait sur leur réputation, et ne reconnaissant pour loi que la nécessité de passer joyeusement la vie, derrière une mince et quelquefois trompeuse cloison de bienséances, cachant mal ou ne cachant point du tout certains travers approchant du scandale. La dame d'honneur vit dans l'invasion de cet essaim folâtre le point de départ d'une décadence prochaine de la monarchie. Les princes et princesses qui laissent apercevoir l'humaine nature, sous les splendeurs dont ils doivent s'envelopper, ressemblent, disait-elle avec quelque raison, au décorateur assez maladroit pour avoir montré les châssis de ses décorations : il n'y a plus d'illusion possible aux yeux du public qui assiste au spectacle.

Madame de Noailles, qui avait surpris la dauphine se promenant dans le parc, accompagnée d'une seule dame et sans aucune suite ; madame de Noailles, qui avait vu, chose jusqu'alors sans exemple, Son Altesse royale courir après un papillon, et, circonstance on ne peut plus affligeante, perdre un de ses souliers en courant, à la vue de cinq ou six promeneurs roturiers ; madame de Noailles, dis-je, s'écria : « Tout est perdu, si je ne fais mon rapport au roi ! »

Guidée par un beau zèle, la dame d'honneur se rendit très-secrètement, un matin, auprès de Louis XV, et lui dit avec gravité qu'elle désirait entretenir Sa Majesté seule, de choses qui touchaient de près à la gloire de sa couronne.

« La gloire de ma couronne, répondit le roi avec un sourire de doute, voilà des mots bien ronflants ; je ne croyais pas que, dans l'exercice de la charge que je vous ai donnée chez madame la dauphine, il dût être question d'une autre couronne que la guirlande de roses ou de bluets dont la princesse orne ses beaux cheveux blonds.

— Sire, les princes appelés à monter au trône ont à remplir des devoirs qui les fassent révérer avant de parvenir au rang suprême.

— Et quels devoirs, comtesse, prétendez-vous imposer à une femme de quinze ans et demi ?

— La dignité, Sire ; et je pense que c'est indispensable.

— Je connais votre thême, madame de Noailles : ce que vous appelez la dignité, c'est une suite de soins assommants ; ce sont des séances de douairières édentées à faire périr la pauvre enfant d'ennui ; c'est une représentation passée à l'alambic du protocole : toutes obligations qu'elle aura bien le temps, morbleu ! de pratiquer lorsqu'elle sera reine et qu'elle ne pourra faire autrement... Marie-Antoinette est

douée d'un caractère aimable, d'une humeur
enjouée ; il nous plaît que son joli naturel ne
soit pas gâté... Nous aimons à l'entendre chanter et jouer de la harpe ; à la voir courir, bras
dessus, bras dessous, dans le parc avec la marquise de Langeac, qui s'entend fort bien à tenir la
cour d'une aussi jeune princesse ; enfin, il nous
est beaucoup plus agréable que Marie-Antoinette
s'inspire maintenant de son goût pour les amusements légers, frivoles si vous voulez, plutôt
que du latin dont sa mère lui a fait bourrer la
tête, je ne sais en vérité pourquoi.

» Ecoutez bien ceci, madame de Noailles :
les princes héréditaires assistent au règne des
monarques, comme à un spectacle dont ils doivent profiter un jour ; mais il ne me convient
pas que mes petits-enfants y prennent la moindre part, comme acteurs. Le dauphin chasse
avec délices ; il a du goût pour la serrurerie ; il
aime à dessiner des cartes géographiques : voilà
qui est bien. Quant à la dauphine, à peine sortie de l'âge où l'on joue encore à la poupée,
voulez-vous, comtesse, exiger d'elle une raison,
une maturité de jugement et de conduite que
l'on attendrait d'une femme de vingt-cinq ans ?
Qu'elle danse, qu'elle s'éprenne des spectacles,
qu'elle s'entoure de folles aimables, cela me
convient autant qu'à elle : si ma petite-fille ve-

nait à s'immiscer aux questions de ministère, d'alliances politiques, de parlements, je la prierais sèchement de retourner à sa harpe ou à ses chiffons... Vous m'avez compris, madame de Noailles; que je ne sois plus importuné des légèretés plus ou moins réelles de Marie-Antoinette... Je ne veux autour de moi que des têtes qui *pensent* à ma manière, et lorsqu'elles diffèrent de la mienne, je les envoie, dans leurs terres, *penser* au grand air, ou, en Angleterre, *panser des chevaux*, comme je fis, il y a quelque temps, de ce beau raisonneur de Lauraguais. »

Il y avait cependant près de Louis XV une femme qui, non-seulement pensait, mais disait très-librement qu'il fallait renvoyer le duc de Choiseul du ministère, et le remplacer par le duc d'Aiguillon; et cela, parce que le premier avait méprisé ses charmes, tandis que le second s'en était accommodé. Cette même femme ne cachait pas davantage qu'il était indispensable de faire table rase des parlements, et d'éteindre ainsi les germes, sans cesse renaissants, des anciennes discussions entre Messieurs et le clergé; discussions dans lesquelles ces taquins de parlements avaient plus d'une fois bravé l'autorité royale... Eh bien! ces réformes capitales, madame Du Barry y revenait chaque jour avec une persévérance infatigable. Sans que Sa Majesté s'en fût presque aperçue, c'était elle qui l'avait portée à tenir le jeune dauphin éloigné des affaires; tandis que, d'un autre côté, elle s'efforçait de faire passer doucement la dauphine des enfantillages de l'adolescence aux convoitises de la coquetterie; en attendant que vinssent l'amour du plaisir, et, s'il se pouvait, les plaisirs de l'amour... C'était aussi la favorite qui avait poussé auprès de la jeune princesse madame de Langeac, jolie friponne, très-capable de diriger une école de coquetterie et plus.

Madame la comtesse de Noailles, désespérant de vaincre un parti pris qui s'appuyait sur des considérations politiques d'une telle importance, salua profondément Louis XV, se retira avec cette tactique de cérémonial comparable à celle que fait admirer encore un général habile après avoir été battu, et courut tout raconter à madame de Misery, première femme de chambre de la dauphine, qui était, après la dame d'honneur, la plus fervente sectatrice de l'étiquette.

Au grand regret de ces deux dames collets montés, les plaisirs aux ailes de papillon continuèrent d'affluer chez la dauphine, et le bon rire, le rire sans grimace comme sans contrainte, s'y fit entendre tout aussi expansif que chez une bourgeoise du Marais.

Cependant la faveur de madame de Langeac croissait avec une rapidité, non pas extraordinaire : ce crescendo rapide est bien dans l'esprit des cours ; mais avec une puissance d'affection que personne n'obtenait au même degré que l'heureuse marquise. De toutes les femmes admises intimement auprès de Son Altesse, aucune n'entrait aussi avant dans la confiance de cette jeune princesse ; aucune autre ne recevait d'elle ces confidences qui s'échappent du cœur en faisant rougir légèrement le front, mais qu'on a pourtant besoin d'épancher. C'est ainsi que, pour la marquise seule, Marie-Antoinette soulevait le rideau du sanctuaire conjugal, et l'initiait à des mystères qui me sont revenus vous savez comment.

« Femme de roi, je le serai sans doute un jour, disait certain soir l'archiduchesse à sa confidente ; mais pour mère de roi..... » Marie-Antoinette termina la phrase en tournant deux fois sa jolie tête sur son cou d'albâtre.

« Votre Altesse sera trompée heureusement à cet égard, répondit la marquise avec un accent peu empreint de persuasion, parce qu'elle avait déjà entendu parler du dauphin dans un sens conforme aux appréhensions de la dauphine.

— Vous me flattez, marquise, mais les six mois que j'ai déjà passés en ménage sont moins flatteurs que vous... Enfin, ma chère amie, je ne suis plus une de ces petites personnes auxquelles on interdit tel ou tel feuillet du livre de la vie; j'observe, je compare, je lis, et j'avoue que rien, dans l'expérience qu'il m'est permis d'acquérir, ne me semble appartenir moins à ce qu'on nomme l'attrait d'un sexe vers l'autre, que ce qui se passe entre le dauphin et moi.

— Son Altesse royale est douée d'un esprit sérieux, d'une raison précoce qui, dans le monde, imprime à toute sa personne un air de gravité fort imposant; mais dans ses rapports secrets avec une aussi charmante épouse, il est impossible...

— Impossible est apparemment le mot convenable, interrompit avec un triste sourire Marie-Antoinette, mais en y attachant une tout autre acception que celle dont vous paraissez occupée, marquise... » Puis Son Altesse ajouta avec effort : « En vérité, je ne sais pas encore ce que le dauphin considère comme possible...

— Qu'entends-je? s'écria madame de Langeac en reculant de deux pas.

— C'est l'exacte vérité, marquise, reprit vivement la dauphine, convulsivement rapprochée de sa favorite, et qui lui secoua le bras avec violence.

— Hélas! madame, répliqua madame de Langeac d'un ton piteux, que dirais-je à Votre Altesse royale...

— Ce que vous me direz, marquise? des lieux communs d'espérance; vous me direz même que la Providence est grande et puissante : c'est dans votre rôle... Et mes seize ans, ajouta la jeune princesse, devront se composer un bonheur d'espérance et de providence... Il faudra, poursuivit Marie-Antoinette en pleurant, que je dise à ce cœur qui bat dans mon sein, à ces charmes célébrés par tant de jolis vers : Soyez de marbre... Je ne connaîtrai du bonheur que l'éclat, sans jamais en goûter la réalité... Je passerai ma vie à réprimer ou à tromper cette puissante organisation dont la nature avait cru me favoriser... Je verrai s'écouler mes jours dans des alternatives de dégoût, d'ennui, d'inquiétude et de tendres sentiments, qui ne sauront à quoi se prendre. Voilà mon sort, marquise.

— Au moins, madame, Votre Altesse royale trouvera-t-elle de tendres amies dans toutes les femmes qui ont le bonheur de l'approcher, et auxquelles il sera permis de l'aimer autant qu'elles la respectent.

« — Il en est à qui je permets de m'aimer plus encore qu'elles ne me respectent... vous particulièrement, chère Cécile.

— Ah ! madame, s'écria la marquise, que c'est me promettre de félicité ! »

Le soir même, cette conversation m'avait été répétée mot pour mot, et je n'en ai jamais perdu le souvenir...

CHAPITRE V.

Léonard à la cour. — La *pose des chiffons*. — Léonard coiffeur de la dauphine. — Le duc de Berry et le comte de Provence. — Leurs portraits. — Association avec Frémont. — Déjeûner dans les combles du château de Versailles. — Demi-ivresse. — Audace d'un coiffeur gris. — Un trait d'extravagance consolide son crédit. — Le diable d'argent.

Depuis mon entrevue avec la favorite, au château de Luciennes, ma fortune allait bon train ; la comtesse était fort contente de la manière

dont j'appliquais le régime hygiénique de l'O-
rient. Madame de Langeac, presqu'entièrement
absorbée par son service auprès de la dauphine,
par les gentillesses de Sapho, et même par je ne
sais quel paroxysme renaissant d'amour pour
son mari, se faisait coiffer volontiers en société
de petit-lever, composée d'abbés postulants,
de poëtes visant à la pension, de lieutenants
aspirant à la compagnie... Le soir, la marquise ne se faisait plus déshabiller que par Sapho... Bref, j'avais tout le temps et le loisir
désirables pour cultiver la protection de madame Du Barry; protection féconde, à laquelle
je devais déjà l'entrée du cabinet de toilette
des Mirepoix, des Villeroy, des L'Hôpital, des
Mazarin, et de plusieurs autres beautés émé-
rites des petits appartements, qui conser-
vaient auprès du roi les prérogatives de la vétérance.

On avait vanté mon talent à la dauphine;
mais elle tenait Larsenneur des mains de l'abbé
de Vermont, et cet abbé continuait d'être l'o-
racle que Son Altesse écoutait le plus volontiers.
Cependant ce que n'avaient pu faire les sollicitations des dames admises dans l'intimité de
Marie-Antoinette, quelques mots de madame
Du Barry le firent... Un matin qu'elle se prome-
nait dans le parc avec M. Bertin, trésorier des

parties casuelles, elle rencontra là dauphine, donnant le bras à madame de Langeac, son inséparable compagne. La maîtresse du roi, en femme qui savait sa cour, s'avança avec empressement vers Son Altesse royale, et lui prodigua les compliments les plus gracieux et les plus respectueux tout à la fois. Quoique Marie-Antoinette n'aimât point cette favorite, qu'elle savait être cause de l'espèce de nullité où Louis XV tenait le dauphin, elle accueillit son hommage en digne élève de Marie-Thérèse, c'est-à-dire avec l'affabilité de formes qui supplée à tout sentiment, dans les relations de cour.

« Vraiment, madame, continua la comtesse, je suis enchantée que le charmant hasard de votre rencontre me procure l'occasion d'entretenir Votre Altesse royale d'un objet bien important à son âge.

— Il s'agit donc de toilette? dit la dauphine en riant.

— Précisément, madame... et je ne conçois pas que les dames qui ont l'honneur de vous appartenir, la marquise de Langeac surtout, qui a du monde et du goût, puissent souffrir que Votre Altesse royale dépare la plus jolie tête de la cour par une coiffure vieillie et sans harmonie avec ses traits enchanteurs.

— Ces dames m'ont déjà fait la guerre pour prendre Léonard ; mais il y a quelque mérite à demeurer fidèle à ce bon Larsenneur.

— Ah ! madame, répliqua la comtesse avec une légèreté pleine d'aisance, le vrai mérite, dans l'empire du goût, c'est de n'être fidèle qu'à sa mobilité. La constance est une vertu du cœur, et ce qui tient à la mode ne doit pas vivre assez longtemps dans nos affections pour arriver jusque-là.

— C'est vrai, c'est vrai, dit la dauphine avec un petit ton résolu qui annonçait un parti arrêté... Eh bien ! l'on fera une pension à cet honnête Larsenneur, et je prendrai Léonard... Marquise, je veux qu'il me coiffe dès demain. »

Marie-Antoinette remercia madame Du Barry de l'air le plus gracieux ; la favorite répondit qu'elle se trouvait heureuse au delà de toute expression, en voyant Son Altesse royale accueillir un de ses protégés ; ajoutant que c'était du reste une excellente acquisition... Puis chacun continua sa promenade, après une révérence pleine de grâce, du côté de la dauphine, et pliée jusqu'aux extrêmes limites du profond respect, de la part de madame Du Barry.

Madame de Langeac habitait alors Versailles : Marie-Antoinette avait obtenu du roi qu'elle occupât un petit appartement contigu au sien : faveur qui, pendant près de six mois, fit jeter les hauts cris à la comtesse de Noailles, à madame de Misery et à tout ce qui ne voyait la splendeur du trône que dans le maintien de l'étiquette. Ma protectrice vint à Paris tout exprès pour m'apporter la bonne nouvelle qu'elle était chargée de m'annoncer ; mais, trop impatiente pour se ménager toutes les délicatesses d'un plaisir, elle se livra à celui-là, comme à tant d'autres, avec son impétuosité fougueuse. Laissant courir sa plume, elle traça ainsi la suscription du billet qu'elle m'écrivit : *Monsieur Léonard, coiffeur de S. A. R. la Dauphine.* Lorsque j'arrivai à l'hôtel de Langeac, il ne me restait donc qu'à remercier la marquise ; peut-être avait-elle pensé que ce n'était pas trop de toute la soirée pour cela... Je dois ajouter que le marquis était reparti depuis trois jours pour son régiment. Ce ne fut qu'à la fin de cette longue séance rémunératrice, c'est-à-dire au moment où j'allais me diriger seul vers la petite porte du jardin (Sapho, l'on se doute peut-être pourquoi, n'étant pas initiée au mystère de ces retraites tardives) ; ce ne fut qu'alors, dis-je, que la marquise m'avoua que je devais bien aussi quelque reconnaissance à madame Du

Barry. Du reste, ma conscience demeura calme après cet aveu ; je me croyais en avance de gratitude envers la favorite.

Le lendemain, à midi, je fus introduit auprès de la dauphine par madame de Langeac. Son Altesse royale, à demi renversée sur une chaise longue, lisait lorsque je lui fus présenté. Elle posa son livre, et promena un instant sur toute ma personne ce regard mêlé de grandeur, de bonté et de quelque chose de léger, dont tous les auteurs de Mémoires ont parlé. Apparemment ce rapide examen la satisfit, car elle me dit avec un sourire de bienveillance :

« Léonard, votre réputation d'homme habile et plein de goût vous a devancé auprès de moi. Savez-vous que c'est quelquefois une tâche difficile, que de soutenir sa renommée ?

— Je puis au moins affirmer à Votre Altesse royale que je m'efforcerai d'atteindre la mienne.

— Je vais donc, reprit Marie-Antoinette, fournir sur-le-champ à votre talent l'occasion d'un certain essor. Voici venir l'arrière-saison ; sortir coiffée en cheveux, ce serait risquer de gagner un rhume... Et pourtant il me faut le grand air des jardins et du parc ; il faut de l'exercice à mes jambes. Les bonnets ont deux défauts opposés : ou ils tiennent trop à la grande toilette, ou bien ils tombent dans l'extrême négligé... Je voudrais pouvoir y suppléer par je ne sais quoi... par quelque bout de chiffon arrangé avec art...

— Votre Altesse royale vient de prononcer un mot qui restera dans la langue des modes : oui, je conçois un immense progrès futur dans l'art de *poser les chiffons* [1]... Madame, c'est un trait de lumière que Votre Altesse royale vient de faire luire à mes yeux...

— J'en suis d'autant plus charmée que j'en profiterai sans doute la première... » Puis, élevant la voix, la dauphine dit : « Le service de ma toilette... »

Soudain un page, averti par un coup d'œil de madame de Misery, sortit de la chambre ; et Marie-Antoinette passa avec madame de Langeac, la première femme de chambre et moi, dans le cabinet de toilette.

Lorsque ma main commença à se poser sur le front de la dauphine, il est probable qu'elle sentit une différence remarquable entre le poids de cette main et celui qu'imposait au chef de Son Altesse le poignet plus lourd de Larsenneur.

« Bien, dit Marie-Antoinette ; voici déjà plus de légèreté et de la fatigue de moins. Vienne

---

[1] C'est cet art qui fit la fortune de Léonard.

maintenant la célérité avec le savoir, et tout ira fort bien. » La dauphine continua, sur le rapport de son miroir : « Les cheveux disposés avec grâce ; de mieux en mieux !...

— Qu'on me donne un morceau de tissu quelconque, » dis-je aux femmes du service, d'un air d'autant plus important que j'obtenais plus de succès dans l'esprit de mon illustre cliente... « Un simple morceau de gaze.

— Quoi ! si peu de chose ? s'écria la dauphine.

— Le mérite d'une telle coiffure, repris-je d'un ton respectueux, consistera dans l'exécution ; et si j'ai le bonheur de la bien saisir, les traits de Votre Altesse royale doivent tout embellir. »

On m'avait remis un morceau de gaze rose un peu apprêté ; je le chiffonnai avec promptitude, et de manière à ce que des mèches de la chevelure de Son Altesse alternassent heureusement avec les plis brisés du tissu, pour former un contraste de douces nuances. Le tout, disposé avec beaucoup de coquetterie, en prêtait passablement à la physionomie un peu arrêtée de Marie-Antoinette, et donnait à sa beauté un attrait piquant, que Son Altesse préférait à la majesté. Les femmes sont à peu près toutes de même, princesses ou bergères : séduire est leur premier désir ; peu de belles aiment à imposer : c'est presque toujours une gloire stérile.

Lorsque la coiffure fut terminée, Son Altesse la trouva délicieuse ; elle frappa à plusieurs reprises ses jolies petites mains l'une contre l'autre en signe de satisfaction, et me dit, avec une véritable effusion de cœur, que j'étais non-seulement un homme de talent, mais un artiste dont on pouvait tout attendre.

« Vous n'avez plus besoin de vous inquiéter de votre avenir, Léonard, poursuivit Marie-Antoinette ; vous êtes à moi, à moi toute seule, entendez-vous, et je ne vous prêterai qu'à mes meilleures amies. »

En ce moment, les yeux de madame de Langeac disaient quelque chose comme ceci : « On n'attendra pas la permission de Son Altesse royale. »

Tandis que la dauphine se félicitait, et que je me répandais en remercîments, le dauphin entra avec le comte de Provence. Je voyais pour la première fois ces deux princes ; je n'avais encore aperçu que leur plus jeune frère, le comte d'Artois, sautant par-dessus les plates-bandes dans les jardins, écrasant des fleurs, et faisant endêver les jardiniers, qui ne lui en souriaient pas moins avec beaucoup d'amabilité.

Le dauphin, Louis-Auguste, duc de Berry,

depuis Louis XVI, entrait alors dans sa dix-septième année ; il était d'une taille assez élevée et svelte encore ; il avait la jambe belle, la cuisse un peu courte, la tête enfoncée dans les épaules. Son visage ne manquait pas de régularité, mais d'expression et de dignité ; un clignotement habituel disgraciait la vue du prince royal. Ses manières étaient vulgaires, son ton était brusque, son élocution commune. Louis-Auguste ne savait pas se garantir de la vivacité presque brutale de ses premiers mouvements ; mais dès que la réflexion arrivait, personne ne fut jamais plus prompt à convenir de ses torts et à les réparer. L'âge apporta, dans la suite, de notables changements à ce naturel, et la bonté, malheureusement mêlée de faiblesse, qui devint la qualité dominante de ce prince, ne laissa plus remarquer en lui que des retours fort rares des emportements assez disgracieux de sa jeunesse.

Louis-Stanislas-Xavier, comte de Provence, qui accompagnait son frère chez la dauphine, avait alors seize ans, et déjà Son Altesse royale, envahie par un embonpoint extrêmement précoce, roulait plutôt qu'elle ne marchait. On pouvait présager dès lors qu'à l'âge de vingt ans il faudrait hisser mécaniquement à cheval ce colonel général des carabiniers.

M. le comte de Provence, mal fait, mal posé
sur ses jambes, avait une figure agréable, un
bel œil, de l'esprit dans le regard, de la malice
dans le sourire, et quelque peu de pédantisme
dans la manière de s'exprimer. Son Altesse
royale affichait une grande prétention au savoir
et à l'érudition. L'humeur de ce prince était caus-
tique; son caractère enclin aux détours et à la
subtilité : la jeune Altesse de Versailles promettait, au commencement de 1771, le Louis XVIII
cauteleux de Mittau et d'Hartwel. Toute l'Europe a connu mon dévouement à la maison de
Bourbon; mais j'ai vu celui qui en devint le
chef à la fin de 1795, trop longtemps et de trop
près pour qu'il me soit possible de le juger autrement. Je reviens au cabinet de toilette de la
dauphine.

Cette jeune princesse courut au-devant de son
époux et lui dit en sautant :

« Félicitez-moi, monsieur, je suis bien heureuse.

— Et quelle est donc la cause de ce bonheur?
demanda le dauphin d'un ton peu galant.

— Ne voyez-vous pas la charmante coiffure
que Léonard m'a faite?...

— Ah! c'est ça, Léonard...

— Pour servir Votre Altesse royale, si j'en
étais capable, répondis-je en m'inclinant bien

bas, quoique j'eusse trouvé l'interrogation du prince royal passablement grossière.

— J'aimerais mieux vous voir servir dans les gardes-françaises... Cela serait plus honorable pour vous que de friser les chignons; et si l'occasion s'en présentait, vous donneriez un coup de peigne aux ennemis. » Et le dauphin se prit à rire du bon mot un peu lourd qu'il venait de faire.

« Mon frère, dit le comte de Provence en s'adressant à la dauphine, est un vrai barbare en fait de toilette... Je trouve en effet Votre Altesse royale coiffée à ravir, et je félicite Léonard de servir dans votre cabinet de toilette, plutôt que dans les gardes-françaises... » Là-dessus, et comme pour corroborer son opinion, Monsieur commençait à débiter une citation latine.

« Ah ! grâce, grâce, monseigneur, s'écria Marie-Antoinette, je suis brouillée avec les auteurs latins, pour lesquels je n'eus jamais une bien vive affection, et je vous avoue que je suis décidée à leur tenir rigueur.

— Prenez garde, madame, dit le dauphin en riant, mon frère est homme à vous donner des *pensums*... Bonjour, Antoinette... Je vais tuer des lapins dans le bois de Montreuil.

« — Et moi, je vais écrire un impromptu, dit Monsieur, avec quelque importance...

« — Un impromptu commencé la semaine dernière, » cria le prince royal de la porte... Et pendant une minute, on entendit le gros rire dont il accompagna cette saillie usée.

M. de Provence sortit en comptant des syllabes sur ses doigts.

Le morceau de gaze rose placé dans les cheveux de la reine, fit bien un autre bruit, ma foi, que cette coiffure de fée qui avait marqué le point de départ de ma réputation. *Le Mercure* en entretint ses lecteurs pendant un mois : ce chiffon, mentionné en prose et en vers, fut une bonne fortune pour les Étrennes mignonnes ; il donna lieu à des chansons, à des acrostiches, à des bouts rimés ; et je vis ainsi ma gloire resplendir des rayons empruntés à l'auréole d'Apollon.

Cent dames de la ville et de la cour m'appelèrent à la fois ; mais j'étais en quelque sorte consigné chez la dauphine. Ainsi que cela ne manque pas d'arriver à celui qui réussit avec éclat, Son Altesse royale voulait savoir mon goût sur tout ce qui tenait à sa toilette, et ne se décidait sur le choix des étoffes, des rubans, des fleurs, des plumes, des bijoux, qu'après m'avoir demandé mon avis.... Je crois, en vérité, que si Louis XV eût consulté la dauphine sur la nomination d'un ministre ou d'un ambassadeur, elle eût répondu : Que Votre Majesté en parle à Léonard....

Cet engouement de la jeune princesse mit le comble à ma vogue : marquises, comtesses, duchesses voulaient m'avoir à tout prix, et je ne pouvais me donner à personne : Marie-Antoinette se montrait jalouse de moi comme d'un amant. Elle me faisait demander à toute heure du jour; on m'avait obligé à prendre un joli petit logement dans les combles du château; j'y étais tenu sous un véritable séquestre : un peu plus, et l'on eût mis une sentinelle à ma porte pour m'empêcher de sortir autrement que par ordre de la dauphine.

C'était aussi trop de gloire, et je commençais à craindre les retours d'une fortune trop exclusivement dépendante de la faveur de Marie-Antoinette. « Quoi de plus mobile, me disais-je, que la vogue, surtout une vogue de cour! Me voici, pour ainsi dire, magnifiquement relégué dans les fonctions de valet de chambre d'une très-grande dame, il est vrai; mais que je lui déplaise un instant, et je me trouverai réduit à rien. Il ne faut pas, ami Léonard, charger ainsi toutes ses richesses sur un seul navire; avisons au

moyen d'entretenir la clientèle qui m'arrive dé
toutes parts, et que je ne puis satisfaire...Écrivons
à Frémont; Frémont est un garçon de talent,
il remplace Legros, que ma renommée a re-
poussé en Angleterre; je puis enrichir mon
ami, en l'attelant au char de ma vogue; écri-
vons-lui. » Et j'adressai à ce confrère une lettre
conçue à peu près ainsi :

« Mon cher ami, je succombe sous le poids
» de mes lauriers et de ma réputation; si tu ne
» viens à mon aide, je suis un homme écrasé.
» Accours donc, me voici en position de réaliser
» les promesses que je te fis l'an dernier au café
» Procope; accours : nous partagerons en frères
» gloire, louis d'or et autres accessoires; ac-
» cours : un coiffeur de *mon école* ne peut man-
» quer d'arriver, porté sur les ailes de ma for-
» tune, aux sommités de la prospérité.
» Je t'attends à déjeuner demain; je serai chez
» moi à midi. Nous pourrons, je l'espère, passer
» quelques heures ensemble; je ne crois pas que
» la dauphine fasse une toilette du soir : du
» moins elle n'est pas prévue par le programme.
» Adieu, je t'embrasse et t'attends pour ten-
» dre de concert nos filets; je crois que la pêche
» sera bonne. »

Le lendemain, Frémont arriva à l'heure dite.

Nous posâmes les bases de notre arrangement,
espèce d'association d'après laquelle mon ami
devait avoir les mêmes avantages que moi. Notre
amitié fut le seul notaire dont nous invoquâmes
l'intervention : rien ne fut écrit, et cet acte chevaleresque, uniquement scellé par un bon déjeuner, fut exécuté avec une bonne foi qui ne
s'est jamais démentie. Le fait est notoire : Frémont était Normand et je suis Gascon.

Nous restâmes longtemps à table ; les plats
étaient fins, les vins exquis : coiffeur privilégié de
la dauphine, chaudement protégé par madame
Du Barry, j'avais, comme il est aisé de le concevoir, des intelligences faciles dans les cuisines et
les caves du château. Le bonheur est rarement
sobre ; il s'exalte, il s'emporte presque toujours
au delà des bornes de la modération : mettez-le
à même d'user, il abuse. Ni Frémont ni moi
n'étions portés à boire avec excès ; mais ce jour-
là l'entraînement qui nous domina fut tel que
nous avions l'un et l'autre la tête passablement
chargée de vapeurs spiritueuses, lorsque, levant
mon verre rempli de fougueux silléry, je portai
le toast suivant d'une voix plus solennelle qu'assurée :

« Aux premier et second coiffeurs de l'univers... La France est la métropole du monde ;
Louis XV est le premier monarque de l'Europe ;

je coiffe la première princesse de sa cour, tu es mon lieutenant; donc, personne ne peut nous disputer les titres que j'avais promis à notre destinée... Je bois à la réalisation de mes prédictions, et... »

J'en étais là de mon discours lorsqu'un grand coup de sonnette enchaîna sur mes lèvres la fin d'une période superbe. Mon domestique (car j'avais un domestique) ouvrit la porte... C'était un valet de pied de la princesse, et tous les meubles se mirent à danser devant moi, quand j'entendis ce valet dire d'une voix retentissante: « Madame la dauphine demande M. Léonard à l'instant même; Son Altesse royale va ce soir à l'Opéra. »

La foudre, en tombant entre Frémont et moi, en brisant sur la table porcelaines et cristaux, en fondant sous ma main la fourchette levée pour saisir une aile de volaille, ne m'eût pas causé un effroi, une stupéfaction comparable à ce que je ressentis en recevant l'ordre inattendu de la dauphine... Une coiffure d'apparat, une coiffure de grande loge, dans la situation où je me trouvais... il y avait de quoi bouleverser l'intrépidité gasconne la plus affermie. J'étais ce qu'on appelle gris, c'est-à-dire au delà de ce commencement d'ivresse qui, loin de nuire aux facultés, les développe et leur prête quelque chose comme un essor poétique... Frémont, qui partageait mon anxiété, me conseilla de boire, coup sur coup, deux ou trois tasses de café; je le fis, et m'en trouvai bien. Je me sentis plus ferme sur mes jarrets; les vapeurs qui tourbillonnaient dans ma tête me semblèrent moins âpres; elles me laissèrent voir les objets environnants sous des formes plus naturelles.... Je quittai Frémont en lui disant : « Ami, voici le coup de dé où je vais jouer ma fortune et la tienne; attends mon retour... » Et je me lançai dans cette aventure périlleuse, qui peut-être allait m'être funeste.

J'entrai cependant chez la dauphine avec assurance : ce n'est jamais cela qui manque à un homme gris; et par bonheur, il ne me sembla pas que Son Altesse s'aperçût que je l'étais. Les trois tasses de café, avalées subitement, avaient produit en moi une révolution rapide, de laquelle il était résulté particulièrement que l'extrême enluminure de mon teint avait fait place à la pâleur.

En m'enlevant une notable portion d'ivresse, la boisson exotique venait de replacer ce qui m'en restait à la hauteur des inspirations poétiques : sans en avoir la volonté, en tempérant même les idées audacieuses qui me traversaient la pensée, je sentis que j'allais faire du nou-

veau, de l'extraordinaire, et je me disais, en commençant ma tâche : Léonard, Léonard, la dauphine a toute sa raison, elle, gare l'exagéré,
gare le ridicule!...

Pendant que je séparais lentement les cheveux
de la princesse, en cherchant des idées au bruit
des oscillations précipitées des artères de mes
tempes, Son Altesse, comme pour s'excuser,
dans son extrême bonté, de m'avoir fait appeler à l'improviste, me dit :

« Je ne voulais pas sortir ce soir de mon appartement ; madame de Langeac m'avait apporté
la *Nouvelle Héloïse*, que nous devions lire ensemble, et je comptais faire défendre ma porte. Mais
le prince royal de Suède et son frère sont ici ;
ils vont ce soir à l'Opéra, et le roi m'a fait dire
qu'il lui serait agréable que je m'y trouvasse....
Il faut bien que j'obéisse à Sa Majesté : me voilà
forcée de dévorer cinq lieues de route mortelle-
ment ennuyeuse, et l'assommant opéra de *Pyrame
et Thisbé*, où l'amour meurt et ressuscite....
comme si l'amour ressuscitait...

— Si Votre Altesse royale en doute, dit madame de Langeac, c'est qu'elle sait que les
amours qu'elle inspire ne sauraient mourir. »

Ici la dauphine se baissa pour parler à l'o-
reille de sa favorite ; mais j'entendis assez dis-
tinctement :

« J'en sais un au moins qui doit vivre longtemps, car il se ménage bien.. » Puis Marie-
Antoinette s'adressant à moi : « Ainsi, Léonard,
me dit-elle, il faut tendre aujourd'hui toutes
les facultés de votre imagination.

— Ce n'est pas la tension qui manque, me
dis-je tout bas.

— Il faut, continua la princesse, aborder la
coiffure transcendante ; je mets un grand habit.

— Votre Altesse veut-elle des plumes ? de-
mandai-je, déjà préoccupé d'une idée que le
mot transcendant avait fait naître....

— Oui, des plumes blanches, et puis ce que
vous voudrez.... Mais une coiffure qui étonne,
mais surtout qui m'aille.... »

Je ne dis plus rien : je m'enveloppai dans
mon inspiration ; je travaillai du peigne et de
l'esprit.... Au bout d'un quart d'heure, il résulta
de cette combinaison une frisure qui avait admis
trois plumes blanches, placées au côté gauche de
la tête et fixées au milieu d'une rosette formée
de boucles de cheveux, à l'aide d'un nœud de
ruban rose, dont un gros rubis formait le centre. Cette coiffure, qui découvrait en entier le
beau front de Marie-Antoinette, lui seyait à ravir, mais d'une tout autre manière que le chiffon de début dont j'ai parlé précédemment. Ce

n'était plus une expression coquette que mon
œuvre du jour secondait ; elle relevait, au contraire, tout ce qu'il y avait de grandeur et de
majesté dans les traits, dans le port de la princesse : on eût dit que je m'étais inspiré de cette
fierté de caractère qui perçait quelquefois à travers les habitudes bienveillantes de Son Altesse
royale....

Lorsqu'ayant passé ma manche sur le miroir
de la toilette, j'eus mis la coiffure de Marie-
Antoinette en rapport avec son regard, elle l'exa-
mina d'abord silencieusement ; je vis sur son
visage un sourire indécis ; je crus même voir le
mécontentement agiter légèrement les sourcils
de Son Altesse royale... mais ma perplexité ne
dura qu'un instant, l'espace d'un éclair ; et la
joie rayonna soudain sur la figure de mon illustre cliente.

« C'est parfait, c'est admirablement étudié !
s'écria-t-elle ; mais, c'est étrangement hardi :
ma coiffure n'a pas moins d'une demi-aune
d'élévation.

— Je n'avais qu'un but à me proposer, madame, dis-je d'une voix assurée, c'était de satisfaire Votre Altesse royale... L'accommodage est
audacieux, j'en conviens ; mais vous êtes la première personne de la cour.... demain au soir on

comptera à Versailles et à Paris deux cents coiffures plus hautes que celle de Votre Altesse royale. »

Madame de Langeac me dit le lendemain qu'elle, ainsi que tout ce qui se trouvait de femmes à la toilette de Marie-Antoinette, avait trouvé mon innovation extravagante, et qu'elle s'était dit tout bas : « Léonard est un impertinent coquin. »

Lorsque je rentrai chez moi, Frémont, la tête appuyée sur mon lit, dormait à cœur joie. Je l'éveillai.

« Eh bien ! quoi, s'écria-t-il avec cette incohérence d'idées naturelle à l'homme tiré brusquement d'un somme profond.... que viens-tu m'annoncer ? ton ivresse a-t-elle fait des siennes ? va-t-on nous conduire à la Bastille ou au fort L'Evêque...?

— Mon cher, je viens de produire une œuvre qui m'eût fait pendre à la cour de Louis XIV...

— Et qui, peut-être, nous enverra aux galères sous le règne de son successeur.

— La dauphine, au moment où je te parle, a soixante-douze pouces de tête, depuis le bas du menton jusqu'au sommet de sa frisure.

— Grand Dieu ! nous sommes perdus.

— Dis donc que nous serons millionnaires avant deux ans... La dauphine est aux anges, et

je viens de m'ouvrir une mine inépuisable de
prospérités... Le champ de l'extravagance est à
moi, tu verras la récolte...

— Léonard, tu as décidément le diable au
corps.

— Le diable d'argent, cher Frémont..... vogue
la galère. Ecoute, ne manque pas de te trouver
au bas du grand escalier quand la dauphine
va monter en voiture; examine et saisis, avec la
rapidité de coup d'œil que je te connais, l'édifice
que je viens d'ériger sur la tête de Son Altesse...
demain tout le Paris femme voudra copier cette
coiffure, et toi seul pourras l'exécuter... Conçois-
tu la moisson de louis neufs et cordonnés....
Cours à ton poste, Frémont: ne perds pas un instant; la fortune t'appelle; réponds : Me voilà. »

CHAPITRE VI.

Fortune prodigieuse des premiers chiffons de Léonard. — Apparition de mademoiselle Bertin, marchande de modes. — Son début au *Trait galant*. — Mademoiselle Rose Bertin, dragon de vertu. — M. le duc de Chartres amoureux d'elle. — Comme quoi ses tentatives échouent. — Virginité plus que majeure de mademoiselle Bertin.

Mes heureux pressentiments se réalisaient : la coiffure pyramidale de Marie-Antoinette avait fait fureur à l'Opéra... on s'était écrasé au par-

terre, où l'on se tenait encore debout, pour voir
ce chef-d'œuvre de savante audace : trois bras
avaient été démis, deux côtes enfoncées, trois
pieds foulés... enfin, rien ne manquait à mon
triomphe; et le mieux de tout cela, c'est que le
résultat ayant été tel que je l'avais prévu, cent
louis se trouvaient réalisés après quarante-huit
heures dans la caisse commune que nous for-
mions avec mon ami Frémont.

Il s'était écoulé huit jours depuis que ce jet
lumineux de ma fortune avait lui, lorsqu'un
matin une dame se présenta chez moi, et demanda à m'entretenir... « femme jeune, jolie et
fort élégante, » me dit mon domestique, qui l'a-
vait priée d'attendre un instant dans la pièce
d'entrée. Une semblable visite dans les combles
du château de Versailles étonna mon amour-
propre, passablement aguerri, cependant; je
m'empressai d'aller au-devant de l'inconnue, et
j'introduisis, en effet, une charmante personne,
dont les manières et le ton me parurent tout
d'abord fort réservés. Alors ma vanité changea
son thème : je vis dans la visitante une sollici-
teuse, qui, me supposant un grand crédit à la
cour, venait me prier de l'employer en sa faveur
ou en celle de quelque parent ou parente. Je
ne me trompais pas précisément. Je fis placer la
jeune dame près de mon foyer, abondamment

chauffé, et lorsqu'elle fut assise, je vis qu'elle éludait peu l'occasion de me montrer le plus joli pied du monde... Or, un joli pied dispose toujours un homme à écouter favorablement une femme.

« Vous ne serez pas surpris de ma visite, monsieur Léonard, me dit cette séduisante personne, lorsque vous saurez qui je suis et pourquoi je viens auprès de vous. On me nomme mademoiselle Bertin ; protégée par madame la princesse de Conti et par madame la duchesse de Chartres, j'ai obtenu de leur bienveillance la promesse d'être proposée à madame la dauphine en qualité de marchande de modes. Mais vous connaissez les grands : même quand ils vous aiment, il est difficile d'être pressant auprès d'eux. Personne, assurément, n'est plus obligeant que les princesses qui s'intéressent à moi ; mais elles m'ont affirmé que l'occasion de me présenter à la dauphine ne s'était pas encore offerte.

» Je viens vous trouver, monsieur Léonard : votre service auprès de Son Altesse royale a de grands rapports avec mon état. Il vous serait facile de parler de moi à la princesse, et comme vous êtes consulté sur tout ce qui tient à la toilette, mon nom dans votre bouche sera une recommandation décisive.

— J'ai beaucoup entendu parler de vous,

mademoiselle, répondis-je avec l'affabilité d'un protecteur qui veut encourager sa protégée, et je serai trop heureux de faire quelque chose qui vous soit agréable. Mais mon crédit à la cour est bien petit, et j'ose à peine vous donner de l'espoir. Cependant un nom prononcé à propos peut, comme vous le dites, servir les intérêts de celui ou de celle qui le porte. Soyez persuadée, je vous prie, que je m'empresserai à l'occasion, non-seulement de prononcer le vôtre, mais de le répéter aussi souvent que je le pourrai, en y ajoutant l'éloge de votre talent, et de la réputation qu'il vous a déjà acquise.

— Ah! monsieur, c'est trop de bonté.

— Je suis tout à votre service; mon Dieu, vous ne tarderez pas, sans doute, à vous trouver en position d'acquitter le petit service que j'essaierai de vous rendre.... A la cour, les faveurs sont si passagères, si capricieuses, que votre appui me sera peut-être plus utile un jour que le mien ne peut vous l'être aujourd'hui. »

Et comme mademoiselle Bertin sentit qu'elle ne pouvait prolonger sa visite chez un garçon, elle se leva en me prodiguant des remercîments anticipés, pour un bon office que je n'étais pas assuré de pouvoir lui rendre. Je lui pris galamment la main, et la conduisant jusqu'au palier, je lui renouvelai, en la quittant, l'assurance d'employer tous mes soins, tout mon zèle pour la faire attacher au service de la princesse royale.

L'occasion d'accomplir ma promesse se présenta le soir même : Marie-Antoinette me demanda une de ces coiffures à chiffons qui lui donnaient, comme elle disait, sa figure coquette....

« Vraiment, madame, répondis-je aussitôt, il serait à désirer que Votre Altesse royale ordonnât qu'on lui fît un assortiment de tissus variés pour servir à ce genre de coiffure : je médite des créations nouvelles qui nécessiteront, par exemple, l'emploi de linons et de mousseline brodés en blanc, en couleur, quelquefois en argent et en or; de belles dentelles valenciennes, malines ou point d'Angleterre, doivent entrer aussi dans mes ressources. Pour la fourniture de tout cela, je ne vois guère que mademoiselle Rose Bertin qui puisse vous offrir les garanties désirables.

— Mademoiselle Rose Bertin ! vous faites bien de me la nommer; je me souviens à présent que madame la duchesse de Chartres et madame la princesse de Conti m'ont parlé d'elle comme d'une personne fort recommandable....Comtesse de Misery, dit la dauphine en se tournant vers sa première femme de chambre, qu'on écrive à mademoiselle Rose qu'elle se trouve

demain à mon lever.... Vous y serez, Léonard ;
il est juste que vous me présentiez votre protégée.... » Puis Son Altesse ajouta en riant :
« Nous dirons à mesdames de Chartres et de
Conti que c'est sur leur recommandation que
j'ai pris cette marchande de modes : le men-
songe sera sans conséquence, puisqu'en défini-
tive j'aurai fait ce qu'elles m'avaient demandé. »

Le lendemain, mademoiselle Rose fut exacte
au rendez-vous que madame de Misery lui avait
assigné dans son appartement ; la jeune marchande de modes fut amenée selon les us et
coutumes de l'étiquette ; et comme je ne voulais
point blesser cette fière titulaire du service de
la dauphine, je m'effaçai autant que je le pus.

Cependant mademoiselle Bertin, m'ayant
aperçu dans un coin du cabinet de toilette, me
sourit d'une façon fort gracieuse ; et j'ai su depuis d'elle que madame de Misery s'étant tenue
sur le ton d'un raide cérémonial pour la recevoir, elle avait été charmée d'entendre la princesse lui dire avec une grâce toute bienveillante :

« Je suis bien aise, mademoiselle Rose, que
vous me soyez présentée par Léonard ; c'est déjà
un sûr garant de votre goût, et je me trouve en
vérité fort heureuse quand on me permet d'a-
percevoir les gens de talent, à travers les mille
et une exigences de l'étiquette.... » Peut-être la

princesse s'aperçut-elle un peu tard qu'elle venait de lancer une épigramme dont madame de
Misery s'était trouvée naturellement le but ;
pour adoucir un peu la blessure produite par ce
trait, Son Altesse royale adressa la parole à sa
première femme de chambre, avec cette affabilité caressante qu'elle savait prendre à souhait.

« Savez-vous, madame de Misery, dit la dauphine, que mademoiselle Rose est fort bien ;
c'est une gracieuse acquisition, et je vous recommande ma nouvelle marchande de modes.

— Le bonheur qu'elle a de plaire à Votre
Altesse royale, répondit la comtesse, avec un
pincement de lèvres remarquable, est un titre
qui lui garantit tout l'intérêt des personnes qui,
comme moi, madame, n'ont rien tant à cœur
que d'être agréables à Votre Altesse royale. »

Les jours suivants, mademoiselle Bertin fit
une fourniture de vingt mille livres.

Cette marchande de modes a joué, comme
chacun sait, un rôle important à la cour de
Marie-Antoinette ; son nom n'a guère été moins
populaire que le mien : on ne lira pas sans intérêt l'histoire de ses débuts. Je vais la raconter telle que je l'ai tenue d'elle dans les longs et
intimes rapports qui ont existé longtemps entre
nous.

Mademoiselle Rose Bertin, issue d'une famille

picarde de commerçants, fut envoyée fort jeune
à Paris pour suivre la carrière de ses parents ; elle
entra en qualité d'apprentie marchande de modes chez mademoiselle Forgel, au *Trait galant.*
Cette maison avait une réputation fort rare dans
le commerce des modes : elle passait pour être
honnête, et l'on assure que toutes les demoiselles
de comptoir qu'on y voyait avaient des principes d'une grande solidité.

Mademoiselle Rose arrivait à Paris beaucoup
plus confiante qu'elle ne l'avouait dans la pré-
diction d'une vieille devineresse d'Amiens, qui
lui avait dit *qu'on lui porterait la queue à la cour.*
Nous verrons un jour comment cette prophétie
se réalisa.

Malgré le parfum de vertu qui s'exhalait de
la maison de mademoiselle Forgel, il arriva
pourtant que M. le duc de Chartres, peu de
temps après son mariage avec mademoiselle de
Penthièvre, chercha de doux regards dans cet
asile de modistes immaculées, et ce fut sur mademoiselle Rose que le jeune prince jeta son
dévolu.

Quoiqu'on soit chaste comme Geneviève, la
sainte, on n'est jamais bien sûre, quand on est jolie femme, d'avoir toujours évité soigneusement
de glisser dans ses yeux, dans sa pose, dans ses
manières, certaines intentions coquettes : made-

moiselle Rose ne m'a point affirmé qu'en diverses circonstances elle n'ait pas eu quelque
chose de pareil à se reprocher. « Madame de
Chartres, me disait un jour mon amie la marchande de modes dans un moment d'expansion,
m'honorait chaque jour de bontés nouvelles :
tous les matins j'allais à sa toilette. Dans ce temps
on portait des bouquets de fleurs naturelles ; la
grande bouquetière du Palais-Royal apportait
des fleurs, et c'était moi qui les arrangeais. »
Or, monseigneur ne manquait jamais d'être chez
madame quand mademoiselle Rose y venait ; et
le fripon, en prenant le bouquet que la princesse choisissait toujours pour lui parmi les plus
beaux, adressait en tapinois à la jolie modiste
des propositions qu'elle faisait semblant de ne
pas entendre, comme toute demoiselle honnête
doit faire. Et puis, il lui prenait la main, que
mademoiselle Rose, l'honneur personnifié du
Trait galant, retirait bien vite ; parce que pour
rien au monde elle n'eût voulu donner à Son
Altesse la moindre espérance... car vous pensez
bien qu'elle tenait essentiellement à conserver
une réputation sans tache.

Malgré cette conduite pleine de dignité, mademoiselle Rose ne parut pas assez imposante
au duc pour arrêter ses desseins criminels ; il

envoya à cette vertueuse personne son valet de
chambre, espèce de Lebel au petit pied, qui fut
chargé de lui annoncer qu'il ne tenait qu'à elle
de remplacer mademoiselle Duthé dans les bonnes grâces de Son Altesse sérénissime, et d'avoir
comme elle une maison délicieusement meu-
blée, des chevaux, des voitures, des diamants.
Mademoiselle Rose répondit : « J'aime mieux
ma vertu. »

Le duc d'Orléans ne se le tint pas pour dit ;
il continua ses obsessions sans aucune espèce de
succès, comme vous le pensez bien... Mais la
vie devenait bien dure pour la pauvre demoiselle ; elle ne pouvait faire un pas sans rencontrer le prince ou quelque émissaire de sa part....
c'était à n'y plus tenir....

Un jour que mademoiselle Rose traversait les
Tuileries pour se rendre au faubourg Saint-
Germain, elle vit venir à elle le valet de chambre de son terrible poursuivant. La vertueuse
modiste chercha à l'éviter ; mais cela ne lui fut
pas possible, et vous allez voir combien elle eut
à s'applaudir d'avoir écouté cet honnête valet
de chambre... C'était... n'allez pas vous en douter : j'attends beaucoup d'effet de ma révélation... c'était un pécheur repentant.

« Ne me fuyez pas, mademoiselle Rose,

dit-il avec sensibilité ; il vous importe trop que je vous instruise de ce que je sais... De grâce, consentez à m'entendre.

— Vous entendre ! et le puis-je quand c'est pour ma perte ?

— Dites donc pour votre salut, mademoiselle... Je sais à quoi je m'expose si mon maître apprenait ce que je fais en ce moment; mais dussé-je perdre ma place, je ne pourrais supporter l'idée de voir votre nom garnir la liste des infortunées que des hommes aussi puissants qu'ils sont pervers immolent chaque jour à leurs passions. »

Mademoiselle Rose avait vu plusieurs fois au théâtre des valets rentrer ainsi dans le giron de la vertu : ce que celui-ci venait de lui dire remplissait bien les conditions voulues par les règles de la scène ou du roman; et elle se souvint qu'en pareille occurrence la beauté persécutée écoutait le pécheur repentant.

« Quoi, monsieur, répondit-elle en vertu de ces traditions, serait-il vrai que vous fussiez instruit de quelque complot contre moi ?

— Hélas ! oui ; il n'est que trop certain que l'on veut vous forcer à renoncer à l'honneur... Ecoutez-moi : il y a quatre jours j'étais à la toilette de monseigneur, où se trouvaient MM. de Conflans, de Louvois et d'Entraigues. Ces jeunes seigneurs vantaient tour à tour leurs prouesses, et se félicitaient de leurs succès auprès des belles.

« Et vous, monseigneur, demanda ensuite M. de Conflans, où en sont vos amours avec la charmante modiste Rose?

— Je n'ai fait aucun progrès, répondit avec humeur Son Altesse.

— Et vous ne prenez pas un parti? dit M. de Louvois.

— J'aurais voulu éviter cette extrémité, répliqua M. le duc ; mais comme on ne doit pas accoutumer les petites filles à se donner ces tons de résistance, il faudra bien que je fasse un exemple de celle-ci.

—Monseigneur fera très-bien, affirma M. d'Entraigues : si l'on s'accoutumait à prendre en pitié ces petites vertus minaudières, il arriverait bientôt, en vérité, que les gens comme il faut seraient frustrés de leurs plaisirs. »

» Que vous dirais-je enfin, mademoiselle, ces mauvais sujets-là finiront par persuader mon maître qu'il faut vous enlever et vous conduire à sa petite maison de Neuilly... » Puis le valet de chambre ajouta en baissant la voix... « Et là se commettent des horreurs... »

Mademoiselle Bertin, frappée de terreur par cette révélation, ne savait à quel parti s'arrêter ; elle tremblait de tous ses membres, chaque fois

que mademoiselle Forgel l'envoyait le soir reporter de l'ouvrage... Reporter de l'ouvrage et le
soir, ce seront toujours deux grands écueils pour
les demoiselles modistes... qui craindront encore
les écueils, et Rose les craignait beaucoup... A
chaque pas qu'elle faisait dans la rue, elle s'attendait à voir s'élancer sur ses traces de vils
agents des débauches du prince, loups dévorants
acharnés après sa vertu.

Mais la Providence, qui ne manqua jamais
d'être secourable à la chasteté des marchandes
de modes, parce qu'elles ne l'invoquent pas
très-souvent pour la conservation de ce trésor,
la providence ménageait un beau triomphe à
mademoiselle Rose. Un soir qu'elle avait reporté
de l'ouvrage chez madame la comtesse d'Usson,
elle était à peine entrée dans le salon de cette
dame, que M. le duc d'Orléans se fit annoncer.
Fidèle à l'étiquette, la comtesse se lève, va au-
devant de Son Altesse et la prie de s'asseoir.

Le prince eut l'air de ne pas apercevoir mademoiselle Rose : c'était bien le jeu ; mais mademoiselle Rose, qui avait ses intentions, prit
un fauteuil ni plus ni moins grand que celui
dans lequel se prélassait le duc, et s'assit à côté
de lui... Madame d'Usson, surprise au dernier
point, fait signe à l'audacieuse modiste de se lever ; elle n'en fait rien. La comtesse la regarde,

tousse doucement, tousse ensuite plus fort; Rose demeure immobile. Enfin, impatientée, la comtesse se décide à parler.

« Mademoiselle Bertin, dit-elle, vous oubliez que vous êtes devant Son Altesse.

— Non, madame, assurément, je ne l'oublie pas.

— Et comment donc vous conduisez-vous ainsi?

— Ah! c'est que madame la comtesse ne sait pas que, si je voulais, je serais ce soir duchesse de Chartres... »

À cette réponse hardie, le duc changea de couleur et ne répondit pas.

« Oui, madame, continua mademoiselle Rose, on m'a offert tout ce qui peut tenter une pauvre fille, et parce que j'ai refusé, on m'a menacée de m'enlever... Ainsi, mesdames, si vos jolis bonnets manquent, si aucun de vos ajustements n'est prêt, et qu'on vous dise que la pauvre Rose a disparu, vous la demanderez à Son Altesse sérénissime.

— Que dites-vous à cela, monseigneur? demanda madame d'Usson....

— Ma foi, comtesse, reprit le duc, tout à fait remis de sa première surprise, on ne peut faire autrement quand il s'agit de vaincre une rebelle... on a son honneur à soutenir.

— L'honneur dans le vice, le mot est étrange! dit mademoiselle Rose avec indignation... Au surplus, madame la comtesse, continua l'intéressante modiste. vous conviendrez que celle dont on veut faire, en dépit de toutes les convenances, sa compagne, peut agir familièrement avec celui qui se le permet. Que monseigneur n'oublie pas son rang, et je me souviendrai de l'extrême distance qui existe de lui à moi. »

A ces mots, mademoiselle Rose salua profondément le duc, qui lui répondit, selon les bonnes traditions du Théâtre-Français : « Vous êtes un véritable serpent. » Puis la vertueuse personne prit congé de madame d'Usson et sortit.

Depuis ce jour, ni le duc d'Orléans, ni aucun de ses émissaires n'osèrent parler à mademoiselle Bertin. Il y a cent à parier contre un que, dans la suite, nul autre galant ne se hasarda à vouloir attaquer une vertu aussi bien défendue, et que le matin où mademoiselle Rose, âgée de vingt-cinq à vingt-six ans, parut dans mon petit appartement des combles de Versailles, elle offrait le rare exemple d'une virginité conservée dans les modes jusqu'à l'expiration du cinquième lustre.

CHAPITRE VII.

Querelle entre la cour et les parlements. — Le palais ou la vie. — La France politique à vol d'oiseau. — Audience au lit de la favorite. — Le quatrain. — Contre-épigramme du duc de La Vrillière. — Duchesse d'Orléans et presque reine projetées. — La comtesse de Provence. — Son portrait. — Tiers d'exploit herculéen. — La nouvelle Marie, de Boufflers. — Elle est dénoncée en cour de Rome. — Le pape philosophe. — Carlin, légat du pape.

Tandis que je courais à la fortune sur le char de la vogue, et que d'autres destinées s'accrochaient au manteau de la mienne, pour suivre

sa course heureuse, les cartes se brouillaient, de
plus en plus, entre la cour et les parlements :
perruques à marteaux, perruques à boudins,
perruques à marrons se liguaient décidément
contre l'autorité arbitraire des édits, et Messieurs
commençaient à prétendre que le *bon plaisir*
fût quelque peu motivé. Une mésintelligence
grave avait éclaté entre le parlement de Paris
et Louis XV après le lit de justice du 8 décem-
bre 1770; ce grand corps judiciaire avait vu
son pouvoir compromis par les actes de la couronne, et ses membres prenaient depuis lors des
vacances fort inopportunes. Des *lettres de jus-
sion* intimèrent à tout président, conseiller
ou maître des requêtes d'avoir à occuper son
siége au palais; ils répondirent qu'on pouvait
en agir ainsi avec les comédiens du roi; mais
que des magistrats ne jugeaient point par ordre. Sur ce, descente de mousquetaires au do-
micile de Messieurs, avec mission de leur pres-
crire de juger, et d'obtenir d'eux un *oui* ou un
non catégorique, écrit avec paraphe... Cette sorte
de : *le palais ou la vie,* sollicité entre deux so-
leils et sous la protection des sabres, obtint le
succès que la cour en attendait : les membres
du parlement donnèrent leur oui aux mousquetaires, comme on donne sa bourse aux vo-
leurs; mais le lendemain ils protestèrent au

grand jour contre les violences de la nuit, et se firent casser, puis exiler. Suivit la dégringolade de toutes les autres cours suprêmes ; ce qui fit grand plaisir à Louis XV. Sa Majesté était d'ailleurs bien tranquille : elle ne pouvait manquer de régner glorieusement avec un conseil composé du duc d'Aiguillon, de l'abbé Terray et du chancelier Maupeou, délibérant sur le tablier de madame Du Barry, quelquefois un peu dessous.

Tel était, au milieu de l'année 1771, la situation politique de la France, vue à vol d'oiseau. Les excellents Français ne laissaient pas de chanter ; et pour se venger, selon leur caractère, des grandes égratignures que l'on faisait à la nation, ils composaient des épigrammes contre M. de Maupeou, qui s'en réjouissait, parce que le bruit du rire de la foule insouciante couvrait celui des sanglots de la foule éplorée.

Un matin que je m'étais rendu chez la favorite, qui m'avait mandé d'assez bonne heure, j'entendis, en m'approchant de sa chambre, les éclats d'une joie expansive. Familier avec les localités, je me glissai dans une garde-robe contiguë à l'appartement de la comtesse, mais qui ouvrait, par une seconde porte, sur un couloir dérobé ; et de là, par un petit œil-de-bœuf, je vis ce qui se passait chez madame Du Barry.

Trois personnes étaient avec la comtesse, qui leur donnait audience au lit : M. le duc d'Orléans, tout nouvellement marié à madame de Montesson, mais qui n'en lançait pas moins certains regards de convoitise sur le sein un peu découvert de *l'ange*; M. le prince de Condé, qui n'eût pas été fâché d'aider, en bon parent, son cousin Louis XV à exploiter les bonnes grâces de Jeanne Vaubernier; et le chancelier Maupeou, en simarre détroussée, qui venait, comme de coutume, prendre l'air de vent qui devait souffler au conseil.

— Quoi vraiment, monsieur le chancelier, disait le prince de Condé, vous ne connaissez pas le nouveau quatrain dont tout Paris a la copie?

— Non, monseigneur, et j'en suis fâché; car j'aime beaucoup les vers, même quand la rime n'y est pas d'accord avec la raison.

—Sous ce rapport, reprit Son Altesse avec un malin sourire, je ne vous dirai pas mon avis sur le fameux quatrain : je suis trop de vos amis pour cela...

— Ah! c'est une épigramme qui me concerne, reprit gaiement M. de Maupeou... alors, dites, dites, monseigneur, ces vers-là m'amusent encore plus que les autres. Et puis, je ressemble à ces vieux chevaux qui ne vont jamais mieux que quand quelque mouche les pique.

—Le quatrain, le quatrain, mon prince, dit la favorite, en s'assurant la tête sur son oreiller bordé de dentelle, pour rire plus à l'aise du magistrat de son choix.

— Vous le voulez, dit le prince de Condé ; je vais donc vous lire l'épigramme. »

Et Son Altesse sérénissime, ayant tiré un petit papier du gousset de sa culotte, lut une de ces méchancetés qui se gravent sur-le-champ dans la mémoire et ne s'en effacent jamais, tant le fiel mord bien sur notre cervelle. Voici le quatrain :

On fait certains galons de nouvelle matière,
Fort peu chers, mais fort bons pour habits de galas ;
On les nomme à la chancelière ;
Pourquoi ? c'est qu'ils sont faux, et ne rougissent pas.

Malgré sa promesse, le chancelier ne rit guère ; M. le prince de Condé n'osa pas donner le ton, et M. le duc d'Orléans s'abstint de rire. Son Altesse sérénissime eût été bien fâchée que M. de Maupeou le soupçonnât de s'égayer à ses dépens : nous saurons bientôt pourquoi. Quant à madame Du Barry, nulle considération ne lui sembla assez puissante pour la priver d'un moment de bonne humeur : on vit donc toutes les parties de son adorable personne soulever par saccades sa couverture, agitées qu'elles étaient par un fou-rire prolongé : ce qui put donner à ces messieurs une idée de la vivacité des sensations de la comtesse, si déjà ils n'étaient fixés à cet égard.

— En vérité, reprit le descendant du vainqueur de Rocroy, pour épandre un peu de baume sur la blessure qu'il venait de faire, je suis surpris que M. le chancelier fasse trève en ce moment à sa philosophie : la meilleure manière de se venger des faiseurs d'épigrammes, c'est d'en rire plus fort qu'eux... Tenez, un bon exemple à suivre : vous savez que notre ami La Vrillière se nomme aussi Phelippeaux et Saint-Florentin ; or, à propos de cette trinité de noms, un plaisant avait composé d'avance cette épitaphe :

Ci-gît, malgré son rang, un homme fort commun,
Ayant porté trois noms et n'en laissant aucun.

» Eh bien ! savez-vous ce que La Vrillière fit ? il se réjouit avec ses amis du malin distique ; il le lut au lever du roi à qui voulut l'entendre, le fit imprimer à mille exemplaires, et les fit passer à l'auteur, avec cette lettre d'envoi :

« Un autre à ma place, monsieur, se serait
» prévalu de ses trois noms pour armer trois
» bras de formidables gourdins, afin de vous re-
» mercier des deux vers que vous avez rimés à
» mon intention. Mais on m'a dit que vous étiez
» un pauvre diable d'écrivain famélique qu'il
» valait mieux secourir que bâtonner, et vous
» allez voir que je m'y suis pris noblement. Je
» vous envoie mille exemplaires de votre œu-
» vre; vous pouvez vendre chaque exemplaire
» un sou, et grâce à moi, vous voilà sûr de man-
» ger pendant cinquante jours, en ne dépensant
» pas plus qu'un cocher de fiacre. Bonne chance
» donc. »

»Cette aventure eut de l'éclat, les rieurs pas-
sèrent du côté de La Vrillière, et le poète n'osa
plus se montrer. Je vous demande, dit le prince
de Condé en terminant, si un philosophe eût
mieux fait.

» Mais voici l'heure du grand lever de Sa Majesté; y venez-vous, M. le duc? poursuivit Son
Altesse en s'adressant à M. d'Orléans.

— Non, mon cousin, nous avons à causer
avec madame la comtesse.

— Et vous, M. le chancelier?

— Je vous suis, monseigneur. »

Le prince de Condé et M. de Maupeou sortirent, et M. le duc d'Orléans resta seul avec la favorite.

« Mais, monseigneur, je voulais me lever, dit madame Du Barry en souriant.

— Que je ne vous gêne en rien, madame ; mes yeux seront discrets.

— Madame de Montesson voudra-t-elle le croire ?

— Elle sait, chère comtesse, que je ne suis ici que pour travailler à son bonheur, au mien, qui doit se combiner avec le vôtre... A quel point en sont nos affaires ? Le chancelier s'en occupe-t-il auprès du roi ?

— N'en doutez pas, monsieur le duc ; Maupeou sait que la simarre lui a été donnée à ce prix : nous avions besoin d'un légiste, à conscience aisée, qui arrangeât, pour vous un mariage légitime avec madame de Montesson, pour moi un mariage à la Maintenon avec Louis XV... S'il ne réussit pas, il doit craindre d'être précipité du rang où j'ai bien voulu le faire monter...

— Mais comment le roi prend-il la chose ?

— Assez bien pour me faire espérer que Maupeou réussira à le persuader, pourvu qu'il lui donne des parlements doux comme de petits moutons... Oserai-je vous prier, monseigneur, de chercher ma pantoufle qui a disparu sous mon lit ?

— Très-volontiers, comtesse, et même je vous aiderai à la mettre.

— Monseigneur, monseigneur, n'oublions pas les absents.

— Nous nous en occupons, madame.

— Pas sans distraction, au moins...

— Comtesse, elles sont roses...

— C'est ma couleur favorite; mais cela ne vous regarde pas, monsieur le duc; je le dirai à votre femme...

— Et vous pensez donc que le roi la reconnaîtra duchesse d'Orléans?

— Je regarde cela comme assuré... il n'y a plus que patience à avoir; et, Dieu merci, Votre Altesse est en fonds de bonheur pour attendre...

— Je vous quitte, charmante amie; il faut bien que je paraisse un moment au lever de Sa Majesté.

— A propos, monsieur le duc, vous ne me parlez pas de la vôtre.

— J'ignore ce que ceci signifie.

— Et la députation des Bretons, qui vous offrit l'un de ces soirs la couronne de Bretagne.

— Vous savez ce que j'ai répondu; Louis XV le sait aussi [1]; et j'espère que cette démarche ne

---

[1] M. le duc d'Orléans répondit à la députation bretonne : « J'ai l'honneur d'être prince du sang; je mourrai prince du sang. »

servira qu'à lui faire sentir la nécessité de ne pas trop mécontenter des gens qui peuvent tout briser à coups de tête... Au revoir, chère comtesse.»

En écoutant aux portes, je venais d'être initié à un secret que j'étais loin de soupçonner; je ne voulus pas paraître l'avoir surpris: j'entrai dans la chambre de madame Du Barry, comme un homme qui n'eût fait que traverser le cabinet où j'avais écouté l'entretien que le hasard m'avait fait entendre.

« Léonard, allez-vous coiffer notre nouvelle comtesse de Provence? me demanda la favorite en jouant avec mes chaînes de montres pendant que je lui posais un chiffon négligé.

— Madame la comtesse, je suis mandé pour cela chez Son Altesse royale...

— Je n'ai fait que l'entrevoir à son arrivée; au sortir de chez elle, vous viendrez me faire son portrait.

— Je n'y manquerai pas, madame la comtesse. »

Je n'eus pas à peindre une Vénus pour m'acquitter de la tâche que m'avait confiée la favorite. Madame était une bonne grosse créature de dix-huit ans, fort commune, que l'on paraissait avoir échangée dans les Alpes contre la princesse amenée de Turin. En langage d'offi-

cier de dragons, Son Altesse royale se fût appelée une bête à tous crins d'une puissante espèce... Tête couronnée d'une épaisse forêt de
cheveux noirs, front couvert, sourcils touffus,
ombrageant des yeux assez beaux ; nez retroussé,
lèvres épaisses et surmontées de moustaches
passablement prononcées ; le tout se produisant
sur un teint fort brun et haut en couleur. Voilà
pour le visage. La taille de Son Altesse royale,
plus développée en épaisseur qu'en élévation,
était surmontée d'une gorge tellement volu-
mineuse, qu'il fallait, à l'aide d'un déplacement,
heureusement assez facile, en faire disparaître
la moitié, pour sauver à Son Altesse royale l'embarras d'une surabondance monstrueuse de
charmes... Mais ce que tout l'art des femmes de
chambre ne pouvait dissimuler, c'était un double
hémisphère autrement situé, et tel que les bras-
seurs de Paris se plaisent à l'entretenir sur la
croupe de leurs chevaux... Lorsque Madame
marchait, il y avait un frémissement de cette
partie qui achevait de rendre sensible la comparaison.

Les cheveux de Madame, gras, durs et rebelles
à la frisure, annonçaient, comme toutes les parties de son illustre personne, une abondance de
vitalité que le comte de Provence devait être
peu propre à seconder, si les rapports de la

chronique secrète n'outraient pas les défauts
de Son Altesse.

Cependant le frère puîné du dauphin s'était
vanté, le lendemain de ses noces, d'un tiers d'exploit herculéen... « Quatre relais sur les terres
d'Amathonte, cela, dit un marquis narquois,
ne fait pas supposer un grand labeur au point
de départ... » Je me souviens que, dix ans plus
tard, Son Altesse royale se plaisait encore à
rappeler ce début héroïque... Madame répondit :
« Je ne veux point vous contrarier, monsieur ;
mais je ne me souviens nullement de cela. »
On assure que, dans le temps même où M. de
Provence proclamait à Versailles cette fameuse
prouesse, Madame avait dit à la comtesse de
Valentinois, sa dame d'honneur : « En vérité,
je ne m'en suis pas aperçue. »

La jactance de Monsieur, et le désaveu de
Madame, qui avait percé, quoiqu'émis secrètement, firent, pendant huit jours, les délices de
l'Œil-de-Bœuf ; selon l'usage du temps, ils furent traduits en chansons et en épigrammes, que
les femmes de qualité lisaient derrière l'éventail... Mais bientôt une autre galanterie vint
remplacer celle-là dans les causeries et les mé-
disances de l'oisiveté titrée ; la substitution fut
d'autant plus complète que beaucoup de scandale se mêlait à la nouvelle aventure. Madame

Marie de Durfort, belle-fille de M. le duc de
Duras, premier gentilhomme de la chambre,
commit, par malheur, une grande erreur de
date en l'absence de son mari, et, par un plus
grand malheur encore, l'Anacréon du temps, le
spirituel Boufflers, ameuta toutes les malices
contemporaines contre la pauvre petite duchesse,
au bruit de ses grelots. Tout Paris chanta :

> Votre patronne
> Devint mère [1] sans son mari ;
> Bel exemple qu'elle vous donne :
> N'imitez donc pas à demi
> Votre patronne.

> Beau comme un ange,
> Sans doute Gabriel était....
> Vous ne devez pas perdre au change :
> L'objet qui plaît est en effet
> Beau comme un ange.

L'œuvre de Boufflers, dont je ne cite que deux
couplets, pour mémoire, eut un succès prodi-
gieux : on chanta la *Nouvelle Marie* à toutes les
toilettes, si bien que la dauphine finit par s'apercevoir qu'elle manquait à la sienne. Son Altesse
royale me chargea de lui apporter les couplets,
et la marquise de Langeac les chanta, au grand

---

[1] Il y a autrement dans la chanson ; mais la chasteté
du xixe siècle ! ! ! (*Note de l'Éditeur.*)

déplaisir de madame de Noailles, qui joignai
quelque bigotisme à l'amour de l'étiquette.

Cependant la publicité de cette chanson offrait des précédents ecclésiastiques : les plus zélés
propagateurs de la *Nouvelle Marie* avaient été
ces petits abbés frétillants que l'on trouvait
alors aussi communément à la toilette des
dames que la pelote aux épingles, les flacons
d'eau de senteur et la boîte aux mouches. Les
prélats même s'en étaient mêlés, et M. de Jarente, évêque d'Orléans, chantait à ravir les
couplets de Boufflers.

Mais ce ne fut pas ainsi que M. l'archevêque
de Paris prit la chose : le sévère Christophe de
Beaumont n'entend pas raillerie sur les matières
galantes, et celle-ci se compliqua à ses yeux
d'hérésie abominable... M. de Boufflers, vers le
milieu de l'année 1771, sentait terriblement le
fagot... Un chansonnier qui se permet de ma-
térialiser les divins mystères, et de donner l'ange
Gabriel pour amant à..... Anathème ! trois fois
anathème ! Monseigneur, après avoir préparé,
selon toutes les règles du droit canon, sa procédure préparatoire, appela les foudres de Rome
sur le coupable rimeur... Clément XIV lisait
un article du *Dictionnaire philosophique*, et disait de temps en temps : « Il faut convenir que
ce vieux renard de Voltaire a bien de l'esprit, »

lorsqu'un légat *a latere*, calotte rouge en tête, entra dans le cabinet de Sa Sainteté, et lui remit la dépêche archiépiscopale venant de France... Ganganelli l'ouvrit immédiatement, et lut les couplets rapportés comme pièce probante. Or, il n'était pas surprenant que l'attention du saint Père se fût fixée d'abord sur les vers de Boufflers : c'était une circonstance peu ordinaire que de rencontrer un vaudeville dans une lettre pastorale ; et d'ailleurs le chef de l'Eglise aimait la poésie. Celle-ci lui parut bien un peu entachée d'hérésie ; mais il pensa que le pointilleux Beaumont avait donné trop d'importance à cette bagatelle : importance dangereuse même ; « car, se disait le vicaire de Jésus-Christ, si nous allons, par des rigueurs excessives, fulminées à propos d'une aventure grivoise, mettre les encyclopédistes en verve, ils tomberont comme des corbeaux sur notre pauvre petit mystère de l'incarnation, assez peu logique déjà de sa nature, et nous le déchiqueteront d'une manière déplorable.

» Cependant Christophe de Beaumont est un catholique honnête, un prêtre de bonne foi, ce qui ne laisse pas d'être une vertu notoire parmi les partisans des Jésuites, auxquels je fais mettre en ce moment du feu sous le ventre... Ne précipitons donc rien ; écrivons à Paris pour être bien éclairé sur la question, et ne prononçons qu'avec parfaite connaissance de cause, résultant d'un rapport contradictoire. »

Je vois d'ici mon lecteur secouer la tête en signe d'incrédulité, et se dire : Comment Léonard a-t-il pu savoir à Paris ce qui se passait à Rome dans le cabinet du saint Père?.. On conçoit que si je me fais d'avance cette objection, c'est que je suis en fond pour la détruire. Je coiffais madame la duchesse de Mazarin, amie et correspondante assidue du cardinal de Bernis, qui résidait à Rome. Ce commerce épistolaire était tout ce qui subsistait d'une ancienne intimité, à laquelle trois cents lieues de distance et la double chaîne des Alpes et des Apennins ne permettaient pas d'autres rapports. Or, le cardinal, instruit, par un de ses collègues du sacré collége, des détails précédemment rapportés, les avait appris à son amie avec ce gracieux abandon, cette finesse attique qui distinguaient l'auteur des *Quatre Parties du jour*. On dit même que certains passages du récit de Son Éminence étaient rimés; mais ce fut en prose que je l'entendis redire à la toilette de madame de Mazarin. En voici la fin :

Clément XIV se dit : « Si, pour avoir des renseignements sur cette affaire, je m'adresse à mon légat ambassadeur en France, enchanté

de trouver l'occasion de sortir un **moment de**
sa molle inutilité, le cher homme s'efforcera
de soutenir l'action religieuse, et, qui pis est,
s'efforcera d'en faire une affaire politique, ce
dont le ciel nous préserve. Laissons donc dormir mon ministre dans sa pourpre, et adres-
sons-nous tout naturellement à mon ami Carlin...» Quinze jours après, le pape recevait une
lettre close de l'arlequin célèbre : elle était ainsi
conçue :

    « Saint Père, mon vieux ami, monseigneur
» Christophe de Beaumont, est bien le meilleur
» prélat de la chrétienté que vous gouvernez
» avec tant de sagesse; mais s'il avait la moitié
» de l'esprit qu'un arlequin doit avoir pour
» amuser le public de la comédie italienne, il
» se serait bien gardé d'occuper Votre Sainteté
» des petits couplets de Boufflers. Il y a près
» d'un grand mois qu'ils sont oubliés, ainsi que
» l'aventure de cette pauvre duchesse de Dur-
» fort; trente scandales ont passé sur celui-là,
» et si l'Eglise va le raviver, elle fera tailler
» de nouveau les plumes malicieuses.... Votre
» Sainteté sait que les gros canons du saint
» Siége sont aisément démontés en France
» par la plus légère flèche, pourvu qu'elle soit
» bien aiguisée.

» Je pense donc, très-saint Père, que ce qu'il
» y a de mieux à faire, dans l'intérêt de la re-
» ligion, c'est de laisser l'affaire en question
» dans l'oubli où elle est déjà tombée.

» Toujours votre affectionné et respectueux
» serviteur et fidèle CARLIN BETINAZI. »

Clément XIV suivit le conseil de son corres-
pondant : Christophe de Beaumont reçut une
lettre apostolique pleine de félicitations évan-
géliques; mais elle se terminait par l'injonc-
tion formelle de ne pas donner suite à l'action
intentée contre les couplets de Boufflers.

Ce fut encore une occasion où le saint Père
répéta son dicton favori : « Plût à Dieu que le
saint Siége offrît un cardinal d'un aussi bon
conseil que l'arlequin de la comédie italienne! »

CHAPITRE VIII.

Profession de foi de l'auteur. — Entrée dans le monde du comte d'Artois. — Le nouveau *Phaéton*. — Les parties à âne. — La maison de Dauberval. — Ce qui s'y passait. — La descendante des Jagellons. — Le bal masqué arrangé par Léonard. — Le pavillon de Flore. — Le franciscain. — L'arlequin. — La paysanne suisse. — La Bohémienne. — Le secret de la comédie. — L'odalisque. — A travers la cloison. — Le magicien. — Plaisir dangereux. — Le jardinier. — La bastonnade.

Je commence ce huitième chapitre de mes Mémoires à Saint-Pétersbourg : mon dévouement à mes princes légitimes m'a fait tout sacrifier : patrie, fortune, amours, plaisirs qu'on ne goûte que sous le ciel qui nous vit naître. Je devais beaucoup à la reine et aux princes de la maison de Bourbon ; je n'ai pas hésité un seul instant à leur sacrifier plus qu'ils ne m'avaient donné ; car j'étais heureux déjà avant d'avoir reçu leurs bienfaits, et j'ai jeté tout mon bonheur sur la nef où leur destinée lutte malheureusement contre les tempêtes, depuis bientôt douze ans... La destinée des princes, frères de l'infortuné Louis XVI, s'entend ; car pour lui et son illustre compagne, l'univers sait quel fut leur sort.

Je dirai en son lieu ce que Léonard, le coiffeur, fit pour éloigner de leurs têtes augustes le fer sous lequel elles tombèrent ; on verra que le dévouement, si basse que soit son origine, s'ennoblit en présence des grands événements. A une époque où le péril devait être bravé par l'intelligence et le zèle, ce ne fut point un grand de sa cour que Louis XVI chargea d'aller remettre les insignes de la première dignité militaire à M. de Bouillé, pour prix anticipé du salut que le monarque attendait de cet officier général : ambassadeur de circonstance, je portai le bâton de maréchal de France dans cette même poche où je mettais naguère mon peigne, et le roi le crut bien placé... Mais cet événement appartient à une autre époque de ma vie; je reviens au motif qui m'a fait intervertir l'ordre de ma narration. J'avais en vue, en massant quelques faits majeurs, d'en faire ressortir un fait que personne ne peut contester : c'est que je regardais comme sacrée la cause à laquelle je sacrifiais tout.

Mais il est aujourd'hui un sacrifice que je ne puis faire, c'est celui de la franchise et de la vérité. Les historiens qui ont écrit, depuis la révolution, sur les personnages importants dont la vie politique a été révélée dans les mémoires contemporains, se sont malheureusement trop inspirés de leurs affections ou de leurs haines, pour juger les hommes qu'ils ont rencontrés sur la scène du monde, ou les actions qu'ils n'avaient observées qu'à travers leurs préventions... Et puis, par une faute plus grave, refondant les opinions dans le creuset des temps, on a prononcé sur la conduite et les mœurs passées, d'après la conduite et les mœurs subséquentes, ou sous l'influence d'une suite de malheurs qui avait racheté beaucoup d'erreurs, sans pour cela les avoir effacées des tablettes de la vérité.

Je n'imiterai point cet exemple destructif de toute sincérité historique, et qui tend à substituer le faux au vrai, la passion à la bonne foi, des portraits ou flattés ou enlaidis, aux portraits

fidèles. Je jugerai les personnages en présence
de leurs actions, sans en altérer le mérite ou
en diminuer le blâme, par le rapprochement de
leurs vertus ou de leurs vices ultérieurs.

Ainsi la reine Marie-Antoinette, cette princesse si sublime, si héroïque en face des plus
grandes calamités de la vie ; cette femme qui
opposa à la mort la magnanimité des plus
grands hommes, apparaîtra dans mes récits ce
qu'elle fut dans les phases mobiles de son existence... Ils ont bien mal compris la gloire de
cette noble victime, ceux qui se sont plu à mêler
les fleurs d'une basse flatterie à la couronne du
martyre qui brille sur son front... Madeleine, elle-
même, n'est-elle pas honorée parmi les saintes[1] ?

Il est impossible de le dissimuler, Marie-Antoinette, depuis l'instant de son arrivée en France
jusqu'après la déplorable affaire du collier, qui
produisit sur elle une profonde sensation, montra beaucoup de légèreté, d'inconséquence et
d'oubli des convenances ; les événements fâ-

---

[1] Nous devons avouer ici que, dans tout ce qui pré-
cède, la main de l'éditeur a dû corriger le manuscrit de
Léonard. Cet honnête coiffeur avait eu une idée, mais
si vivement sentie, qu'au lieu d'en être maître, il s'était
laissé dominer par elle, et n'avait enfanté qu'une disser-
tation obscure, incorrecte, dont on a, du reste, conservé
l'esprit en y apportant plus de clarté.

cheux que des causes lentement élaborées accumulèrent alors sur la France, ayant augmenté de plus en plus les malheurs de la nation, elle s'aigrit aisément contre une cour qui paraissait tenir peu de compte de ces tristes circonstances, et l'abandon un peu onéreux de la reine lui fit des ennemis, qui devinrent bientôt des calomniateurs. Elle avait des fautes à se reprocher ; ce furent des crimes qu'on lui imputa. J'ai vécu plus de vingt années auprès de cette souveraine : je rétablirai la balance qu'avait emportée une haineuse prévention, et que l'esprit de parti fit pencher, avec non moins d'excès, du côté opposé.

Dans les premières années qu'elle passa en France, madame la dauphine ne voyait encore que des femmes dans son cercle particulier ; le dauphin seul et ses frères y venaient habituellement : le premier s'y endormait ; Monsieur débitait des vers ou essayait d'en faire. Quant à M. le comte d'Artois, ce n'était encore, en 1770 et 1771, qu'une sorte d'écolier bruyant et taquin : il passait sa soirée à chatouiller les dames de sa belle-sœur, défiait les pages de Son Altesse royale, d'adresse et d'agilité à divers jeux de gymnastique ; et quand il les avait vaincus, il leur distribuait gaiement des coups de pied obligeants au bas des reins.

Mais en 1772 le jeune prince atteignait sa quinzième année; il était grand, déjà formé et doué d'une charmante figure. On prétend que mademoiselle Duthé, institutrice née des princes du sang, lui avait appris qu'il ne suffisait pas de chatouiller les dames de la cour pour leur prouver qu'on savait rendre hommage à leurs charmes; en tout cas, plusieurs de ces belles se montrèrent disposées à convaincre Son Altesse royale qu'elles partageaient l'avis de mademoiselle Duthé.

Or, il arriva simultanément deux choses à la cour : M. le comte d'Artois s'aperçut que la dauphine, sa belle-sœur, dont les charmes et les formes s'étaient développés depuis deux ans, offrait un admirable ensemble de perfections physiques, qu'il ne retrouvait dans aucune autre femme. De son côté, Marie-Antoinette commençait à voir dans son jeune beau-frère un de ces cavaliers dont on rêve plus souvent les séductions qu'on ne les rencontre; et la complexion puissante de madame la dauphine, trop peu comprise, il faut bien le dire, par un époux grave et froid, ne pouvait rester indifférente aux gentilles perfections du comte d'Artois. Je me hâte d'ajouter que je n'ai jamais acquis le droit d'avancer que la fille de Marie-Thérèse ait manqué à ses devoirs d'épouse, jusqu'au

point de ne rien refuser à Charles-Philippe de
France ; mais pour un penchant décidé, ce serait vouloir démentir une génération entière,
que de nier qu'il ait existé.

Dès lors le prince fut de toutes les parties de la
princesse royale ; tantôt il s'exerçait à conduire
une de ces voitures légères appelées *phaétons*, sur
lesquelles se plaçaient Marie-Antoinette et l'une
de ses dames, assez peu confiantes, du reste, dans
l'habileté de leur cocher ; tantôt, enfourchant
le destrier de Sancho, Charles-Philippe de
France accompagnait la dauphine dans des
courses *à âne*, qu'elle aimait beaucoup, sans
s'arrêter même à l'inconvénient des chutes in-
discrètes sur le gazon.

Quelquefois c'était vers Paris que se diri-
geaient nos jeunes Altesses. A cette époque-là,
le sieur Dauberval, danseur célèbre de l'Opéra,
avait fait construire dans sa maison un salon
qui lui coûtait cinquante mille livres, et que
tout Paris courait voir. On n'avait encore rien
conçu de comparable pour le goût, l'élégance
et la richesse de la décoration et de l'ameublement. Par une combinaison heureuse, le salon
devenait au besoin une salle de spectacle. Mais
ce qu'on admirait le plus dans cette construction, où l'art du mécanicien jouait un grand
rôle, c'était un vestibule qui se montait en

dix minutes dans la cour, pour mettre à couvert la livrée des personnages réunis chez Dauberval. Ce danseur avait fort bien calculé en faisant construire ce local élégant : il le louait assez chèrement à la haute société, pour donner de ces bals mitigés qu'on n'osait pas hasarder à son hôtel, tout insoucieux du qu'en dira-t-on qu'on fût alors. Par exemple, un grand seigneur voulait-il amuser une danseuse qu'il entretenait, il arrangeait pour elle une soirée, qui presque toujours dégénérait en orgie. Quelquefois une société de riches amateurs se servait du théâtre pour jouer quelque comédie libertine, devant un public choisi : c'est ainsi que M. de Saint-Florentin, sous la direction d'une madame de Langeac, qui n'était pas la marquise du même nom, fit représenter chez Dauberval *la Vérité dans le vin*, pièce plus que grivoise, à laquelle, pourtant, on avait ajouté des couplets d'une nuance plus prononcée encore, à la grande satisfaction d'une chambrée illustre, qui prit le tout pour de la simple gaieté.

Durant le carnaval, les salons des Dauberval étaient le rendez-vous des mascarades les plus galantes, et Dieu sait quelle extension on pourrait donner au mot galanterie, en racontant tout ce qui se passait dans ces charmantes saturnales.

Du reste, rien de ce qui se faisait chez Dauberval ne transpirait au dehors, sinon par l'indiscrétion des personnes qui s'y réunissaient. Soit
qu'il y eût bal paré, soit qu'on jouât la comédie,
soit que le masque prêtât son mystère à des
intrigues d'amour, on voyait à la porte de brillants équipages, des laquais bien insolents, des
cochers qui laissaient tomber noblement des
écus de six livres sur le comptoir du marchand
de vin : cela suffisait pour démontrer au public
que les mœurs étaient respectées dans la petite
maison du danseur, tout aussi bien que dans
les fastueux hôtels du faubourg Saint-Germain.

Un jour, M. le duc de Chartres, qui s'était
chargé, comme on sait, de diriger les premiers pas
de M. le comte d'Artois dans la vie, entendue à
la manière des roués, et qui pour cela lui avait
cédé mademoiselle Duthé, comme un écuyer
consommé cède à son élève un coursier dont il
connaît les allures ; M. le duc de Chartres, dis-je,
voulut faire connaître à son jeune parent l'asile
que Dauberval offrait aux plaisirs du beau
monde. En conséquence, il l'emmena de Versailles, par une belle soirée, en esquivant la garde
des grilles, et l'introduisit déguisé au milieu
d'une cohue de masques, que le magnifique salon de Dauberval pouvait à peine contenir.

C'était la première fête de ce genre où Son

Altesse royale eût été admise ; Charles-Philippe avait bien vu, dans la galerie de Diane, des bals masqués, mais l'étiquette maintenait, quoiqu'à grand'peine, un peu de bienséance hors des petits appartements, où l'on s'était efforcé de repousser tout le scandale habituel. Aussi pouvaient-ils à peine le contenir : l'incisif Mercier vous a dit comment le suisse de l'OEil-de-Bœuf devait vérifier les titres du déshonneur, avant de lui faire franchir la porte de glace communiquant aux petits appartements. Les aspirants, et surtout les aspirantes aux mystères du lieu, étaient devenus si nombreux, qu'il fallait choisir une élite de vices pour entretenir les plaisirs de Louis XV.

Je disais donc que le jeune comte d'Artois n'avait encore aucune idée des bals masqués, tels qu'on les voyait alors à l'Opéra ou dans quelques assemblées sans façon : ce qui voulait dire alors sans décence. Son Altesse royale avait l'imagination vive ; ses passions étaient singulièrement développées pour son âge : on eût pu croire que la nature s'était plu à réunir en lui tout ce qui manquait de puissance physique à l'organisation de ses deux frères.... singulière et dangereuse compensation, ma foi !

M. le duc de Chartres, maître passé en la science du plaisir, imprima aux désirs de Charles-

Philippe un essor tel qu'avant de quitter la maison de Dauberval, il en avait visité les appartements les plus retirés, avec une beauté d'autant plus mystérieuse qu'elle était, disait-elle, plus illustre : une princesse polonaise descendant en ligne directe des Jagellons....... M. le comte d'Artois se félicitait vivement d'être entré, quoique d'une manière un peu détournée, dans cette race illustre.... Le lendemain, Louis-Philippe de Chartres s'égaya beaucoup, avec son favori M. de Genlis, sur l'alliance polonaise formée par son cousin d'Artois : l'arrière-petite-fille des Jagellons était une figurante de l'Opéra.

Je me trouvais, peu de jours après cette aventure, à la toilette de Marie-Antoinette, lorsque M. le comte d'Artois, ayant fait solliciter la permission d'être introduit, arriva, bruyant comme un écolier, rapide comme une flèche, dans le cabinet de Son Altesse royale.

« Ma belle petite sœur, dit-il sans préambule, il faut que je vous raconte une escapade que j'ai faite au commencement de la semaine.... Avant tout, promettez-moi de n'en pas parler au dauphin : grand-papa en rirait de tout son cœur, et m'embrasserait sur les deux joues en signe d'encouragement ; mais mon frère de Berry, qui, à dix-huit ans, est bien plus grave

que le roi à soixante-deux, il me traiterait
d'étourdi, d'écervelé.

— Racontez, racontez, mon frère, répondit la
princesse en riant, nous ne vous dénoncerons
pas au dauphin.

— Eh bien! sachez donc que j'ai été au plus
joli bal masqué du monde.

— Que Votre Altesse est heureuse! s'écria
Marie-Antoinette ; les bals masqués! je meurs
d'envie de savoir ce que c'est, ailleurs qu'à la
cour.... Mais le dauphin ne veut pas entendre
parler de m'y conduire.

— C'est bien dommage ; car on ne peut voir
rien de plus amusant, chez Dauberval surtout...»
Et le prince joignit à cette assertion une petite
grimace significative, dont je compris parfaitement l'intention. J'ignore si Marie-Antoinette
l'interpréta de même ; mais elle n'en eut pas
l'air.

— Et puis-je savoir, mon frère, en quoi consistait le charme de cette réunion qui vous a
procuré tant d'agrément? dit la dauphine.

— D'abord des costumes délicieux, les dégui-
sements de femmes surtout : des Diane, des
Vénus, des Hébé, des odalisques, des houris,
des bergères, et puis des dominos tout noirs,
tranchant sur tout cet appareil de frais bou-

quets, de rubans aux vives couleurs, de paillettes étincelantes, de plumes flottant avec
grâce ; des dominos noirs qui ne livraient au
regard qu'un joli petit pied, et qui réservaient
pour l'esprit le reste de leurs enchantements.

— Ah ! ah ! fit Marie-Antoinette avec finesse.

— Oui, madame.... des intrigues plus piquantes les unes que les autres.... C'était charmant.

— Et jusqu'à quel point Votre Altesse royale
a-t-elle suivi l'amorce séduisante de ces piquantes intrigues ? » demanda la dauphine avec
plus d'étourderie que de réflexion.

Il y eut un silence d'une minute entre cette
question et la réponse que le jeune comte y
fit.... Son Altesse sentit qu'il fallait taire la visite des appartements secrets avec la descendante des Jagellons ; mais une dissimulation de
quinze ans et demi manque encore d'expérience, et Charles-Philippe ne savait trop que
substituer à la vérité. Enfin, il reprit :

« Ah ! tout cela, comme Votre Altesse royale
le pense bien, s'est réduit à faire de l'esprit, à
aiguiser quelques malices... Je voulais rester inconnu.

— Madame de Misery, dit tout à coup Marie-
Antoinette à sa première femme de chambre,

faites-moi le plaisir de passer chez madame de Provence, et de lui dire que je déjeune ce matin chez elle. »

Madame de Misery trouva cette mission conforme aux habitudes de Son Altesse royale, qui se plaisait à aller ainsi déjeuner d'une manière presque inattendue chez sa belle-sœur; elle sortit pour obéir.

« Je voulais éloigner *madame l'étiquette*[1], reprit la dauphine, parce qu'il faut que je vous dise, mon frère, que je veux aller avant huit jours à un bal masqué.... Tenez, Léonard nous aidera; il est adroit, ingénieux; il s'entendra avec mademoiselle Bertin pour mon costume, et j'irai me déguiser aux Tuileries.

— Ma sœur, s'écria le comte d'Artois, voilà certainement un joli projet; mais il me fait trembler.... et le dauphin....

—Il se couche à neuf heures, répondit Marie-Antoinette.

— Mais il peut se relever à dix... dit Charles-Philippe d'un air réfléchi...

— Jamais, répliqua Marie-Antoinette avec un sourire empreint de quelque amertume.

— Vous en êtes sûre, madame? demanda le

---

[1] Nom que la Dauphine donnait à madame de Misery comme à madame de Noailles.

comte d'Artois d'un ton si vif qu'il me parut indiscret.

— Oui... dit la fille de Marie-Thérèse d'un accent étouffé.

— Et vous êtes bien décidée à faire une petite fugue de Versailles pour aller au bal masqué chez Dauberval?..

— Sans doute, reprit étourdiment Marie-Antoinette; nous partirons à minuit avec la petite marquise de Langeac; Léonard se placera sur le siége du cocher; nous serons aux Tuileries à minuit trente-cinq minutes... Rose Bertin nous aura devancés au pavillon de Flore avec mon costume; à une heure et demie nous arriverons au bal, pour en repartir à trois heures, et nous dormirons déjà, dans nos lits de Versailles, lorsque quatre heures sonneront. N'est-ce pas bien arrangé cela?

— Délicieux, madame! dit en sautant le jeune prince, qui, nous le pensons, voyait dans cette partie autant d'innocence que de plaisir... Mais pour aller au bal masqué, il nous manque une petite chose.

— Quoi donc, prince? demanda tristement la dauphine, qui craignait de perdre la perspective charmante qu'elle se faisait déjà.

— Ce qui nous manque, reprit le comte d'Artois en riant, c'est un bal masqué.

—Ah! c'est vrai, dit la dauphine; pour aller au bal, il faut qu'il y en ait un.

— Je vais arranger cela avec M. le duc de Chartres.

— Oh! non, pas lui, dit vivement Marie-Antoinette... cela me gênerait... M. de Chartres, voyez-vous, est trop un homme fait maintenant.

— Votre Altesse royale veut peut-être dire *défait,*» répliqua le jeune comte d'Artois, en qui l'esprit de repartie se développait déjà.

La dauphine ne répondit que par un signe de tête affirmatif à cette réflexion, qui avait frappé juste.

« Eh bien, continua le comte, si Léonard veut m'aider, nous trouverons bien à nous deux le moyen d'organiser notre bal masqué.

— Je suis tout à la disposition de Votre Altesse royale, me hâtai-je de répondre; mais j'oserai lui adresser une question.

—Voyons, mon cher, parlez, dit le frère du dauphin.

—Votre Altesse royale a-t-elle lu Gilblas?...

— Oui, et je m'en suis bien amusé.

— Alors Votre Altesse royale ne peut avoir oublié ce qui revint à Gilblas pour avoir favorisé certaine excursion nocturne d'un personnage illustre; et ce personnage n'était pas une dauphine, mais un dauphin... Je crois, monseigneur, que la Bastille ne ressemble pas mal à cette vilaine tour de Ségovie...

— Oui, repartit le prince; mais rien ne ressemble moins que Louis XV à un monarque espagnol gourmé.... Grand-papa rirait de notre mascarade, voilà tout, et mon frère de Berry n'est pas encore roi... Ainsi, mon bon Léonard, il faut me prêter votre assistance.

—Monseigneur, m'empressai-je de reprendre, mon obéissance respectueuse serait acquise à madame la dauphine et à Votre Altesse royale, quand même il y aurait à vous obéir plus de danger que je n'en suppose : nous sommes au lundi, avant la fin de la semaine il y aura bal masqué chez Dauberval.

— Point de personnes de la cour, surtout, dit vivement la dauphine; nous serons masqués jusqu'aux dents; mais quand les courtisans se glissent quelque part, il n'y a plus de secret possible, et je serais désolée d'être reconnue. »

M. le comte d'Artois avait dit : « Mon bon Léonard, il faut me promettre votre assistance, » mais il était sous-entendu que Son Altesse royale ne se mêlerait de rien, et je me le tins pour dit. Je me rendis immédiatement chez le danseur Dauberval.

« Monsieur, lui dis-je d'un ton important, je

suis chargé par des personnes de haute lignée de vous demander votre local pour un bal masqué.

— Quel jour a-t-on choisi, monsieur Léonard?

— Quand vos salons seront-ils libres?

— Demain et samedi.

Eh! bien, va pour samedi.

— C'est convenu : l'on peut **arranger la mas**carade pour ce jour-là.

— En ce cas arrangeons-la.

— Comment dites-vous?

— Je dis que vous allez, monsieur Dauberval, m'aider à former la plus jolie société déguisée qu'on ait encore vue à Paris.

— Je vous comprends : quoi, vos grands personnages veulent donner un bal masqué sans être fixés sur la compagnie qu'ils se proposent de réunir?

— Précisément; c'est une affaire de coup d'œil et un simple rendez-vous d'intrigue joyeuse : on veut savoir ce que c'est qu'un bal masqué.

— Savoir ce que c'est même dans ses suites les plus mystérieuses?

— Pour cela je ne saurais vous le dire; mes instructions ne vont pas jusque-là... Ainsi, monsieur Dauberval, vous qui avez sous la main tout le magasin de l'Opéra, composez-nous une société bien gaie, bien folle, bien spirituelle...

— Bien spirituelle ! et vous me demandez des danseurs?

— Non, mais des danseuses… Ah ! prenez note sur-le-champ qu'on ne veut pas de gens de cour : on a ses raisons pour cela…

— Diable, ceci me contrarie ; j'avais à vous proposer des hommes et des femmes titrés qui eussent bien joué leur rôle sous le masque.

— Et ces nobles personnages sont…

— Oh ! des gens fort connus dans le monde, je vous assure : le comte du *Glorieux*, le marquis et la comtesse du *Joueur*, le chevalier du *Distrait*, et madame la comtesse d'*Escarbagnas*…

— Charmante idée !

— De plus, je puis vous fournir Iphigénie, Cléopâtre et Didon, avec un assortiment complet d'Achille, d'Agamemnon, d'Ulysse, d'Auguste, de Cinna et autres héros de l'antiquité, qui frisent la jambe fort agréablement dans une chacone ou dans une courante.

— Je m'en rapporte à vous ; mais que tout cela brille, s'agite, intrigue et folâtre à qui mieux mieux.

— Laissez-moi carte blanche et vous serez content…

— Par exemple, pas de mauvais ton, et gardez-vous d'encanailler mes illustres anonymes…

— Fi donc ! ne suis-je pas Dauberval ?

— Buffet, rafraîchissements exquis, musique séraphique.

— Ce sera cher, monsieur Léonard.

— Je suis chargé de vous dire qu'on ne comptera pas.

— Après, c'est à merveille ; mais...

— Il faudrait peut-être compter un peu avant...

— Si cela ne dérangeait pas trop, je m'en trouverais, moi, fort accommodé... Un lansquenet que le ciel confonde...

— Je vous entends... Demain je vous apporterai deux cents pistoles ; on réglera plus tard... mais un orchestre, un buffet, des rafraîchissements et pas de lansquenet...

— Et l'honneur donc...

— C'est juste... voilà qui demeure arrêté : dans la nuit du samedi au dimanche, entre une et deux heures du matin, trois masques, précédés d'un domino noir qui frappera trois fois ses mains l'une contre l'autre, entreront dans la salle, et dès ce moment vous saurez que votre maison recèle deux personnes de la plus haute distinction.

— Vous faites bien de me prévenir, parce que de ce moment aussi, je ferai en sorte que l'on mette des sourdines à la conversation, pour qu'il n'en sorte pas de propos trop gaillards. »

Avant de quitter Paris je m'entendis avec mademoiselle Bertin pour le costume de la dauphine, qui devait paraître d'abord en domino gris de lin, puis en habit de paysanne suisse. Il fut convenu que tous les éléments de cette double mascarade seraient portés de bonne heure, le jour du bal, dans un appartement du pavillon de Flore, aux Tuileries, que l'on aurait disposé à la hâte, sur l'ordre que j'en avais donné au nom de Son Altesse.

Ces dispositions étant faites, je retournai à Versailles, et je m'empressai de rendre compte au jeune prince de l'exécution des ordres qu'il m'avait donnés. Son Altesse royale sauta comme un enfant, qu'il était, en apprenant que tout s'arrangeait selon ses désirs et ceux de la dauphine. Marie-Antoinette elle-même, que je vis ensuite, accueillit avec une sorte de transport le récit que je lui fis, et dans lequel je fus obligé de lui donner sur le bal futur beaucoup plus de détails que je n'en savais.

M. le comte d'Artois nous fit un secret du costume qu'il se proposait de prendre; il voulait, nous dit-il, surprendre la dauphine, et ne se montrerait à elle déguisé qu'au moment de partir des Tuileries. Quant à madame de Langeac, sa pétulance ordinaire, la vivacité de son esprit, son humeur encline à la malice, lui firent choisir l'habit de Bohémienne, qui, d'ailleurs, ne pouvait manquer de faire valoir sa taille souple et son petit pied.

Précisément le samedi, monseigneur le dauphin, qui était venu voir sa femme après souper, s'installa, contre son ordinaire, dans un fauteuil auprès du feu. Marie-Antoinette trembla qu'un projet qui venait rarement à l'idée de son époux ne se présentât ce soir-là à sa pensée... J'ai dit qu'elle trembla, et ce mot fut celui dont Son Altesse royale se servit, un peu plus tard, pour nous peindre l'anxiété qu'elle avait éprouvée...Cette princesse, d'une organisation si puissante, trembler à l'approche d'un mari de dix-huit ans! et craindre de voir évanouir une partie conçue innocemment et qui ne promettait qu'une simple récréation... oh! certes! il fallait que l'héritier du trône de France eût bien peu d'empire sur l'imagination de son adorable compagne.

Les *craintes* de la dauphine se calmèrent : le duc de Berry, ayant sifflotté une demi-heure auprès du foyer, fait entendre cinq à six énergiques bâillements, et protesté galamment qu'il mourait de sommeil, se retira dans son appartement, après avoir souhaité une bonne nuit à la dauphine.

A minuit moins un quart, Marie-Antoinette,

madame de Langeac, M. le comte d'Artois et moi, perdus dans les plis redoublés d'amples manteaux, suivis de loin par deux valets de pied dont la discrétion était connue, nous sortîmes du château, par une petite porte ouvrant sur la terrasse; puis nous gagnâmes une grille du parc, ordinairement fermée et près de laquelle on ne posait point de sentinelles. Je m'en étais procuré la clef, et, selon les instructions précises que j'avais données dans les écuries, une voiture légère, sans lanternes, nous attendait à dix pas de cette grille. La dauphine, la marquise et le jeune prince y montèrent lestement; je me hissai près du cocher; les deux valets sautèrent derrière lecarrosse; nous brulâmes le pavé.

En moins de trente-cinq minutes nous franchîmes les cinq lieues qui séparent Versailles de Paris; nous descendîmes dans la cour des Tuileries au pied du pavillon de Flore. Un vieux concierge nous reçut sur le perron, et nous éclaira, du gros flambeau de cire blanche qu'il tenait, le long d'un vaste escalier froid et désert... On frissonnait en traversant cette longue file d'appartements qui n'avaient pas été habités depuis la minorité du roi régnant... Tout y était dans un délabrement qui ne rappelait guère les splendeurs d'une demeure royale; les pas retentissaient tristement à travers cette morne solitude. « Voilà, me dit tout bas madame de Langeac, le plus étrange préambule d'un bal masqué.»

Enfin, nous arrivâmes aux deux appartements contigus, trop contigus même, qu'on avait préparés pour recevoir leurs Altesses. Là c'était un autre aspect : des lumières à profusion, un ameublement improvisé, mais disposé avec goût, et le feu le plus vif pétillant dans l'âtre. Mademoiselle Rose Bertin, prêtresse de ce petit temple de Momus, nous attendait avec deux de ses aides, jolies comme elle, en achevant de coudre au déguisement de la dauphine ce qu'il faut toujours coudre, jusqu'au dernier moment, dans la parure des femmes...

Jamais le temps ne se montre plus diligent que lorsqu'il s'écoule au profit du plaisir : une heure sonnait au pavillon de l'horloge, et la toilette de Marie-Antoinette ne faisait que commencer ; à une heure et demie elle n'était pas terminée. Il avait fallu refaire, à deux ou trois reprises, le fameux costume suisse... La princesse, alors tout à-fait formée, avait exigé que l'on baissât le corsage helvétien enjolivé de dentelles d'argent ; mademoiselle Bertin l'ayant tenu beaucoup trop haut. Puis la jupe, avec une jambe comme celle de Son Altesse royale, ne devait pas être aussi longue; on la rogna, et tout cela ne laissa pas d'entraîner des lenteurs.

Cependant M. le comte d'Artois, que j'avais aidé à se déguiser, était prêt depuis longtemps; il frappait à coups redoublés à la porte qui communiquait d'un appartement dans l'autre, afin de se produire aux yeux de la dauphine, sous le costume dont il nous voilait depuis deux jours l'ingénieuse combinaison. Lasse du vacarme que faisait Son Altesse royale pour être introduit, Marie-Antoinette ordonna qu'on ouvrît au prince, qui parut devant ces dames en robe de Capucin.

« Voilà pour l'entrée, dit Son Altesse royale; maintenant changement de décoration à vue. »

Puis, ayant dénoué le cordon de saint François qui lui ceignait la taille, le prince laissa tomber sa robe et découvrit un gentil arlequin, bien leste, bien souple dans ses mouvements; batte au côté; ceinture de cuir dessinant une taille fine et cambrée; habit couvert de paillettes...

« C'est charmant, dit la dauphine un peu émue; ce costume vous sied à merveille. Et le mien, comment le trouvez-vous, mon frère?

— Délicieux, madame... Ah! qui ne voudrait être paysan suisse pour déposer son hommage aux pieds d'une aussi adorable Helvétienne.

— Taisez-vous, monsieur l'arlequin, répondit Marie-Antoinette d'un ton badin; vos pareils passent pour être mauvais plaisants...

— Belle montagnarde, on vous répétera le même discours sous tous les costumes du monde.

— Folie de carnaval, monseigneur. Allons, madame de Langeac, partons. »

Cette dame, avec son habit de Bohémienne, était bien la plus jolie, la plus piquante des créatures.... On ne regrettait qu'une chose en voyant tout cet ensemble de séductions : c'était qu'elle fût obligée de mettre un masque sur le visage mutin qui s'harmoniait si bien avec l'habit qu'elle avait choisi.... A tout prendre, madame de Langeac était mieux déguisée que la princesse : Marie-Antoinette avait trop de noblesse, trop de grandeur dans la démarche pour représenter au naturel une humble laitière de Lausanne ou de Vevai; et l'on devinait sans peine, en voyant le pied de Son Altesse royale, qu'il foulait plus souvent les tapis d'Aubusson que le sol rocailleux des montagnes. J'avais fait cette réflexion au premier moment où j'avais vu madame la dauphine, lorsque j'étais entré dans son appartement avec M. le comte d'Artois; et dès ce moment je me fis l'idée d'un danger attaché à la partie dont j'étais, moi chétif, le principal promoteur. Mais il n'y avait plus à reculer ; nous partîmes, la dauphine, le prince et la marquise, dans une jolie voiture de remise, derrière laquelle montèrent les deux valets de pied, en livrée russe ; mademoiselle Bertin et moi, dans un carrosse de place. La marchande de modes de Son Altesse royale, pressée par elle de la suivre au bal, avait pris un joli domino bleu ; le mien, ainsi que je l'ai dit ailleurs, était noir : ces deux couleurs n'allaient pas mal ensemble. Je ne sais si madame de Langeac crut s'apercevoir, durant le trajet des Tuileries à la maison de Dauberval, qu'un autre genre d'harmonie régnait entre mademoiselle Rose et moi ; mais au moment où nous descendîmes de voiture, notre malicieuse Bohémienne me pinça cruellement la cuisse à travers mon domino.... J'eus le courage de ne pas crier, par respect pour Leurs Altesses royales ; je jugeai néanmoins que je n'étais pas quitte des velléités jalouses de la marquise, lorsqu'en montant l'escalier, elle me dit à l'oreille, d'un accent fort animé :

« J'aime assez les intrigues du bal masqué, mais pas en qualité de témoin. »

Selon les conventions entendues avec Dauberval, je frappai trois petits coups dans la main en entrant dans les salons, qui déjà étaient remplis des plus élégantes mascarades.... Or,

rien ne pouvait être plus maladroit que la prétendue précaution que j'avais voulu prendre
ainsi : le danseur, homme peu discret de sa
nature, quoiqu'il affectât toujours un petit air
mystérieux, qui semblait voiler les plus importants secrets d'Etat, n'avait pu révéler les noms
des trois masques anonymes qui lui étaient an-
noncés ; mais ses demi-mots, ses petits sourires
pertinents, ses *vous verrez, vous verrez*.... avaient
excité la curiosité de l'assemblée plus qu'une
confidence entière n'eût pu le faire, peut-être....
Le signal convenu, également divulgué par Dauberval, fut immédiatement suivi d'un *les voilà,
les voilà* presque général ; et dès ce moment notre
petit groupe fut examiné, étudié dans ses allures et intrigué de toutes parts.

La dauphine et le prince étaient enchantés :
jamais ils n'avaient éprouvé, disaient-ils, un
plaisir aussi vif. Le domino et la robe de Capucin déguisaient bien Leurs Altesses ; mais il se
trouva dans l'assemblée plusieurs masques qui
connaissaient les gestes, les manières, j'ai presque dit les mouvements de la marquise de
Langeac : cette petite femme-là était si répan-
due ! Bref ! deux ou trois personnes se la nom-
mèrent à l'oreille. Un magicien, qui avait entendu
articuler son nom, s'attacha alors à ses pas, la
reconnut décidément, et se trouva sur la voie

pour découvrir quels étaient les autres personnages.

Enfin, Marie-Antoinette et son beau-frère, pressés de jouir de leur second déguisement, et ne se doutant pas le moins du monde qu'on soupçonnât leur présence chez Dauberval, firent tomber, dans un cabinet sombre, voisin du salon, la dauphine son domino gris-perle, le comte d'Artois son froc de Franciscain, et se lancèrent de nouveau à travers la foule.

Tout aussitôt le magicien se prit à suivre la princesse, tandis que l'arlequin, à qui une charmante odalisque avait dit : « Je te connais, beau masque, » fut pris à partie par cette sectatrice de Mahomet qui, fatiguée, disait-elle, du tumulte des salons, proposa à notre Carlin amateur d'aller continuer la conversation dans une espèce de boudoir, où nos deux interlocuteurs masqués s'assirent sur un canapé. Je ne vous dirai pas précisément pourquoi cette pièce se trouvait fort mal éclairée ; mais enfin il en était ainsi.

« Mon joli petit arlequin, dit l'odalisque dès que Son Altesse fut assise à ses côtés, quand je vous ai dit que je vous connaissais, je n'ai pas menti du tout, et vous allez en être persuadé : vous avez, bel amour, un signe fort remarquable sur le haut de la cuisse gauche, à trois travers de doigt de l'aine.

: — Ah! ah! belle nymphe du paradis de Mahomet, est-ce que le pacha à deux ou trois queues dont vous habitez le harem y entretient des sorcières?

— Apparemment, beau masque, car je vous dirai encore un petit secret, que mon art m'a révélé... »

A ces mots, l'odalisque se baissa à l'oreille du prince; puis elle reprit tout haut :

« Oh! mon Dieu, oui, deux mois, pas davantage; et depuis lors, mon cher petit arlequin, vous n'avez pas mis le temps à profit..... Vous aviez cependant reçu de bonnes instructions, et la grande maîtresse dont vous êtes l'élève n'épargnait pas les redites; mais vous ne répondiez pas à la ferveur de son enseignement...

— Vous êtes mademoiselle Duthé?...

— Oui, prince..... et si votre éducation n'est pas achevée.....

— Chut! gardez-vous de me nommer: je suis ici dans un incognito....

— Que tout le monde connaît.

— Est-ce que l'on saurait que la paysanne suisse...

— Est madame la dauphine?... personne ici n'ignore cela... La marquise de Langeac, qu'on appelle le petit amoureux de...

— Taisez-vous, Duthé, interrompit le comte d'Artois...

— Je vous dirai donc tout simplement que madame de Langeac avait fait reconnaître Son Altesse royale avant qu'elle eût quitté son domino, et quand elle a paru sous le costume helvétien, tout le monde a été fixé. Alors certain grand magicien a entrepris madame la dauphine..... Prenez bien garde à ce magicien, mon prince, je le connais : il est terriblement hardi.

— Que me dites-vous là, mademoiselle?... Mais la marquise est avec Son Altesse royale.

— La marquise! belle garantie : elle vient d'entraîner le coiffeur Léonard dans un boudoir voisin, pour lui faire une querelle, à ce qu'elle disait... Mais écoutons, je les entends, je crois, dans la pièce voisine, qui n'est séparée de celle-ci que par une mince cloison de sapin... Écoutons, prince, cela sera curieux, peut-être...

« Voilà qui est décidé, je vous déclare que je ferai chasser mademoiselle Rose de la cour de madame la dauphine.

— Je vous assure, madame la marquise, répondit l'interlocuteur, qui était bien effectivement moi, que vos soupçons calomnient une personne sage...

—A d'autres, monsieur! les résultats accusent les causes... Vous êtes un ingrat.

— Nullement, madame, et ma reconnaissance....

—Est fort mal à propos fantasque, monsieur.»

— Mais la dauphine! la dauphine!» s'écria tout à coup le comte d'Artois... Et se levant avec précipitation, il rentra dans le bal et chercha avec inquiétude sa belle-sœur, en demandant aux masques ce qu'était devenue la belle paysanne suisse.

—Un grand magicien l'intriguait fort tout à l'heure, répondit-on; ils ont disparu.

—Disparu!» répéta le prince d'un accent trop puissant pour qu'il ne s'y mêlât pas un peu de passion. Et Son Altesse royale se précipita dans la direction où le grand magicien avait emmené la paysanne helvétienne...

Voici ce que la marquise de Langeac me raconta plus tard d'un petit drame dont je ne connaissais que le dénoûment. Le magicien était un homme aimable, vif et même un peu libre en propos; la dauphine, il faut bien le dire, aimait assez ce genre quand elle ne croyait pas être connue : elle s'amusa beaucoup d'abord, et rit avec plus d'abandon que de prudence des joyeusetés du prétendu sorcier, qui, sans qu'elle s'en aperçût, l'emmena dans des régions où l'art de l'ordonnateur avait ménagé une dégradation de lumière aussi bien entendue que perfide.

Après un crescendo de galanteries, dans lequel le magicien avait hasardé beaucoup, il ajouta dans la langue du Pinde :

> Dans ton jardin, adorable étrangère,
> Si le pommier ou le poirier touffu
> Laisse effeuiller sa fleur trop passagère,
> Sans qu'à sa suite aucun fruit ait paru,
> Il faut changer la main qui le cultive,
> Et faire choix d'un meilleur ouvrier....
> Si mon conseil jusqu'à ton cœur arrive,
> Ah ! dès ce soir, prends-moi pour jardinier.

La vérité de l'allégorie était claire, la plaisanterie un peu forte, et Son Altesse royale reconnut que le magicien savait fort bien à qui il s'adressait. Quelle fut donc la terreur de notre prétendue paysanne, lorsqu'elle s'aperçut qu'elle se trouvait avec cet inconnu audacieux dans la partie la plus sombre des appartements retirés, et que là cet homme, enlaçant sa taille souple de ses bras, osait aborder une déclaration d'amour des plus véhémentes.... Je ne sais en vérité ce qui allait advenir, si je ne fusse arrivé sur les lieux avec la plus opportune précision. Echappé à l'investigation minutieuse de ma bohémienne, j'avais rencontré M. le comte d'Artois, qui, fort inquiet de sa belle-sœur, m'avait fait part de son anxiété; et nous nous étions mis sur-le-champ à la recherche de Son Altesse royale.... J'arrivai le premier dans cette partie reculée des appartements; mais à peine allais-je interpeller, avec toute la vivacité qui m'était naturelle, l'insolent aventurier, que je vis sortir deux grands dominos noirs de derrière un rideau de croisée, et produire un double gourdin de la plus effrayante dimension. Cependant, beaucoup plus leste et plus courageux que ces masques assommeurs, je m'emparai du bâton de l'un d'eux, et j'eus bon marché de l'un et de l'autre.... Après avoir bâtonné rudement ces deux hommes, je revins sur celui dont ils avaient mission de protéger l'horrible entreprise.... Il parvint à sauter par une fenêtre de rez-de-chaussée, mais non pas sans avoir éprouvé deux ou trois fois la pesanteur d'un bâton noueux, mu par un bras de vingt-cinq ans...

L'aventure ne fut point ébruitée : personne n'était intéressé à la divulguer; mais comme tout perce à la longue, je fus presque assuré plus tard que, dans mon expédition de la chambre noire, j'avais vengé mademoiselle Rose Bertin des injurieuses poursuites dont elle avait été l'objet quelques années auparavant... Jamais je n'obtins la protection de M. le duc de Chartres;

et lorsqu'il fut devenu le chef de **sa famille**, il n'imita point à mon égard la clémence du duc d'Orléans couronné roi de France, sous le nom de Louis XII.

Quand nous rentrâmes au château par la grille du parc, l'aurore cependant tardive de février commençait à poindre : une heure plus tard, le retour secret eût été impossible... On n'avait compté que sur les plaisirs ordinaires d'un bal masqué, et notre excursion s'était compliquée d'aventures : cela devait prendre plus de temps [1].

La dauphine, en se faisant déshabiller par madame de Langeac, pour ne pas donner à ses femmes de chambre le secret de notre escapade, jura qu'on ne la reprendrait plus au bal masqué incognito. Cette princesse n'a pas tenu ce serment, ainsi que j'aurai plus d'une occasion de le prouver.

---

[1] Cette aventure singulière, historique dans toutes ses parties, a été confirmée par plusieurs personnages de la cour, qui l'avaient apprise dans le temps.

(Note de l'Auteur.)

CHAPITRE IX.

C'est tout comme chez nous. — Apparition de mademoiselle Raucourt.—Singulier billet de faire part.—Epître
aux comètes.—Pâtés poétiques à la comète.— Madame
Du Barry chez M. de Sartines. — Le livre mystérieux.—
Les sermons de l'abbé de Beauvais et le roi Salomon.

Madame la dauphine, sachant que tout parvient à se découvrir à la cour, craignait beaucoup
que l'aventure qui lui était arrivée chez Dau-

berval, par suite d'une curieuse imprudence, ne s'ébruitât, et que le dauphin ne l'apprît. Mais alors le chancelier Maupeou donnait un spectacle exclusif à toute la France, en faisant table rase de la magistrature : les parlements de Besançon, de Douai, de Toulouse, de Bordeaux, de Rouen, d'Aix, de Metz, de Dijon, de Lyon, de Grenoble, tombaient après celui de Paris, au bruit des murmures, des blasphèmes, des chants critiques et des épigrammes spirituelles que ce coup d'Etat audacieux excitait. La reconstruction de l'édifice parlementaire ne produisait pas moins de scandale que sa destruction, et l'investiture des nouveaux magistrats égalait en ridicule le renvoi des anciens.

Les affaires du moment inspirèrent à je ne sais quel pamphlétaire l'idée d'une brochure qu'il intitula : *C'est tout comme chez nous.* Je portai cet écrit un matin à la dauphine, parce qu'il était joyeux et fort mordant sur le compte du chancelier, que Son Altesse royale n'aimait point. Marie-Antoinette avait beaucoup ri de ce *factum*, lorsque la comédie italienne annonça une pièce intitulée : *Arlequin voleur, prévôt et juge* ; la princesse voulut voir cette comédie avec l'espoir de rire davantage aux dépens du grand croque-mitaine des parlements, comme elle appelait Maupeou. Soit prévention, soit fidélité

de la parodie, Son Altesse royale répéta plusieurs
fois pendant le spectacle : *C'est tout comme chez
nous...* Le lendemain, elle vit au Théâtre-Français la tragédie des *Druides*, dans laquelle un
roi bonnasse se trouve dupe de sa crédulité
envers les prêtres, et laisse propager, sous son
nom, le fanatisme avec tous les maux qu'il entraîne ; et madame la dauphine de répéter :
C'est tout comme chez nous... Enfin, peu de jours
après ces deux représentations, Marie-Antoinette jouant au vingt-et-un avec Louis XV, et
ayant assez souvent ce point, en même temps
que Sa Majesté, s'écria plusieurs fois en riant :
Sire, c'est tout comme chez nous.

Or, depuis deux ou trois jours le roi entendait sans cesse redire à son oreille ce quolibet
qui, pour lui, n'était qu'une énigme ; Sa Majesté voulut en savoir le mot : la dauphine se
chargea de le lui donner, en apportant à ce
monarque la brochure nouvelle. Il s'en amusa
tout autant qu'elle, quoique le fond du sujet
ne fût pas précisément propre à amuser Sa
Majesté qui, sous le voile de l'allégorie, y était
passablement critiquée.

Louis XV dut trouver infiniment moins plaisant un livre arrivé d'Angleterre vers la fin de
l'année 1772, et qui traitait avec une vigueur
remarquable de l'atteinte portée à la *liberté* et

des efforts du *patriotisme* pour maintenir l'ancien gouvernement de la France. L'auteur qualifiait les sujets du roi de *citoyens*; il leur parlait des *droits de la nation*, d'une noble résistance aux entreprises de *la tyrannie*, et finissait par rappeler aux Français que, d'après les lois fondamentales de la monarchie, nos souverains tenaient d'elle toute leur puissance... En rentrant chez moi, je trouvai Frémont, et je m'écriai avec une gravité qui, m'a-t-il dit depuis, lui parut bien comique : « Mon ami, achevons vite notre fortune; quand les peuples commencent à prêter l'oreille aux gens qui leur parlent de liberté et de patriotisme, les cours font bien de commencer leurs paquets...» Je n'ai jamais perdu le souvenir de ce jet prophétique de mon imagination ; malheureusement je ne fus prophète qu'un instant, et durant les seize années suivantes je fus trop exclusivement coiffeur.

Au commencement de l'année 1773, une nouvelle actrice, mademoiselle Raucourt, produisait une vive sensation au Théâtre-Français, où elle venait de débuter. La marquise de Langeac, qui avait assisté à l'un de ses débuts, en fit le plus pompeux éloge à la dauphine, et lui parla de cette jeune tragédienne comme d'une femme superbe. Son Altesse royale désira la voir dans le rôle de *Didon*, qu'elle devait jouer prochainement. Marie-Antoinette revint de Paris enchantée des grâces, de la beauté et des dispositions de la débutante; Son Altesse royale ne cessa d'en parler durant plusieurs jours; enfin elle m'ordonna d'amener à Versailles et de lui présenter mademoiselle Raucourt.... Je ne sais comment exprimer l'impression que la réception de cette actrice par Marie-Antoinette a laissée dans ma mémoire; je crains de m'être mépris sur l'extrême vivacité des regards de la princesse, sur les compliments qu'elle adressa à mademoiselle Raucourt, sur l'avis qu'elle lui donna que la troupe du Théâtre-Français allait recevoir l'ordre de venir jouer souvent à Versailles. L'aimable débutante se retira après une heure au moins d'audience, emportant cinquante louis que madame la dauphine lui avait fait remettre par l'abbé de Vermont...

Le lendemain, madame de Langeac ne se présenta point au lever de la princesse; elle avait eu des attaques de nerfs dans la nuit, et lorsqu'elle parut le soir au cercle de Son Altesse royale, on put s'apercevoir qu'elle avait beaucoup pleuré. Je ne suppose rien, je n'ajoute rien à la vérité; je dis ce que je vis alors, et je me dispense de répéter ce que l'on disait des avances que la dauphine faisait à mademoiselle Raucourt. Vous concevez cependant que ces

dires-là ne se répétaient que dans les embra-
sures de croisées; mais voici une anecdote que
l'on débita hautement à la même époque.

Madame de Mazarin, née d'Aumont, ne s'était
point restreinte à la vétérance purement honorifique que le roi lui avait décernée après quelques mois d'admission dans la partie secrète
des petits appartements : renommée par son
goût pour le plaisir et la galanterie, la duchesse
ne manqua point d'adorateurs; elle écouta même
simultanément les soupirs de M. de Montazet,
archevêque de Lyon, et de M. Radix de Sainte-
Foix, trésorier de la marine : rien n'était plus
ordinaire alors que cette duplicité d'intrigue. On
voyait même beaucoup mieux que cela, et les
femmes de la cour qui n'avaient que deux
amants passaient pour être chastes. Or, il advint
que l'ex-privilégiée des Trianons et de Choisy
donna le jour à une charmante petite fille... Le
manteau de l'hymen était là : cette belle enfant
se nomma mademoiselle de Mazarin. Lorsqu'elle
eut quinze ou seize ans, on parla de la marier,
et comme elle portait un beau nom et devait
apporter une riche dot, il se présenta bientôt
un mari. A cette occasion, un plaisant anonyme
fit parvenir circulairement un billet ainsi conçu :

« M. l'archevêque de Lyon et M. Radix de
» Sainte-Foix ont l'honneur de vous faire part

» du mariage de mademoiselle d'Aumont, leur
» fille, avec M. le duc d'Aiguillon fils, fi, fi, fi. »

Toute la noblesse reçut cet écrit dénonciateur, et vous pouvez juger des quolibets. On soupçonna quelque ancien amant délaissé de la mère; mais lequel? les présomptions ne pouvaient que s'égarer à travers une immense liste.

La crise des parlements, c'est-à-dire le renvoi définitif des anciens magistrats et la nomination d'une magistrature du choix de M. le chancelier, noyait donc son scandale dans le bruit des débuts de mademoiselle Raucourt, et dans le retentissement de quelques aventures galantes. Mais tout à coup la jeune actrice traita de sa virginité, qui avait résisté fort honorablement, pour une vertu aux appointements de dix-huit cents livres, et, chose assez rare, la chronique scandaleuse manqua l'espace de quinze jours. Alors l'attention publique se replia sur les parlements; on en disséqua, déchiqueta, chansonna le nouveau personnel...

Heureusement une comète vint au secours de Maupeou; et de peur qu'elle ne produisît pas une diversion assez puissante, malgré les sinistres prédictions qu'elle avait inspirées à l'astronome Lalande, madame Du Barry fit prier Dorat de composer une épître *aux comètes* pour corroborer la vogue de celle qui brillait au ciel. Le poëte obéit; mais sa réussite ne fut pas complète, et les discoureurs allaient revenir à ces pauvres parlements... C'est moi... moi, Léonard, qui parvins à obtenir la diversion tant recherchée... Un matin, en m'éveillant, je me dis : Pourquoi n'imaginerais-je pas une *coiffure à la comète ?* Ce n'était là qu'un mot sous lequel ne résidait pas l'ombre d'une bonne idée; pourtant j'osai en parler à madame la dauphine; Son Altesse royale m'ordonna de faire sur-le-champ l'essai de l'invention que j'avais en vue. Je lui représentai que ce n'était qu'un projet vague et qui demandait à être étudié sur une tête moins illustre que la sienne; Marie-Antoinette insista; je ne pus refuser de lui obéir, et je m'évertuai à saisir une inspiration qui eût le sens commun. Je puis affirmer aujourd'hui que je n'y réussis pas; mais la frisure de Son Altesse royale, mélange confus où s'enchevêtraient les boucles de cheveux et les rubans couleur de feu, produisit un effet étrange qui plut à la princesse... Elle parut le soir au spectacle du château avec ce je ne sais quoi bizarre, que personne assurément n'eût reconnu pour une imitation de la comète, si je n'eusse eu le soin de faire circuler dans la salle, par des bouches officieuses, l'acte de baptème de mon œuvre. « C'est une coiffure à la comète, se disait-on de loge en loge... Que ce Léonard **a de talent !** Ne dirait-on pas qu'il a étudié huit jours à l'Observatoire le phénomène qui nous luit ? C'est d'une exactitude scrupuleuse... » Et Dieu sait que je n'avais pas même examiné à l'œil nu la comète de 1773... Si Lalande eût entendu mes panégyristes, comme il eût ri d'eux, de moi, et peut-être de lui.

Ma coiffure à la comète obtint une vogue prodigieuse ; pas une tête de femme parisienne qui fût restée saine, si, un peu plus tôt ou un peu plus tard, elle n'eût été couronnée d'une comète... Les coiffeurs, mes émules, furent tellement assaillis, pendant près d'un mois, d'aspirantes à la frisure astronomique, qu'ils n'y pouvaient suffire. Ils augmentèrent leurs prix d'une manière scandaleuse, sans pouvoir rebuter l'ardente convoitise des dames ou des demoiselles les moins favorisées de la fortune. Telle pauvre petite ouvrière qui réunissait, à la fin de sa semaine, deux écus de six livres, en dépensait un le dimanche pour montrer au Vauxhall une coiffure à la comète ; que dis-je ? combien de chastetés, qui s'étaient roidies contre les offres d'un entreteneur généreux, ne purent résister à l'attrait invincible d'une coiffure à la comète ! en France, il n'y avait point alors de principes à l'épreuve des modes nouvelles.

Celle-ci passa bientôt dans le commerce, dans

les arts, dans la cuisine : on vit des étoffes, des rubans, des éventails, des équipages, des bijoux à la comète ; les confiseurs traduisirent la comète en conserves et en gelées ; les pâtissiers la moulèrent en pâtés...

A ce point d'engouement, il vint une heureuse idée à un négociant de Paris, qui jusqu'à ce moment n'avait pas entendu résonner délicieusement à son oreille le mot de comète : c'était le libraire éditeur des *Comètes* de Dorat... Il avait compté sur un succès d'enlèvement qui ne s'était point réalisé, et trois mille exemplaires restaient dans son magasin... L'infortuné spéculateur songeait à l'écoulement *in extremis* des compositions littéraires délaissées : il allait empaqueter l'épître pour la faire transporter chez l'épicier... lorsque, se souvenant soudain des pâtés à la comète, il s'avisa de la possibilité d'une ressource fructueuse pour lui, peut-être, en même temps que glorieuse pour le poëte : Car, se dit-il en logicien positif, que l'épître se vende par les mains du pâtissier au lieu de s'écouler par celles du libraire, qu'importe, pourvu qu'elle se répande.

Le libraire ingénieux vit plusieurs pâtissiers renommés qui se prêtèrent volontiers à la transaction qu'il leur proposa ; les fameux pâtés furent augmentés de dix sous, et leur nom, combiné

par deux intérêts, fut désormais *pâtés poétiques
à la comète*.... Dans l'espace de six semaines,
l'épître de Dorat fut vendue à six mille exemplaires.... Les plaisants de l'époque dirent que
l'auteur des *Comètes* avait obtenu un succès
de *pâte ferme*. Par malheur, la tragédie de
Régulus, que fit jouer Dorat dans cette même
année, n'eut qu'un succès extrêmement con-
testé : l'on trouva que l'action en était vague,
faiblement tissue, la versification incorrecte
et molle.... On prétendit que le héros romain
ne se soutiendrait pas à la scène, et que son
auteur, cette fois encore, ne pouvait aspirer qu'à
un succès de pâtissier.

Il faut pourtant avouer que le jour même où
l'on joua *Régulus*, Dorat racheta avec éclat son
échec par le succès de *la Feinte par amour*. Mais
le public ne s'arrêta pas à la compensation, et
sortit du théâtre en disant : « Dorat n'a fait là
qu'une double feinte. »

Les pâtés poétiques égayaient singulièrement
Louis XV et sa favorite, lorsque deux épisodes
du même temps les émurent d'une tout autre
manière. Un libraire de Strasbourg, spéculant sur
cet amour du scandale qui, par malheur, était le
goût dominant de l'époque, publia, dans le mois
de mai 1773, une histoire secrète des amours
du roi et de madame Du Barry, avec une suite de

gravures représentant les détails les plus crû-
ment pittoresques de ce commerce intime. Mais
ce qui, surtout, rendait cette publication déses-
pérante, c'est que le roi et la comtesse, dans
toutes les situations où il avait plu au peintre
de les représenter, étaient d'une ressemblance
frappante.

Madame Du Barry, prévenue assez promptement que ce livre venait d'être mis en vente,
courut chez M. de Sartines pour en arrêter, s'il
était possible, le débit. Vous ne serez point surpris que je vous dise comment la favorite
aborda, auprès du magistrat de police, une
question si délicate ; j'ai raconté ailleurs l'origine des bontés toutes particulières que la comtesse avait pour moi, et sa confiance en était une
conséquence naturelle.

« J'avoue que je n'abordai pas sans embarras
M. de Sartines, me disait-elle le lendemain de
cette visite.... Le sujet graveleux dont je venais
l'entretenir, les explications minutieuses que
vous demandent toujours les gens de police, et
le regard perçant de cet homme rendaient ma
position perplexe, malgré les attentions charmantes dont il m'accablait.

« Voici, madame la comtesse, me dit-il en
me baisant la main, un de ces moments, trop
rares, que j'appelle chaque matin de tous

mes vœux.... Je vois qu'il m'est permis enfin de vous rendre aujourd'hui quelque léger service.

— Oui, monsieur, à moi, mais surtout à Sa Majesté, dont la gloire est essentiellement intéressée à ce qu'un livre affreux qui vient de paraître, disparaisse sans le moindre retard de la circulation.

— J'espère, madame la comtesse, qu'au moment où je vous parle il est déjà saisi partout... Car, ajouta M. le lieutenant de police, en prenant un volume sur son bureau, je présume que vous voulez parler de ce livre; » puis approchant son fauteuil du mien, M. de Sartines poursuivit : « Vous ne connaissez peut-être pas, madame, ce livre affreux ?....

— Vraiment non, monsieur, répondis-je à travers les tiges de mon éventail, dont je grillais en ce moment ma figure, rouge jusqu'aux oreilles.

— Veuillez, madame la comtesse, excuser l'extrême liberté que je vais prendre de feuilleter avec vous ce pamphlet licencieux ; mais il ne suffit pas de le saisir : semblable aux têtes de l'hydre, plus nous en enlèverons d'exemplaires, plus il en renaîtra : les livres mis à l'index sortent de dessous terre. Lorsque nous aurons parcouru ensemble celui-ci, je me chargerai de faire parvenir à Londres la réfutation des raits les plus hardis, et l'auteur des *Mémoires secrets*, qui est à nous, insérera tout ce que je voudrai.

« — C'est une bonne idée ; mais les estampes....

« — Les estampes n'offrent rien à réfuter ; ce qu'elles représentent est de l'histoire générale....

« — Vous ne songez donc pas à la ressemblance ?

« — Pardon, madame la comtesse, et je m'en afflige d'autant plus qu'elle ne s'arrête pas aux traits du visage..... le malin dessinateur paraît avoir deviné, je ne sais comment, des particularités on ne peut mieux cachées par les amours. »

» Et tout en feuilletant, me disait madame Du Barry, le traître Sartines me montrait en effet des *particularités* d'une inimaginable fidélité.

« Je vous prie pourtant de croire, monsieur, répondis-je d'un ton piqué, que je n'ai pas posé pour le peintre qui s'est avisé de toutes ces horreurs.

« — Je le crois sans peine, madame : un tel bonheur, que les anges envieraient, n'a pu être le partage des diables. »

» Et je sentis mon genou fortement pressé par celui du lieutenant de police ; je ne parus point m'en apercevoir, parce que ce n'était pas le moment de me fâcher contre M. de Sartines, à qui j'avais un dernier service à demander.

« Il est nécessaire, repris-je en me grillant de nouveau le visage avec mon éventail, que je mette ce livre horrible sous les yeux du roi.

—Nécessaire pourquoi? me demanda Sartines avec une candeur que je n'aurais pas soupçonnée dans un lieutenant de police.

— Le roi s'inquiète facilement, continuai-je avec quelque embarras; Sa Majesté porterait à l'extrême les craintes que ceci lui inspirerait : il vaut mieux qu'en lui découvrant la vérité telle qu'elle est, nous l'empêchions de l'outrer dans ses suppositions. » M. de Sartines me regarda d'un air qui signifiait : « Madame la comtesse essaie de me faire prendre le change. »

» C'était bien ce que je voulais faire, » poursuivit madame Du Barry en baissant la voix... Puis, après une courte interruption, elle continua : « Pour vous, Léonard, je n'ai pas de secrets, et je vous dirai sans détour que le livre horrible était si drôle dans sa rédaction, si joli par ses affreuses estampes, que je me flatte d'en tirer parti...Vous m'entendez... votre perspicacité gasconne a déjà compris que le roi étant peu amusable maintenant, et mes ennemis devenant de plus en plus oseurs, je ne dois rien négliger pour soutenir mon crédit... J'emportai l'œuvre infàme du cabinet de M. de Sartines... cela ne me coûta qu'un baiser que je lui laissai prendre d'assez bonne grâce... Un baiser de police, c'est sans conséquence; et dans cette affaire, l'honnête magistrat m'a si bien servie, qu'il n'est pas parvenu à la cour un autre exemplaire que le mien. Je le montrai hier au roi, qui d'abord regarda ce volume d'un œil terne.

— C'est là ce fameux livre après lequel vous avez tant couru, mon ange?

— Oui, Sire, le voilà..... Voyez quelle insolence dans le titre seulement : *Histoire des amours de Louis XV et de Jeanne Vaubernier, comtesse Du Barry, pour faire suite au Portier des Chartreux...*

— Bah! c'est de l'histoire ancienne.

— Vous croyez, Sire; parcourons donc ensemble ce livre. »

» Nous le parcourûmes, et Louis XV s'amusa, comme un roi qu'il était, de certains détails qui, véritablement, sont d'une grande exactitude.

« En vérité, dit le roi à travers l'essoufflement que lui causait son rire prolongé, je crois qu'il se trouve à Versailles des gens qui renouvellent quelquefois la scène du comte de Lauzun, tapi sous la couchette de madame de Montespan. »

» Et la bonne humeur du roi ayant augmenté dans une proportion inattendue, Sa Majesté me dit en riant.... un peu plus tard :

« Et c'est ainsi qu'à l'histoire ancienne on peut ajouter plusieurs chapitres modernes.

— Oui, Sire, répondis-je, plusieurs chapitres en s'y prenant à des jours différents. »

La seconde anecdote qui doit trouver ici sa place est d'un caractère opposé ; je la tiens aussi de madame Du Barry.

L'abbé de Beauvais sollicitait depuis long-temps un évêché ; mais les siéges sont des conquêtes assez heureuses pour qu'il y ait beaucoup de concurrents à leur poursuite. On conseilla au postulant, qui s'était fait une réputation comme orateur sacré, d'obtenir l'agrément du roi pour venir prêcher à Versailles à l'approche de Pâques ; ce qui lui fut accordé.

Les premiers sermons de l'abbé de Beauvais, animés, chaleureux, un peu dramatiques, firent plaisir au roi ; et, comme on le pense bien, les courtisans, qui n'avaient pas vu bâiller Sa Majesté pendant la durée de ces sermons, complimentèrent le prédicateur..... Celui-ci, charmé d'un début qui lui avait mérité des éloges, se mit en tête d'en mériter de nouveaux, en mêlant un peu d'austérité à ses homélies. Les premiers traits de censure apostolique, enveloppés

de généralités propres à émousser la pointe, furent écoutés par le roi avec accompagnement
de ces petits sourires qui signifient : « Je reçois la
leçon et je tâcherai d'en profiter. Mais il arriva
qu'un jour, jour néfaste pour la perspective
épiscopale de l'abbé de Beauvais, il amena,
dans son deuxième point, par une circonlocu-
tion laborieuse, le roi Salomon, et s'étendit sur
la vie licencieuse de ce prince. L'allégorie était
déjà fort transparente ; elle devint tout à fait
diaphane quand l'orateur ajouta : « Enfin, ce
» monarque, rassasié de voluptés, las d'avoir
» épuisé, pour réveiller ses sens flétris, tous les
» genres de plaisir qui entourent le trône, finit
» par en chercher d'une espèce nouvelle dans
» les vils restes de la licence publique. »

Madame Du Barry allait peu au sermon ; mais
sans y être, elle y avait des oreilles : elle sut le
soir même la virulente sortie que l'abbé de
Beauvais avait faite, et jura qu'il ne serait pas
évêque.

M. de Jarente tenait encore la feuille des
bénéfices, et entretenait en même temps mademoiselle Guimard ; ce fut à cette occasion que
quelqu'un ayant dit à Champcenets que cette
danseuse était devenue laide comme une maigre
chenille, il répondit : « Elle vit pourtant sur une
bonne feuille. » Or, l'abbé de Beauvais, au mo-

ment de quitter Versailles, voulut savoir où en était son évêché; il alla donc trouver le dépositaire des grâces ecclésiastiques, et lui demanda quel siége Sa Majesté lui désignait.

« Le siége de votre chaise de poste, sur lequel vous ferez bien de vous placer dès aujourd'hui, car le roi n'est pas content de vous, et vous pouvez regarder votre évêché comme perdu.

— Votre Grandeur me surprend plus encore qu'elle ne m'afflige, répondit le pauvre abbé; qui donc peut m'avoir desservi auprès de Sa Majesté?

— Eh! parbleu, c'est le roi Salomon. Pourquoi, diable, ne laissiez-vous pas en paix ce potentat juif, mort depuis tantôt deux mille sept cent cinquante ans? que vous a-t-il fait pour l'apostropher dans vos sermons? Salomon était bel homme, madame Du Barry l'aime ce roi-là; elle s'est chargée de le venger, et pour apaiser ses mânes que vous avez irrités, elle leur a sacrifié votre mitre et votre crosse. Une autre fois, mon cher abbé, soyez moins irrévérencieux envers les souverains morts; vous voyez qu'ils trouvent des vengeurs parmi les vivants. » La leçon était chère; j'ignore si elle profita au prédicateur qui avait voulu atteindre Louis XV à travers la momie de Salomon.

CHAPITRE X.

L'abbé Terray voulant se faire cardinal. — Double épigramme. — Le livret de la dauphine. — Mariage du
comte d'Artois. — *Ismenor*. — Le pavillon de Luciennes.
— Vengeance d'une femme.

Dans le milieu de l'année 1773, il se répandit
une nouvelle qui prit le pas sur tous les ridicules, sur tous les scandales contemporains.
Le bruit courut que M. l'abbé Terray, se prévalant de la philosophie du pape Clément XIV,

élevait la prétention d'être pourvu de la pourpre romaine, en attendant mieux. On se rappela
à cette occasion l'épitaphe critique du cardinal
Mazarin :

> Ici gît le cardinal Jule,
> Qui pour se faire pape amassa force écus ;
> Il avait bien ferré sa mule,
> Mais il ne monta pas dessus.

Et l'on parodia ainsi ce quatrain :

> Ci-gît l'abbé Terray, d'une probité nulle,
> Qui pour devenir pape a volé nos écus ;
> Mais de la France il a tant déferré la mule,
> Qu'il n'a pas pu monter dessus.

Louis XV s'amusa quelque temps avec madame Du Barry de l'étrange ambition de son
contrôleur général ; on dit même que Sa Majesté eut l'intention d'envoyer à Clément XIV
la liste des maîtresses de l'abbé, comme pièce
à l'appui de la supplique qu'il avait adressée en
cour de Rome. Les faiseurs d'épigrammes supposant déjà cette démarche faite par Louis XV,
mirent la plume satirique à la main du saint
Père et lui firent répondre au postulant :

> *O Satanas ! vade retro !*
> Va conter ailleurs tes sornettes :
> Jamais tu n'auras le chapeau ;
> Il ne te faut que des cornettes.

A propos des deux épigrammes auxquelles les
prétentions de Terray donnèrent lieu, je dois
dire que madame la dauphine m'avait chargé
de recueillir toutes les bluettes du même genre,
et de les faire écrire, par une belle main, sur un
petit livre magnifiquement relié, qu'elle par-
courait de temps en temps avec madame de
Langeac; ce qui leur procurait quelques instants de bonne humeur, et souvent des émotions assez vives; car Son Altesse royale m'avait
recommandé de mettre à peu près tout sur
ce singulier recueil, et je puis affirmer que
les muses s'y enveloppaient d'une gaze fort
claire...

Lorsqu'il paraissait une épigramme, un ma-
drigal ou quelque autre pièce courte et piquante, je demandais à la princesse son livre,
et je faisais écrire dessus la nouveauté, dont
je gardais copie. Voilà pourquoi je puis semer
aujourd'hui mes mémoires de ces bagatelles
qui, certainement, ne fussent pas restées dans
ma mémoire, avec le souvenir des graves événements qui l'ont remplie depuis.

On voit que je tenais aussi à la cour une sorte
de feuille de bénéfices, et cette désignation ne
manque pas de justesse; car lorsque les vers
insérés sur le livre de la dauphine lui plaisaient,

j'étais chargé de donner aux auteurs, s'ils étaient connus, de légères gratifications, pour le plaisir qu'ils avaient procuré à Son Altesse royale. Heureusement M. de Jarente ne connut pas cette partie mystérieuse de mes attributions : Sa Grandeur en eût sans doute été jalouse, comme d'une prérogative détachée des siennes. Je me souviens à cet égard que l'on trouvait, sur la feuille des bénéfices, plusieurs annotations de la main de mademoiselle Guimard, que le vertueux prélat entretenait, comme nous l'avons dit, cumulativement avec M. le prince de Soubise et M. La Borde, premier valet de chambre du roi.

Marie-Antoinette m'avait ordonné de faire insérer quelques anecdoctes dans son almanach manuscrit, qu'on appellerait aujourd'hui un *album*, bien qu'il ne fût pas précisément de couleur virginale ; cette section conteuse fut ouverte au mois de juillet 1773, par le récit d'une vive discussion, ou plutôt d'une querelle survenue entre madame Du Barry et son beau-frère, *le comte Jean.* L'on doit présumer que ce différend fut provoqué par le refus que fit sans doute la favorite d'entretenir, au gré de cet intrépide dissipateur, le Pactole qui coulait du trésor royal pour faire tourner le moulin de ses insatiables passions. On m'assura, dans le temps, qu'aux mots piquants avaient succédé promptement les injures, et à celles-ci des voies de fait, qui eussent pu devenir sanglantes, si les gardes du corps, avertis par le bruit des fauteuils renversés et d'une glace de toilette brisée, n'avaient pris sur eux d'entrer chez la comtesse ; reconnaissant, à n'en pas douter, qu'il s'y engageait une lutte d'une tout autre nature que celles dont cet appartement était d'ordinaire le théâtre. Lorsque ces messieurs arrivèrent, la favorite gisait évanouie sur son canapé, et le comte Jean avait eu le temps de s'évader par une porte secrète.

Cette aventure n'était pas du nombre de celles qui finissent par des chansons ; pourtant ce fut par une malice de cette nature que le beau-frère crut devoir compléter une vengeance qu'il avait portée déjà passablement loin, ainsi que j'essaierai tout à l'heure de le faire comprendre. Deux jours après le combat, j'eus à joindre au récit que j'en avais fait consigner sur le livre de la dauphine, ces petits vers infiniment plus pittoresques que poétiques :

> Drôlesse !
> Où prends-tu donc ta fierté ?
> Princesse !
> D'où te vient ta dignité ?

Si jamais ton teint se fane ou se pèle,
          Au train
          De catin,
Le cri du public te rappelle,
          Drôlesse ! etc.

Lorsque tu vivais de la messe
Du moine ton père Guimard;
Quand la Ramson volait la graisse
Pour joindre à ton morceau de lard,
          Tu n'étais pas si fière
          Et n'en valais que mieux.
          Baisse ta tête altière,
          Au moins devant mes yeux...
Ecoute-moi, rentre en toi-même,
Pour éviter de plus grands maux,
Et permets au frère qui t'aime
De te conserver des sabots.
          Drôlesse, etc.

Lorsque la dauphine vit ces couplets, elle
me demanda, après en avoir ri aux larmes avec
madame de Langeac, s'ils n'avaient pas été mis
en musique. Je répondis à Son Altesse royale
que je ne le croyais pas, mais que la chanson
allait fort bien sur l'air de la *Rosière*.

« Ah ! la Rosière et madame Du Barry ! » s'é-
cria la marquise en éclatant de rire... Puis elle
ajouta : « Votre Altesse royale pourrait noter ces
paroles avec accompagnement de harpe.

— J'y songerai, » répondit la dauphine.

Je croyais que l'anecdote en resterait là, et ce n'était déjà pas mal ; j'étais loin surtout de me douter du genre de dénoûment que cette scène comi-tragique devait présenter, lorsque madame Du Barry me fit appeler un matin de très-bonne heure...

Et je vous dirai d'abord que depuis une bonne demi-heure je tourne ma plume entre mes doigts sans pouvoir aborder la narration on ne peut plus délicate que je veux, que je dois peut-être vous faire ; car il y a du métier dans le fait dont il s'agit, et si l'écrivain se tait, le coiffeur se trouvera en défaut. J'aborde donc cette redoute hérissée de scrupules et de difficultés...

Madame Du Barry était au lit quand elle me reçut ; son teint me parut plus rouge que de coutume, sa respiration plus laborieuse ; des larmes roulaient dans ses yeux ; lorsqu'elle me parla, son accent était rempli de douleur et de plainte.

«Madame la comtesse serait-elle malade? dis-je à la favorite, après m'être incliné devant l'autel qu'on appelait son lit.

— Bien malade, Léonard, car je le suis moralement et physiquement, et je vous ai mandé parce que, dans cette circonstance, vous êtes le seul médecin que je veuille consulter.

— Madame la comtesse, répondis-je avec

un sourire équivoque, a bien voulu me reconnaître quelque adresse dans l'application d'un moyen d'hygiène ; mais je crains bien que sa confiance ne s'égare en mettant mes très-petits talents à une épreuve plus difficile.

— Plus difficile ! non Léonard, et ce que j'attends de vous se rattache même plus directement à vos fonctions de coiffeur....

— Alors, madame, je puis me féliciter d'un succès probable....

—Vous avez appris sans doute l'horrible scène que mon beau-frère est venu me faire ici...... Tout le monde a connu cette aventure qui, grâce aux brutalités de cet homme, est devenue le scandale de la cour et de la ville.

— Il est vrai, madame, que j'ai appris cet événement avec la plus vive douleur.

— Ah ! mais vous n'en connaissez pas toutes les circonstances, et ce que vous ne pouvez savoir, c'est que ma fortune elle-même, que l'on croit bien consolidée, est atteinte jusque dans sa base.

— Vous me faites frémir, madame.

— Sachez donc, Léonard, que le comte Jean, dans un accès de rage furibonde, a osé porter la main sur moi....

— Je devine, l'infâme a osé attenter à cette

magnifique chevelure qui forme une des plus puissantes séductions de madame la comtesse.

—Léonard, murmura madame Du Barry, vous êtes sur les traces de la vérité; mais vos présomptions la déplacent....

—Ah! madame! je devine maintenant tout à fait.... Et replaçant convenablement cette vérité que vous me faites entrevoir, je demeure anéanti.

— Dieu! est-ce que le dommage produit par le comte Jean serait irréparable? dit la favorite avec le cri du désespoir.

— J'espère que non, madame la comtesse; mais je dois vous représenter qu'un médecin ordinaire pourrait agir avec plus d'efficacité que moi....

— Non, non, je veux que ce soit vous.... Et puis c'est une spécialité.... Léonard, plus d'observations, je vous en supplie.

— J'obéirai, madame.

Ici la continuation d'une figure voilée deviendrait si difficile, que je jette mes crayons, et laisse achever cette tâche ardue par l'imagination de mes lecteurs....

En 1773, déjà l'art du pharmacopole avait fait de grands progrès; je m'en aidai avec un succès inespéré; et la favorite, qui, sous prétexte d'une suite d'indispositions, s'était tenue éloignée du roi près de six semaines, put revoir Sa Majesté sans avoir à redouter d'offrir une déception à ses bontés. Depuis une vingtaine d'années, le moyen auquel je recourus est devenu le partage des empiriques de la place publique; mais alors il me valut un solitaire d'une dizaine de mille livres... Il est vrai que j'avais raffermi la fortune de madame Du Barry, sur sa *base*.

Avant de consigner ce qu'on vient de lire sur l'album de madame la dauphine, je crus devoir en référer à madame de Langeac. Cette confidence fut d'abord accueillie par un soufflet, qui eût bien mérité que je m'en vengeasse à la manière du comte Jean Du Barry. Mais je pensai que la main de la marquise était légère, que son crédit pouvait être accablant, et je me calmai... Il est une raison politique, même pour les coiffeurs.

La question du dénoûment de la querelle Du Barry ne fut pas agitée en ma présence entre madame la dauphine et sa favorite; j'appris seulement de cette dernière que Son Altesse royale était *désolée* de ne pouvoir la faire circuler sous le manteau, tant il lui eût agréé de jeter un ridicule de plus sur cette fière comtesse, qu'elle haïssait maintenant de tout son cœur. Mais Marie-Antoinette, comprenant qu'une telle divulgation pourrait me nuire, s'en abstint par bonté d'âme. Toutefois l'aventure fut mise au grand complet sur le recueil de Son Altesse royale.

Les demoiselles entretenues de la capitale se désolaient, au mois de juillet 1773, d'une retraite ecclésiastique qui leur enlevait un protecteur fervent dans M. de Jarente, ancien évêque d'Orléans; il venait de remettre la feuille des bénéfices en d'autres mains pour se retirer en Provence, au sein de sa famille. Mademoiselle Guimard surtout, qui s'était éprise des vertus épiscopales de Monseigneur, depuis qu'il lui laissait accorder à de gentils abbés, familiers de sa toilette, le frétin des prébendes et des abbayes; mademoiselle Guimard se désespérait réellement : elle avait fait fermer son théâtre, et ce ne fut qu'avec un surcroît de trois amants qu'elle parvint à se consoler du départ de ce charmant prélat. Du reste, M. de Jarente devint à Marseille le modèle des officiers de dragons dans l'art de mener joyeuse vie; il se montra gai, galant, pilier de coulisses; on le vit même au vauxhall de cette ville frisant la jambe, non dans des contredanses, ce qui eût été trop fort, mais dans de petits groupes, où Sa Grandeur tenait à prouver qu'il n'avait pas précisément perdu son temps et son argent avec une des premières danseuses de l'Op éra.

Je ne sais jusqu'à quel point M. du Belloy[1], évêque de Marseille, appréciait les motifs de son collègue; mais, ayant remarqué que beaucoup de jeunes prêtres marseillais se laissaient volontiers aller aux licences ecclésiastiques dont M. de Jarente donnait l'exemple, le premier de ces deux prélats lança un mandement fort sévère contre les membres du clergé qui se livraient à des distractions profanes.... L'effet de cette mesure épiscopale fut prompt : on ne vit plus le clergé diocésain s'approcher des demoiselles de la comédie; mais M. du Belloy compta, au bout d'un mois, quinze cousines et vingt-deux nièces de plus chez les prêtres de Marseille.

Cette anecdote et la destruction de l'ordre des Jésuites par Clément XIV fournissaient aux conversations de la cour et de la ville beaucoup d'épisodes piquants, qui faisaient attendre avec plus de patience l'arrivée de madame la comtesse d'Artois, qu'on ne devait guère voir à Versailles que vers le milieu de novembre. Ce qui surtout paraissait fort singulier, c'est que l'impératrice Catherine II et le grand Frédéric, qui visaient à la philosophie, eussent accordé asile dans leurs Etats à l'ordre supprimé par le pape

---

[1] Archevêque de Paris sous l'Empire.

Ganganelli. Mais l'orgueil de ces deux souverains, l'envie de se singulariser parmi les têtes couronnées suffiraient, je crois, pour expliquer cette conduite, qui n'était conséquente, ni avec les croyances d'une princesse suivant le rit grec, ni avec celles d'un monarque luthérien. En ce moment la Sémiramis du nord et l'Auguste de Berlin protégeaient les Jésuites contre les philosophes, comme ils avaient favorisé précédemment les encyclopédistes contre les persécutions du clergé. Les raisonneurs politiques se perdaient en conjectures sur les motifs qui déterminaient les deux plus illustres potentats du continent à agir ainsi, et peut-être eût-on rendu un service réel à ces princes si l'on eût pu leur indiquer les considérations auxquelles ils étaient censés obéir.

Enfin, l'on annonça positivement le jour de l'arrivée de Marie-Thérèse de Savoie, princesse fiancée à M. le comte d'Artois : ce fut Son Altesse royale même qui, étant entrée chez la dauphine en sautant d'un pied sur l'autre, nous apprit que sa petite Savoyarde, comme il l'appelait au grand déplaisir de la comtesse de Noailles, ferait son entrée à Versailles le 16 novembre.

« Ma petite sœur, ajouta le prince, en lutinant avec quelque excès d'aisance madame la dauphine, n'allez pas vous placer trop haut si

vous voulez apercevoir ma femme..... Quatre
pieds six pouces, pas une ligne de plus... : une
Altesse en miniature....

— D'Artois, taisez-vous, interrompit Marie-
Antoinette.... Vous parlez trop légèrement de
ma future belle-sœur; on la dit fort jolie, et si
l'on doit s'en rapporter à son portrait....

— Ah ! ah ! ah ! reprit le prince, en éclatant
de rire, est-ce que vous croyez encore aux portraits? Pour moi, je suis revenu des charmes
d'outremer, de blanc et de carmin.... Voyez
madame de Provence : c'était une Vénus sur
l'ivoire; rendue à Versailles, en chair et en os,
ce n'est plus cela.

— Vous ne pouvez pas dire au moins, reprit Marie - Antoinette avec finesse, que Madame ait offert du mécompte au prince son
époux.

— Non parbleu, s'écria M. le comte d'Artois, si les charmes doivent être reçus au
poids....

— Quant à votre fiancée, attendez au moins,
pour en juger, que vous la voyiez descendre de
voiture.

— Et même un peu plus tard, répondit le
jeune prince, qui commençait à se former prodigieusement....

— Savez-vous, mon frère, qu'il y a du mau-

vais ton dans vos manières.... On voit que vous
hantez le duc de Chartres.

— Allons, madame, décidément vous en
voulez toujours au pauvre Chartres.... Tenez,
je puis affirmer à Votre Altesse royale qu'il m'a
juré que ce n'était pas lui.... »

La dauphine, à qui ce mot maladroit rappelait l'attentat le plus audacieux, rougit et garda
le silence; tandis que madame de Langeac,
debout derrière le siége de la princesse royale,
faisait signe à M. le comte d'Artois de se taire...
Marie-Antoinette reprit :

« Prince, il faut imiter votre frère de Provence : il a, lui, les manières, l'affabilité et les
paroles aimables de Henri IV.

— Grand bien lui fasse, reprit brusquement
le comte; mais on peut imiter Henri IV autrement...

— Savez-vous, d'Artois, que vous extrava-
guez. »

A ces mots, le prince, ne trouvant sur ses lèvres que des paroles qu'il fallait réprimer, fit une
pirouette, souhaita cavalièrement le bonjour à
sa belle-sœur et sortit.

Marie-Thérèse de Savoie arriva, en effet, le
16 novembre à Versailles, où des fêtes charmantes
accueillirent Son Altesse royale; ce qui parut la
toucher infiniment moins que les perfections

aimables du prince son époux, qui, commençant sa dix-septième année, était déjà l'un des plus beaux hommes de la cour. La jeune princesse était, comme l'avait dit spirituellement M. le comte d'Artois, une beauté en miniature : petits traits, petite taille, petit pied; petit esprit, ajoutaient quelques-uns de ces observateurs, qui prétendent juger les gens au premier abord. Mais cette partie du jugement manquait d'exactitude : la princesse, timide, décente dans ses manières, étrangère aux habitudes d'une cour beaucoup plus expansive que celle de Turin, éprouvait l'embarras d'une situation toute nouvelle, au milieu de cette société qui ne l'était pas moins pour elle. Du reste, Son Altesse royale avait de l'instruction, des talents agréables; et plus jeune un peu que son mari, elle apportait néanmoins dans leur ménage plus de sagesse et de maturité que lui.

Mais cet étourdi illustre possédait ces qualités qui séduisent les femmes, même lorsqu'elles raisonnent, parce qu'il est des instants dans la vie où le beau sexe donne volontiers congé à la raison. Madame la comtesse d'Artois se montra assez ouvertement amoureuse de Charles de France; dans les causeries du grand lever et de l'OEil-de-Bœuf, on cria à la sensiblerie bourgeoise, au ridicule; je crois même que l'on traita de scandale un amour conjugal dont on n'avait pas vu, de mémoire d'homme, un seul exemple à la cour. Plusieurs grands seigneurs en plaisantèrent, dit-on, le prince... Il prit très-gaiement la chose, et avoua de fort bonne grâce que la tendresse de sa femme le rendait, pour le moment, fort heureux.

Madame la comtesse Du Barry, qui, malgré tous les soins qu'elle s'était donnés pour se faire bien venir de la dauphine et de madame de Provence, n'avait pu réussir auprès d'elles, commença, aussitôt l'arrivée de Marie-Thérèse, une suite d'égards afin de conquérir les bonnes grâces de cette troisième Altesse. Mais la favorite ne fut pas plus heureuse dans cette dernière entreprise que dans les précédentes; il se trouva promptement à Versailles des gens qui mirent l'arrivante au courant de la tactique double que madame Du Barry employait constamment; tactique qui, depuis le mariage du dauphin, avait tendu sans relâche à annuler l'influence des princesses, tout en les caressant et les comblant de flatteries.

La maîtresse du roi, dans l'espoir de plaire à Marie-Thérèse de Savoie, avait fait retoucher les paroles d'un opéra intitulé *Ismenor*, que l'on joua sur le théâtre du château pour les fêtes du mariage. Elle s'était flattée de faire sa cour aux nouveaux époux, en faisant insérer dans cette pièce tout ce qu'on pouvait dire de plus direct à la louange de ce couple... Madame Du Barry avait poussé l'attention jusqu'à faire représenter, dans la décoration, l'appartement que Son Altesse sarde occupait à Turin, puis celui de Versailles où le flambeau de l'hymen avait commencé à brûler pour M. et madame d'Artois. Dans ce dernier, un essaim d'amours allégoriques voltigeaient çà et là, comme pour rappeler aux spectateurs la vive tendresse de Leurs Altesses royales. L'ordonnatrice de tout cet appareil apologétique, placée très en vue dans une loge, applaudissait beaucoup; mais il n'y avait point d'émulation dans la salle : les intentions délicates de la comtesse demeuraient sans effet ; et son dépit fut extrème, lorsqu'après le spectacle, elle entendit M. le comte d'Artois dire à sa femme : « Je parie, madame, que vous avez bien bâillé. »

Le dépit d'une femme est rarement stérile, surtout lorsqu'elle est belle et puissante : deux qualités très-propres à féconder ses vengeances. Le lendemain de la représentation, je jugeai, aux propos piquants que madame Du Barry tenait sur le couple d'Artois, qu'elle méditait quelque noirceur... Le coiffeur, ainsi que me l'avait dit un jour la marquise de Langeac, était alors un

confesseur à la toilette des dames; il devait
tout entendre et ne rien dire. Je coiffais madame la comtesse d'Artois; mais je m'efforçais
d'oublier ce que madame Du Barry disait d'elle,
et d'un autre côté, je perdais le souvenir des
discours passablement dédaigneux que l'Altesse
sarde tenait sur la maîtresse de Louis XV.

Le projet vengeur que j'avais entendu gron-
der dans le ressentiment de madame Du Barry
ne tarda pas à faire explosion : il y avait à peine
un mois que M. le comte d'Artois était marié,
lorsque l'aventure que voici se passa, et répandit les premiers nuages sur le ménage des
époux. Un jeune homme qui vient d'entrer dans
la carrière galante est comme le guerrier à son
début dans les champs de la gloire : il aime à
multiplier ses conquètes, ses victoires, et s'adresse
volontiers aux femmes qui semblent lui tendre
des lauriers faciles à saisir. M. le comte d'Artois,
dès sa seizième année, s'était aperçu que la maîtresse du roi, son grand-papa, devait en amour
être la dispensatrice des plus grandes félicités.
Le prince rendit alors quelques soins à la comtesse, rancune tenante, bien entendu, pour les
insinuations contraires aux intérêts des princes
qu'elle glissait à travers ses entretiens intimes
avec le roi. Dans la première jeunesse, on s'accom-
mode assez bien des faveurs d'une femme pour

laquelle on éprouve de l'éloignement : c'est un constraste qu'explique la passion qui n'est pas le sentiment. Madame Du Barry n'eût pas été fâchée d'ajouter un complément d'éducation royale aux services qu'elle croyait avoir rendus à la maison de France; elle sourit avec bonté aux amours de l'Altesse adolescente; mais tout à coup les assiduités de celle-ci cessèrent, et je ne crois rien hasarder, d'après ce que je pus observer à cette époque, en disant que le prince osa concevoir de plus orgueilleuses, de plus coupables espérances... Je me hâte d'ajouter que si, comme j'en suis convaincu, ces espérances persévérèrent, elles ne furent point encouragées, au moins jusqu'au règne de Louis XVI.

Après le mariage du comte d'Artois, après l'échec de la courtoisie ajoutée à l'opéra d'*Ismenor*, madame Du Barry devait se trouver peu disposée à ranimer, par des encouragements, les lueurs amoureuses que le prince lui avait fait entrevoir l'année précédente; cependant elle le fit : on verra dans quelle intention. Son amorce fut saisie avec avidité....... Il y avait un grand mois que Son Altesse royale possédait les charmes de Marie-Thérèse de Savoie; une période de tendresse sur laquelle trente nuits avaient passé devait être bien attiédie : la longévité d'amour s'étend rarement jusque-là, dans les

régions de la cour, où la température du cœur
est si variable. Charles de France commençait
même à plaisanter, avec le duc de Chartres
et le duc de Bourbon, de ses exploits conju-
gaux.... « Ces diables de lits que l'on fait pour
les princes sont si larges, disait le facétieux d'Artois, et la princesse est si petite, que j'ai toutes
les peines du monde à la rencontrer.... Dans le
commencement je la cherchais quelquefois
assez longtemps ; à cette heure, c'est plus commode, Son Altesse royale fait au moins la moitié du chemin. »

Ce fut alors que la comtesse Du Barry se
trouva souvent sur les pas de M. le comte d'Artois,
parce qu'ayant son plan bien nettement dessiné,
elle se tenait bien informée des lieux où elle
pourrait le rencontrer. Tout cela paraissait être
un simple jeu du hasard, et rien pourtant n'é-
tait plus préparé, plus étudié, sinon les paroles
encourageantes que la favorite faisait entendre
à Son Altesse royale. Enfin, d'encore en encore,
de rencontre en rencontre, Charles de France,
curieux de connaître tout ce qu'il pouvait y avoir
de bonheur dans la possession d'une aussi belle
créature que Jeanne Vaubernier, devint tendre
et pressant auprès d'elle.... L'adroite courtisane
rit avec bruit, plaisanta, folâtra, sans paraître
comprendre les instances galantes du prince ;

et comme elle sembla n'y attacher que l'idée des pensées d'un enfant, elle amena, avec adresse, l'entretien sur sa délicieuse maison de Luciennes, et dit, sans autre préparation, à Son Altesse royale : « Si, dans l'une de vos chasses, vous passiez près de Marly, je vous engagerais à visiter mon ermitage. Le hasard pourrait faire que j'y fusse, et alors je me trouverais très-honorée d'offrir un modeste déjeuner à Votre Altesse royale.... » Le comte, piqué jusqu'au vif d'être pris par madame Du Barry pour un homme sans conséquence, se promit bien de mettre à profit l'invitation presque ironique de cette dame, et de livrer un assaut si brusque, si hardi à ses charmes, qu'il faudrait bien qu'elle convînt qu'il était dangereux.

La favorite, trop pénétrante, trop rouée, comme on disait alors, pour ne s'être pas aperçue de la détermination prise par le prince, s'arrangea de manière à ce que le hasard fît qu'à point nommé elle se trouvât au pavillon de Luciennes, le jour où le prince chassa de ce côté. Son Altesse royale, dont le projet était bien arrêté, ne fut pas assez maladroite pour se faire accompagner au château de la comtesse; il y arriva seul, comme un chasseur égaré de la *Bibliothèque bleue.* Madame Du Barry, qui l'attendait aussi sûrement que s'il lui eût promis de venir,

avait pris un déshabillé des plus coquets, pour
ne pas dire des plus libertins.... M. d'Artois, en
entrant, fut étourdi des séductions que la favorite étalait avec un abandon généreux.

Mais la dame de Luciennes, convaincue que ses
charmes en diraient assez, se posa en châtelaine,
recevant un haut et puissant seigneur pendant
l'absence d'un baron croisé. Ici se terminait la
première partie du rôle qu'elle jouait : la seconde allait avoir un tout autre caractère, car
l'habile maîtresse de Louis XV (et je savais un
peu comment) s'était donné certaines garanties
contre les entreprises du royal jouvenceau.

Le déjeuner, servi dans un tête-à-tête charmant, fut très-recherché; la châtelaine y montra
tout ce que l'usage de la cour, enté sur les habitudes aisées des petites maisons, avait déve-
loppé en elle d'originalité spirituelle; le jeune
prince, qui, d'ailleurs, sablait sans trop de mesure les vins exquis que madame Du Barry lui
versait, passa rapidement des propos galants aux
tentatives de caresses. La comtesse souffrit qu'il
approchât sa chaise tout près de la sienne; elle
se laissa baiser les mains sans opposition bien
marquée; elle détourna même peu la tête lorsque le jeune Charles l'embrassa plus que cavalièrement. Mais à cette faveur, assez accordée
pour que le prince pensât qu'il pouvait en ravir

d'autres, madame Du Barry avait posé la limite de ses condescendances.

Or, l'instant ne tarda pas d'arriver où la favorite dut aborder son système de défense : le prince, égaré par une double ivresse, porta ses lèvres sur un des hémisphères d'albâtre qui, véritablement, semblaient exposés là tout exprès pour provoquer un tel hommage.

« Monseigneur, monseigneur, s'écria soudain madame Du Barry avec l'accent d'une sévérité tout à fait inattendue... ceci dépasse de beaucoup les droits de l'hospitalité.

— Adorable comtesse, sais-je ce que je fais quand vos appas enchanteurs me font perdre la raison ?

— Je vais vous le dire ce que vous faites, prince... : Votre Altesse royale oublie qu'à peine un mois et demi s'est écoulé depuis qu'elle a conduit à l'autel une princesse aussi jolie que vertueuse. »

M. le comte d'Artois fit un signe qui signifiait :

« Est-ce que l'on s'arrête à ces petites considérations-là ? »

« Votre Altesse oublie encore qu'en ne sachant pas ce qu'elle fait, ainsi qu'elle veut bien le dire, elle adresse un hommage un peu vif, un peu plus même, à la femme que Sa Majesté honore de ses bontés, et qu'elle s'affranchit ainsi du respect dû à son roi et à son aïeul.

— Ah! comtesse, répondit le comte d'Artois avec toute la liberté d'un prince du sang, il me semble que M. le duc d'Aiguillon ne manque ni d'affection ni de respect pour le roi, et cependant.....

— Monseigneur, répliqua sèchement la favorite, un propos injurieux ne raccommode pas une entreprise qui l'a été davantage...

—Allons, comtesse, ne nous fàchons pas ; et, croyez-moi, ne voyons dans ce petit commencement de guerre que l'occasion d'une paix avec bonne et sûre garantie. »

Et Son Altesse royale devint plus téméraire qu'elle ne l'avait été dans son premier outrage.

« Monseigneur, dit madame Du Barry en se levant, vous me contraignez à quitter la place... Puisque Votre Altesse royale ne daigne pas se souvenir de ce qu'on doit d'égards à une femme, je me retire pour ne pas oublier ce que je dois de respect au petit-fils de mon roi. »

A ces mots, la favorite, qui avait eu soin de faire tenir une voiture prête, parce qu'elle avait pu prévoir la suite de son entrevue avec M. le comte d'Artois, s'élança, animée d'une feinte colère, hors de l'appartement, monta en carrosse et retourna à Versailles. La comtesse se rendit

immédiatement auprès du roi, et lui raconta
ce qui venait de se passer. Louis XV, furieux
du *braconnage* tenté sur ses plaisirs par son
petit-fils, plus que de l'infidélité trop précoce
faite aux charmes de Marie-Thérèse de Savoie,
se rabattit pourtant sur ce grief, à l'exclusion
de l'autre.

« Je vais tancer vertement cet étourdi, s'écria
le roi après avoir entendu le rapport de sa
maîtresse jusqu'au bout... Et vous êtes bien
sûre, mon ange, d'avoir arrêté à temps ses in-
solentes caresses!..

— Vraiment, Sire, c'est bien mal reconnaître
un acte de confiance, je dirai presque de probité, comme le mien, que de douter qu'il soit
sincère...

— C'est que je connais ce jeune drôle... il
va vite en besogne.

— Si j'avais été disposée à le favoriser, Sire,
je ne serais pas venue vous prévenir...

— C'est juste, mon ange... Je vais donc faire
venir le comte d'Artois et le sermonner comme
il faut... Savez-vous ce que je lui dirai, comtesse ?

— Si Votre Majesté daignait me le confier...

— Eh bien, je lui dirai : Etre infidèle à sa
femme, c'est une indignité, monsieur ; c'est

donner un très-mauvais exemple à la nation, qui a les yeux fixés sur les princes.

— Sire, Votre Majesté ne craint-elle pas que le jeune fils de France, en s'autorisant des faits et gestes de Votre Majesté...

— Ah! je vous attendais là, fine mouche; mais j'ai ma réponse toute prête : ce n'est pas au bout de six semaines que je me suis éloigné de feu la reine... mais après plus de deux années d'immuable fidélité..... Et cependant, Dieu sait que les provocations ne me manquaient pas.

— Je vois que Votre Majesté est parfaitement en règle, dit la favorite en riant. Mais est-ce qu'elle se propose de mander le prince seul?

— Eh! qui donc voulez-vous que je mande avec lui?

— Sa femme, Sire... autrement la leçon ne profitera pas. » Ce qui voulait dire : Ma vengeance sera incomplète.

— Vous avez raison, comtesse, il faut exciter un peu la jalousie de la princesse... elle le surveillera.

— Voilà précisément ce que je pensais, et Votre Majesté comprend à merveille l'unique moyen à employer pour ranimer cette flamme conjugale qui s'éteint.

— Mais vous, mon ange, est-ce que vous ne

craignezpas d'être compromise, si je divulgue le presque attentat commis sur vous par cet étourneau ?

— Prétendre me compromettre et me nuire, ce serait douter de la puissance de Votre Majesté.

— Je voudrais bien, dit Louis XV en élevant la voix, que quelqu'un à ma cour osât concevoir un pareil doute. »

Le lendemain, à son lever, le roi fit venir le comte et la comtesse d'Artois ; il sermonna ce dernier en présence de sa femme, après lui avoir reproché ce qui s'était passé au pavillon de Luciennes. Le prince se mordilla les lèvres en murmurant le mot de *catin* ; la princesse pleura beaucoup ; les soupçons jaloux ternirent dès lors ses beaux jours : enfin la favorite fut vengée des dédains de celle qu'elle appelait *la poupée savoyarde*, et de l'accueil méprisant fait à son opéra inutilement laudatif d'*Ismenor*.

CHAPITRE X.

Les *croupiers* et les *croupes*. — Lettre plaisante de l'abbé
Terray. — Consultation. — Plainte en homicide. — Le
prince d'Henin. — Le libelliste Morande et sa tactique.
— Le danseur maladroit. — Dauberval et ses dettes. —
Les beaux danseurs de la cour. — Les bals de la dauphine. — Fondation du *Journal des Dames*. — Le qués-
a-co — Les *pouffs*. — Mort de Louis XV.

L'année 1774 s'ouvrit d'une manière assez
gaie, à l'occasion du renouvellement de la
ferme générale. On sait qu'il y avait dans cette

entreprise des *croupiers*, c'est-à-dire des personnes admises à verser des fonds, et qui avaient
part, en proportion de leur mise, aux énormes
bénéfices à venir. Cela s'appelait avoir une
croupe dans les fermes, et comme cette spéculation enrichissait promptement, les croupes
étaient fort recherchées.

On assura dans le temps à mademoiselle Arnould que, sans l'avoir sollicitée, mais par l'en-
tremise d'un grand seigneur, tributaire émérite
de ses charmes, elle venait d'obtenir une croupe.
Toujours disposée à s'amuser de tout, la spirituelle actrice écrivit à cette occasion une lettre
fort plaisante à M. l'abbé Terray : on y remarquait
ce passage facétieux, dont il courait des copies
multipliées : « Vous m'accordez, dit-on, une
» croupe : ce mot m'effraierait de toute autre part;
» mais c'est une croupe d'or... : vous me faites
» chevaucher derrière Plutus. Je ne doute pas
» que, dressé et réduit comme il l'est par vous,
» monseigneur, il n'ait des allures engageantes
» et douces. Je me sens donc disposée à courir
» avec lui les grandes aventures. Puissiez-vous en
» revanche, monseigneur, ne jamais rencontrer
» de rebelle parmi les dames avec ou sans *croupes*
» *dans les fermes*, entendues à la manière de M. le
» marquis de Bièvre. »

Le contrôleur général répondit à mademoi-

selle Arnould le billet suivant, que je retrouve imprimé dans les papiers que j'explore en ce moment : « On vous a mal informée, mademoi-
» selle : vous n'avez point de croupe dans le nou-
» veau bail ; ainsi vous ne chevaucherez derrière
» aucun fermier général ; mais il vous est loi-
» sible d'en faire chevaucher quelqu'un selon
» votre bon plaisir. Cet arrangement ne vous
» sera pas moins utile, et je pense qu'il vous sera
» plus commode, car, pour la mise, il n'exige
» qu'un fonds beaucoup plus petit que celui que
» votre situation actuelle vous permet de four-
» nir. »

Dans le plus rieur de tous les siècles, cette anecdote répandit à la cour et dans la capitale une bonne dose de gaieté ; mais cette fois, ce fut à ses dépens que mademoiselle Arnould fit rire le public.

M. le comte d'Artois, furieux du rapport fait au roi par madame Du Barry, cherchait toutes les occasions de la molester, sans toutefois l'in-sulter assez pour encourir une vengeance grave : Son Altesse royale, quoique fort jeune encore, savait que la Bastille s'était ouverte quelquefois pour les princes du sang, à la voix des favorites. Mais les sarcasmes, les quolibets directs allaient leur train aussi souvent que le jeune galant éconduit rencontrait sa dénonciatrice.

« Savez-vous, madame, lui dit-il, à propos de l'aventure arrivée à mademoiselle Arnould, que la spéculation des croupes n'est pas à négliger ; je suis surpris qu'entendue comme vous l'êtes, en fait d'affaires productives, vos vues ne se soient point tournées de ce côté. Exemple décisif : M. le duc d'Aiguillon, qui, comme vous le savez, acheta cinquante mille écus les prémices de mademoiselle Raucourt, pendant un voyage à Compiègne que ce ministre avait fait avec vous, M. d'Aiguillon traita dernièrement d'une croupe pour cette charmante actrice, et Son Excellence va se trouver ainsi dispensée d'entretenir chèrement sa maîtresse.

— Votre Altesse ne s'entend pas mal en malice ; mais tous les essais ne réussissent pas : je puis lui assurer que la croupe de mademoiselle Raucourt m'est fort indifférente... » Puis elle ajouta, en faisant une grande révérence au prince : « Je vous remercie, monseigneur, de l'intérêt que vous daignez prendre à mes affaires, et j'y trouve avec reconnaissance la réciprocité de celui que m'inspire le bonheur de madame la comtesse d'Artois. »

Mademoiselle Arnould ne tarda pas à être consolée du petit échec qu'elle venait d'éprouver dans le public, après avoir provoqué elle-même le scandale qui l'avait produit. M. le

comte de Lauraguais[1], ce seigneur dont les
goûts, l'esprit délié et l'imagination inflammable, sympathisaient si bien avec le naturel de
cette célèbre actrice, revenait en France, après
un séjour assez prolongé à Londres, sous le coup
d'une sorte d'exil. M. de Lauraguais venait de
donner la comédie aux Anglais par le procès gro-
tesque soutenu en Angleterre contre son ancien
secrétaire, qu'il avait marié avec cette jeune ra-
vaudeuse, décorée un moment naguère du titre
de *comtesse du Tonneau*, parodiant celui de *comtesse Du Barry*. L'épouseur s'était engagé en bon
philosophe à *succéder*; mais la transaction portait explicitement, disait-il, qu'il ne s'obligeait
pas pour l'avenir *à partager*. Le comte soute-
nait au contraire qu'en aliénant le fonds d'une
propriété qui lui coûtait environ cent mille
écus, il n'avait pas prétendu s'interdire entièrement l'usufruit. L'affaire, portée au tribunal
appelé le banc du roi, fut instruite, en point de
fait et en point de droit, de la manière la plus
plaisante et la plus spirituelle, dans un mémoire
de la façon du seigneur français ; les juges, tout

---

[1] Mort durant la Restauration, sous le nom de duc de
Brancas, après avoir été un peu révolutionnaire sous la
Convention, courtisan sous le Directoire, et napoléoniste
sous l'Empire.

Anglais qu'ils étaient, rirent aux larmes pendant l'instruction ; et la plainte en adultère, ainsi dépouillée de son caractère sérieux, fut mise au néant. Lauraguais s'en trouva quitte en donnant à son secrétaire de quoi payer les frais du procès.

L'arrivée du comte de Lauraguais à Paris fut marquée par une de ces malices joyeuses, qu'il semait dans sa vie avec une heureuse prodigalité. Un matin, ce seigneur convoqua à son hôtel un conseil de médecins pour les consulter, leur avait-il écrit, sur un cas d'une nature grave. Huit docteurs accoururent avec empressement, assurés qu'ils étaient d'avance, que la consultation serait bien payée, M. de Lauraguais étant un des gentilshommes les plus généreux du royaume. L'amant de mademoiselle Arnould avait exigé que les suppôts de la Faculté délibérassent en robe, l'hermine sur l'épaule, tels enfin que les médecins d'une comédie de Molière. Lorsque ceux-ci eurent pris place, le comte posa gravement la question de savoir si l'on pouvait périr d'ennui. Alors ces messieurs de tousser, de cracher, de priser, selon l'usage universellement admis au début d'une discussion qu'on ne sait comment entamer. Enfin, les huit savants, persuadés qu'il s'agissait de soulager quelque noble personne de la famille Brancas,

où l'esprit délié du comte était malheureusement compensé par l'idiotisme, l'hypocondrie,
les vapeurs et la mélancolie de plusieurs de ses
oncles ou cousins, les huit savants, dis-je,
parlèrent successivement, soit en français,
soit en latin, sur le sujet débattu ; et il résulta
de la majorité des avis que l'ennui pouvait tuer
l'individu le mieux constitué. Encore même,
ajoutèrent les délibérants, que le malade pût
tarder plus ou moins longtemps à descendre
dans la tombe, il y avait au moins à parier qu'il
se démonterait les os maxillaires à force de bâiller, et que, privé, en pleine santé, de la faculté
de se soutenir par le broiement des aliments, il
en viendrait infailliblement à mourir d'inani-
tion. En conséquence, ces messieurs furent d'a-
vis que le seul moyen d'arracher à l'ennui des
victimes si malheureusement prédestinées, c'é-
tait de leur ôter de dessous les yeux l'objet qui
causait cet état d'inertie et de stagnation vitale.

Les huit docteurs, ayant signé et paraphé leur
consultation, se retirèrent fort satisfaits d'y avoir
participé ; se promettant bien d'ériger au besoin
en titre académique la quote-part qu'ils avaient
apportée dans l'œuvre commune.

Muni de cette pièce en bonne forme, M. de
Lauraguais se rendit immédiatement chez un
commissaire de police, et porta plainte d'homi-

cide contre le prince d'Henin ; affirmant que,
par ses obsessions autour de mademoiselle Arnould, Son Altesse commettait l'attentat le plus
meurtrier, et ferait mourir d'ennui cette actrice, sujet précieux au public et dont, en son
particulier, il désirait la conservation. A l'appui
du procès-verbal que le comte signa, il déposa
la consultation des huit médecins. M. le commissaire, lunettes sur le nez, lut avec une grande
contention d'esprit ce document scientifique, et,
doué de cette notable épaisseur qui distinguait
les magistrats de sa robe, il reconnut que la
plainte était bonne et valable.

En conséquence, et de par l'autorité de M. le
lieutenant de police, il fut enjoint à M. le prince
d'Henin de s'abstenir de toute visite chez mademoiselle Arnould, à peine d'y être contraint
par toutes les voies usitées pour la conservation
des sujets du roi.

M. le prince d'Henin, qui, quant à l'épaisseur,
valait deux commissaires de police, prit, dit-on,
au pied de la lettre l'interdiction qui lui était
faite; le comte de Lauraguais, débarrassé d'un
rival, non pas dangereux, mais incommode, re-
noua, pour la dixième fois, avec l'aimable pensionnaire de l'Académie royale de musique, auprès
de laquelle, par le plus grand des hasards, il ne
rencontra plus, pour rivaux, que mademoiselle

Raucourt et deux autres dames de la comédie.

J'écris ce chapitre à Leipsick, où je vois ce qu'on appelle aujourd'hui des merveilles en fait de spéculations littéraires; et cela ne consiste pourtant qu'à débiter des livres imprimés frauduleusement, soit à Genève, soit en Hollande. En vérité, l'on était plus fort, mieux avisé, en ce genre, dans le cours du xviiie siècle. Toute l'Europe connaissait alors le sieur Morande, auteur d'un libelle permanent intitulé *le Gazetier cuirassé*. Cet écrivain, inspiré par le démon, se tenait embusqué à Londres, comme un tigre sur un rocher, guettant toute proie de scandale qui pouvait surgir de la société, et s'en emparant au profit de sa publication, à moins qu'on ne se rachetât, ainsi que les chrétiens se rachètent de la captivité chez les infidèles. C'était toujours à des renommées françaises que Morande s'attaquait en Angleterre, fort d'une impunité que le droit des nations lui garantissait. Il arrivait bien parfois que certaines volées de coups de canne anti-diplomatiques vengeaient en tapinois les réputations atteintes ; mais le sieur Morande, non-seulement avait su se faire un front qui ne rougissait jamais, mais il s'était fait des épaules qui se fondaient sous le bâton, et ses libelles envenimés se vendant comme tout ce qui alimente la malice humaine, ce sale écrivain voyait sa bourse s'arrondir, sans grand dommage pour sa sûreté.

L'appétit vient en mangeant : Morande, voyant qu'il carottait assez facilement des louis, pensa qu'en agrandissant sa spéculation, il pourrait empiler des billets de la caisse d'escompte. Voici l'addition qu'il fit à son industrie, en février 1774 : il se prit à écrire à quelques grands seigneurs ou dames de la cour, parfois à des négociants ou banquiers opulents, pour les prévenir qu'il savait sur eux des particularités très-scandaleuses ; mais qu'il croyait devoir les en prévenir, et leur demander s'ils ne seraient pas fâchés qu'elles fussent divulguées. A ceci Morande ajoutait que, moyennant une somme de...., il leur épargnerait ce désagrément. Les hauts fonctionnaires qui avaient exploité trop exclusivement à leur profit ; les prélats trop peu soigneux de conserver leur réputation de continence ; les dames abbesses qui voulaient, entre chien et loup, goûter des plaisirs du monde ; les gros prieurs d'abbayes qui avaient des loges à l'Opéra ; enfin tous les personnages jaloux de conserver un bout de voile sur leur conduite politique ou privée, se hâtaient de capituler avec *le Gazetier cuirassé*. M. le marquis de Marigny avait signé dès long-temps un traité avec lui ; madame Du Barry refusa de passer sous les fourches caudines d'un folliculaire. Elle porta plainte à M. le duc d'Aiguillon, qui, s'étant entendu avec l'ambassadeur d'Angleterre, obtint que ce ministre en écrivît à sa cour.

Sa Majesté Georges III déclara qu'il serait enchanté qu'on mît une pierre au cou du sieur Morande, et qu'on le noyât dans la Tamise, pourvu que cela se passât doucement, et de manière à ne pas blesser la nation anglaise, qui était bien la plus chatouilleuse de toutes les nations, quant à l'intégrité de ses droits. En conséquence, M. le duc d'Aiguillon, dans l'intérêt des digestions aisées de sa chère comtesse, envoya à Londres des agents chargés d'expédier le transfuge venimeux. Mais il fut prévenu à temps, et les suppôts du ministre français, dépistés, découverts, livrés à la fureur du peuple, furent pendus aux arbres de Saint-James-Parck, afin de prouver à l'univers que les Anglais savaient faire respecter leur nationalité... Depuis lors les actions du *Gazetier cuirassé* montèrent singulièrement ; il égratignait d'abord ; il se mit ensuite à écorcher, ou sous l'inspiration de la colère, ou sous l'empire de la cupidité. Les princes de la maison de Bourbon, la dauphine, le roi lui-même ne furent plus épargnés dans les libelles de Morande.

Durant l'hiver de 1774, Marie-Antoinette prit un goût décidé pour les bals. La taille de Son Altesse avait alors acquis tout son développement, et contracté cette délicieuse souplesse qui la distinguait ; personne ne dansait avec plus de grâce que cette princesse ; personne à la cour n'avait mieux profité des leçons de Gardel, qui dès ce moment passait pour le meilleur maître de l'Opéra.

M. le duc de Berry, qui certainement fut de tous les dauphins de France le moins heureusement taillé pour la danse, voulut cependant s'y mettre ; car, parmi les habitudes bourgeoises de ce prince, il fallait compter celle d'aimer beaucoup sa femme, et, souvent sans qu'il y parût, de chercher à lui plaire en se prêtant à ses goûts. Monseigneur prit donc très-secrètement un maître de danse pour figurer comme un autre dans les bals de la dauphine. Vraiment, Son Altesse royale faisait bien de cacher le plus malheureux des apprentissages qui jamais ait été fait sous les auspices des grâces : un Auvergnat, arrivant de ses montagnes, et le pied encore chargé de sa chaussure ferrée, eût avec bonheur défié de légèreté l'héritier du trône. Ce n'était pas un grand malheur : on peut être un bon roi, ainsi que le fut Louis XVI, tant qu'il suivit les mouvements de son cœur, sans avoir été dans sa jeunesse un habile danseur. Mais le jeune comte d'Artois, qui n'appréciait que les qualités qu'il concevait, et qui n'en concevait pas alors beaucoup, aperçut, de je ne sais où, une des leçons de danse que son aîné prenait avec tant de labeur. L'espiègle, sans égard pour ce droit d'aînesse auquel appartenait la perspective d'une couronne, prit l'irrévérencieuse liberté de siffler M. de Berry, qui apparemment le vit, le reconnut, et promit de lui tenir compte de cette critique aiguë.

Par malheur, le dauphin rencontra M. le comte d'Artois dans la galerie avant que le premier mouvement de son ressentiment pût être apaisé ; je l'ai déjà dit, l'héritier de la couronne ne savait pas maîtriser sa vivacité : si je ne sais quel gentilhomme ne se fût interposé brusquement entre les deux Altesses, la plus jeune des deux recevait, à bout de pied, le plus désagréable témoignage du mécontentement de son frère... Je logeais dans le château lorsque ce fâcheux événement arriva ; je puis affirmer que l'emportement du dauphin n'alla pas plus loin que l'élan arrêté par la médiation du gentilhomme. Eh bien, *le Gazetier cuirassé,* brodant avec méchanceté sur ce texte, dit que les deux princes s'étaient battus comme des familiers de la Courtille. Revenons aux bals de la dauphine.

Au milieu de leur plus grand succès, ces bals furent tout à coup menacés d'une subite décadence. Le sieur Dauberval, qui en était l'ordonnateur, abîmé de dettes, poursuivi par ses créanciers, et craignant chaque soir de coucher au For-l'Evêque, songeait à passer en Russie pour se refaire un peu, sous les auspices de la souveraine la plus généreuse, dans toutes les acceptions du mot, qui ait jamais occupé un trône. Mais madame Du Barry, qui n'était pas admise aux bals de la dauphine, avait d'autres raisons apparemment pour retenir Dauberval en France. On ne connaissait point alors ces souscriptions destinées, de nos jours, à couvrir une aumône de formes gracieuses ; ce genre de collecte s'appelait vulgairement une *quête*. La comtesse, ayant su du danseur endetté qu'il lui fallait cinquante mille livres, se chargea de les lui amasser. En conséquence, la favorite, après avoir dressé un état de répartition où chacun était taxé selon le bon plaisir de cette dame, fixa le *minimum* des dons à cinq louis. Mais comme elle colporta elle-même la liste, elle en exigeait quelquefois dix, quinze, vingt et même vingt-cinq, suivant qu'elle pouvait se permettre d'imposer les souscripteurs. Dauberval eut ses cinquante mille livres, les bals de madame la dauphine conservèrent leur véhicule, et madame Du Barry, qui certainement n'avait pas en vue d'obliger une société où elle n'était pas admise, conserva... je ne sais quoi... mais dans tous les cas un bien assez désiré pour consoler une femme d'avoir obligé forcément des personnes de son sexe.

A l'origine des bals de madame la dauphine, les demoiselles n'y étaient point admises. Je ne me suis jamais bien expliqué cette interdiction ; peut-être les dames toutes jeunes, toutes jolies qui faisaient partie de ces réunions, eussent-elles été bien embarrassées de donner une raison de cette mesure, autre qu'un sentiment de coquetterie. Parmi les danseurs les plus en vogue dans ces soirées royales, on citait, après M. le comte d'Artois, MM. de Coigny, de Vaudreuil, de Bezenval, de Dillon et de Lauzun : les quatre derniers surtout formaient le quadrille où Marie-Antoinette dansait avec prédilection, et elle la dissimulait trop peu pour qu'on pût y attacher une autre idée que celle de la supériorité dansante de ces cavaliers. Pour M. le comte d'Artois, il avait de la grâce, de la légèreté ; mais il était tellement étourdi, qu'il lui arrivait presque toujours de brouiller les figures.

M. le comte et madame la comtesse de Provence n'assistaient guère au bal que pour y servir de tapisserie ; mais il faut convenir qu'ils

tapissaient bien... Leur embonpoint se développait avec une telle rapidité, que très-inces-
samment ils devaient se voir, l'un et l'autre, con-
traints de se présenter en profil dans un appartement, faute de pouvoir y entrer de face par
les portes ordinaires. Monsieur dansait, cependant, de l'esprit : c'est-à-dire qu'il animait les
danseurs par ses gentilles saillies et ses bons
mots. Pour Madame, elle paraissait assez occupée à respirer et à digérer sous la pression de
son corset, que l'on appelait alors un *corps*. Je
dois ajouter, toutefois, que si Son Altesse royale
n'occupait pas une place sur le parquet de la
danse, elle servait elle-même de théâtre à quelque chose qui dansait perpétuellement : le sein
de Son Altesse royale, dans un travail laborieux
d'inspiration et d'expiration de l'air vital, soulevait en cadence les diamants, les perles ou les
camées de son collier; ce qui produisait un
coup d'œil curieux.

Madame la comtesse d'Artois, au contraire,
petite, svelte, légère comme une sylphide, semblait à peine toucher le parquet, et le bruit de
son joli petit pied n'arrivait pas jusqu'à l'oreille.
Son Altesse royale était l'une des meilleures
danseuses de la cour; madame de Langeac l'em-
portait peut-être sur elle, sous le rapport de
l'art; mais la vigueur de l'impétueuse marquise,

partagée entre trop de soins, lui faisait défaut après une demi-douzaine de contredanses... Au début du bal, moment d'abandon où le plaisir est si animé, le cœur si plein d'émotions, l'esprit si facilement accessible à l'ivresse, madame de Langeac était rayonnante de sourire, de regards et d'inspiration...Mais, après deux heures, ce n'était plus le même élan, plus la même physionomie : ce joli corps, où trop de flamme venait de circuler, cette délicieuse figure où trop de passion avait laissé des traces de fatigue, trahissaient une complexion à son déclin : tout à l'heure la marquise n'avait que dix-huit ans, maintenant elle en accusait trente, quoique sa vingt-septième année ne fût pas accomplie. Il n'en était pas ainsi de son illustre rivale : madame la comtesse d'Artois, forte de sa sagesse et de l'inconstance, déjà fort renommée, de son mari, montrait une activité soutenue pendant toute la durée du bal : la danse appartient à ce privilége du sexe, qui donne plus d'un démenti à l'orgueil des hommes.

Lorsque l'on eut dansé une partie de l'hiver à la cour, il vint à l'idée de la dauphine que, peu de personnes étant admises à son cercle, toutes les merveilles de toilette qu'on y étalait se trouvaient perdues pour l'exemple de la capitale. Son Altesse royale nous demanda un matin, à mademoiselle Bertin et à moi, s'il ne serait pas possible de ressusciter le *Journal des Dames,* déjà mort plusieurs fois de marasme. Rien ne pouvait mieux servir mes intérêts que cette résurrection : je répondis à la princesse que si elle daignait accepter la dédicace de ce journal, je me faisais fort de lui rendre l'existence.

« N'en doutez pas, Léonard, me répondit Marie-Antoinette : non-seulement je veux bien que le nouveau journal des dames me soit dédié, mais je donnerai, s'il le faut, des fonds pour le soutenir : c'est une institution toute française que l'on s'étonne de ne point trouver à Paris.

— Je promets à Votre Altesse royale qu'elle existera dans huit jours.

— Sous votre direction, Léonard?

— Non, madame, il faut une plume pour diriger un journal.

— Un peigne vaudrait peut-être mieux, dit la dauphine en riant... Au reste, les plumes se trouvent toujours quand l'argent ne manque pas. »

Quoique je me fusse chargé de la fondation du *Journal des Dames,* je ne me crus pas un caractère de littérateur assez prononcé, pour ramasser le gant jeté par madame la dauphine dans la république des lettres.

Après la toilette de Son Altesse royale, nous

causâmes avec mademoiselle Bertin **du projet**
dont notre patronne venait de nous donner l'idée.
Je pensais que M. Durosoy, dont l'ambition littéraire avait cent bras comme Briarée, ne re-
fuserait pas de rédiger notre *Journal des Dames*,
où la marchande de modes et moi comptions
produire périodiquement la philosophie de
notre art... Mais il nous fallait une dame pour
prête-nom. Mademoiselle Bertin me parla d'une
certaine baronne de Prinzen qui, selon ce
qu'elle m'en dit, ne pouvait plus guère prêter
que son nom, mais qui avait le plus grand besoin d'emprunter de l'argent. Nous lui en of-
frîmes à titre de don ; elle accepta avec empressement, et prit la direction du *Journal des
Dames*... C'est le même qui, je crois, existe encore aujourd'hui.

Si ce recueil complet a été conservé par quelques-uns de ces amateurs minutieux qui font
collection de tout, c'est un livre bon à consulter
pour l'étude des mœurs du xviiie siècle : on y
trouvera, soit e tits vers, soit en plus petite
prose, soit exprimés par le burin de la mode,
des usages, des ridicules qu'on ne concevra
guère maintenant, quoique je ne pense pas, en
vérité, que notre siècle soit plus sage que son
prédécesseur. Seulement, les folies actuelles sont

si loin des folies passées, qu'on a peine à les
comprendre.

Le *ques-à-co* fut la première mode qui fit
explosion dans le *Journal des Dames*, et par
suite dans le monde élégant. Voici l'origine de
ce caprice. Dans un des nombreux Mémoires
de Beaumarchais que la cour et la ville atten-
daient toujours, comme le plus heureux sujet de
récréation, ce malin et spirituel écrivain tra-
çait ainsi l'histoire du sieur Marin, journaliste
du temps... « Marin, disait l'auteur, était ga-
giste à la Ciotat, en Provence, et touchait de
l'orgue. Soudain il quitte la jaquette et les ga-
loches et ne fait qu'un saut de l'orgue au pré-
ceptorat, à la censure, au secrétariat, enfin à la
gazette; et voilà mon Marin, les bras retroussés
jusqu'au coude, et pêchant le mal en eau trouble. Il en dit hautement tant qu'il veut; il en
fait sourdement tant qu'il peut. Il arrête d'un
côté les réputations, qu'il déchire de l'autre.
Censure, gazettes étrangères, nouvelles à la
main, à la bouche, à la presse, journaux, petites feuilles, lettres courantes fabriquées, sup-
posées, distribuées; tout est à son usage. Ecrivain
éloquent, censeur habile, gazetier véridique,
journalier de pamphlets, s'il marche, il rampe
comme un serpent; s'il s'élève, il tombe comme
un crapaud. Enfin se traînant, gravissant, et

par sauts et par bonds, toujours le ventre à
terre, il a tant fait par ses journées, que nous
avons vu récemment le corsaire allant à Versailles, tiré à quatre chevaux sur la route ;
portant pour armoiries, aux panneaux de son
carrosse, dans un cartel en forme de buffet
d'orgue, une Renommée en champ de gueule,
les ailes coupées, la tête en bas, raclant de la
trompette marine, et pour support une figure
dégoûtée représentant l'Europe : le tout em-
barrassé d'une soutanelle doublée de gazettes,
et surmonté d'un bonnet carré, avec cette lé-
gende : *Ques-à-co, Marin ?* »

Madame la dauphine, qui avait ri longtemps de ce passage du Mémoire de Beaumarchais, m'a demandé ce que signifiait *ques-à-co*.
Tout Gascon un peu érudit entend le provençal : j'ai répondu à Son Altesse royale que cela
voulait dire qu'est-ce que cela... Marie-Antoinette trouva plaisant d'adopter ce mot, et le
répétait souvent dans son intimité. Mademoiselle Bertin, saisissant la balle au bond, s'imagina alors d'inventer un panache à la *ques-à-co*.
C'était une réunion de trois plumes que les élégantes portaient derrière la tête ; cette mode,
ayant été goûtée par les princesses et surtout
par madame Du Barry, devint bientôt générale, ainsi que le dicton provençal. On fit au-

tant de folies dans la capitale, il se pervertit autant de jeunes filles, on compta autant de maris trompés pour le *ques-à-co,* qu'il y en avait eu pour les coiffures à la comète.

J'aimais beaucoup mademoiselle Bertin ; nos fortunes cheminaient comme deux bonnes sœurs en se donnant la main, et je m'extasiais toujours sur le joli pied de l'aimable modiste. Eh bien, l'avouerai-je, la gloire du *ques-à-co,* qu'elle avait acquise sans moi, me fatiguait la pensée... Les lauriers de mademoiselle Rose empêchaient Léonard de dormir. Heureusement, pour une sympathie que j'aurais regrettée, il me vint une de ces idées grandioses, qui d'un coup d'aile renversent toute vogue préexistante, et viennent s'asseoir fièrement sur les débris de tous les caprices... J'inventai *le pouff au senti-ment...* Les grandes choses ne se vantent pas : elles se décrivent, et précisément, je retrouve dans mes notes la description du *pouff*[1] que portait, au mois d'avril 1774, madame la duchesse de Chartres. Son Altesse royale avait accédé hardiment à tout ce que la mode offrait

---

[1] On appelait cette coiffure *pouff*, à raison de la confusion d'objets qui entraient dans sa composition, et *au sentiment,* parce qu'on y faisait figurer tout ce que la dame affection-nait.

de plus excentrique : on voyait là une femme
assise sur un fauteuil et tenant un nourrisson;
ce qui désignait M. le duc de Valois et sa nour-
rice. A droite était un perroquet becquetant
une cerise, oiseau précieux à la princesse ; à
gauche se tenait un petit Nègre, image de celui
que Son Altesse aimait beaucoup. Dans le surplus
de la coiffure s'agençaient des cheveux de M. le
duc de Chartres, de M. le duc de Penthièvre, de
M. le duc d'Orléans... Jamais on n'avait osé se
placer sur la tête une telle macédoine, une telle
ménagerie, un tel salon de Curtius, en un mot,
un tel salmigondis d'objets des trois règnes...
Moi-même j'avais été effrayé du dévergondage de
ma conception ; mais bientôt la folie du temps
l'emporta sur la mienne : on vit dans les pouffs
tout ce que le caprice put imaginer de plus
étrange : les femmes légères se jonchèrent la
tête de papillons; les femmes tendres nichè-
rent dans leurs cheveux des essaims d'amours;
les femmes d'officiers généraux portèrent des
escadrons juchés sur leur toupet ; les femmes
mélancoliques érigèrent en pouff des sarco-
phages et des urnes cinéraires. On croira difficilement à cet excès de frénésie, et pourtant
je n'en ai pas chargé le tableau.

Au mois de mai 1774, la mort inattendue du
roi fit diversion à tout ce qui occupait alors

l'attention publique : on a trop écrit sur cet
événement pour qu'il me reste quelque chose
à en dire, et le nom de *Louis le Désiré*, que
l'on donnait depuis quelque temps au dauphin,
révèle suffisamment le sentiment avec lequel
la France vit finir le règne d'un prince qui,
pourtant, avait été surnommé un moment le
Bien Aimé par l'assentiment du peuple. Mais
ce surnom n'était plus qu'une amère dérision,
et, comme le disaient les dames de la Halle,
Louis XV ne trouvait pas un *ave* sur le pavé de
Paris.

CHAPITRE XII.

Début du règne de Louis XVI. — Maurepas, son plan, son insuffisance. — Ce qu'il aurait dû prévoir. — Exil de madame Du Barry. — Renvoi des ministres; épigrammes. — Lettre curieuse du comte Jean Du Barry. — Le pouvoir de Marie-Antoinette commence à poindre. — Sa vengeance envers l'ex-favorite et le duc d'Aiguillon. — L'abbé Terray pour fagot. — Capacités déplacées. — Partage de la Pologne. — Disgrâce de madame de Langeac. — Hospitalité exercée par Léonard. — La *nouvelle aurore*. — Le *petit Vienne*. — Audace de Léonard. — Le relâche de la Comédie italienne. — Turgot et la messe. — L'abbesse Richard. — Une marchande de modes pour dame d'honneur. — Le système de Turgot. — Le maréchal *Jean Farine*. — Le râtelier vide. — Aventure de la porte Neuve. — Un boudoir dans une église. — La reine rajeunit sa maison.

Lorsqu'un astre disparaît, ses satellites, en perdant leur lumière de reflet, rentrent dans l'obscurité : madame Du Barry prévit le sort

qui l'attendait. D'Aiguillon, Maupeou et tous les
hommes d'Etat de leur choix sentirent que
leur pouvoir touchait à son terme; les magistrats de la façon du chancelier se doutèrent
qu'ils allaient avoir à redouter la réapparition
des *revenants*, et quoique la plupart de ceux-ci
ne fussent pas des *esprits*, leurs successeurs
tremblèrent qu'ils ne redemandassent leurs
siéges.

Louis XVI et la reine, immédiatement après
la mort du feu roi, s'étaient retirés à Choisy
avec les princes et princesses. C'est de là que le
nouveau monarque appela à son aide M. le
comte de Maurepas qui, depuis longues années,
expiait, sinon en exil, du moins dans une retraite dépouillée de toute faveur, le fameux
quatrain par lequel il s'était avisé de célébrer
les *fleurs* qui naissaient sous les pas de madame de Pompadour. M. de Maurepas, homme
aimable, mais d'une grande médiocrité, était
bien peu propre à diriger un roi que son prédécesseur avait tenu soigneusement éloigné du
conseil. Cependant ce seigneur, du fond de sa
retraite, avait vu passer tant d'hommes et tant
d'événements dans le tourbillon des affaires,
qu'il avait pu, sans doute, tirer une sorte d'expérience des comparaisons, et juger à peu près
sainement des besoins actuels de la France. Il

arriva donc à Choisy, un plan de réforme en poche ; et comme Louis XVI n'y pouvait opposer aucune raison, bonne ou mauvaise, ce plan fut accueilli de prime abord. Maurepas fit comprendre au jeune souverain que le renvoi des anciens parlements, composés d'hommes riches et influents, avait jeté dans la nation des germes de mécontentement qui pouvaient, au début d'un nouveau règne, dégénérer en troubles sérieux, lesquels seraient prévenus par la restauration des cours arbitrairement supprimées. Il ajouta que la nouvelle magistrature, quoique blessée de son renvoi, ne pouvait faire concevoir à la cour de craintes fondées ; étant en majeure partie composée d'hommes sans talents, sans crédit, dont il serait facile de comprimer le ressentiment. M. de Maurepas, en examinant moins superficiellement les choses, eût raisonné différemment : le rappel des anciens parlements, espèce d'amende honorable de la couronne, ne pouvait guérir la blessure profonde qu'on leur avait faite par une expulsion presque ignominieuse ; et comme leur réintégration paraissait être une des nécessités pressantes de la monarchie, ils pourraient se croire exempts de reconnaissance envers elle, et reprendre leurs prétentions au point où ils les avaient laissées en quittant le siége. Or, si la rancune de ces robins, longtemps humiliés, n'était point calmée, leur pouvoir restauré allait leur fournir l'occasion de s'y livrer, et la vindicte des hommes puissants sommeille rarement sur le théâtre où elle peut s'exercer. Mais le comte de Maurepas, dont l'aptitude politique était trop bornée pour avoir aperçu ce grave inconvénient sur un second plan des considérations, présenta, comme indispensable, le rappel de l'ancienne magistrature, que devait précéder nécessairement le renvoi du ministère actuel.

Séance tenante, il fut aussi décidé que madame Du Barry serait exilée, avec des formes très-polies, au couvent du Pont-aux-Dames ; ce qui dispenserait d'exiler ouvertement M. le duc d'Aiguillon, parce qu'il était probable, vu sa passion pour l'ex-favorite, qu'il se retirerait assez près de ce monastère. Par ce moyen s'annuleraient les deux partis, ou plutôt les deux sections d'un seul parti, qu'on appelait les *Aiguillonnistes* et les *Barrins*.

Dès le 16 mai la sultane validé reçut ce petit billet du roi ; lettre de cachet tout à fait anodine, qu'avait dictée une bienveillance généreuse, car, durant son règne, la comtesse avait peu ménagé le dauphin et la dauphine : « Des » raisons d'Etat, madame, m'obligent à vous or- » donner de vous rendre dans un couvent ; mais

» je n'oublierai point que vous étiez honorée de
» la protection de mon aïeul, et je vous annonce
» qu'au premier conseil il sera pourvu à vous
» donner une pension convenable, si votre si-
» tuation la rend nécessaire. »

Dans les premières semaines de son règne,
Louis XVI eut assez d'occupation pour opposer
des digues au torrent de satires et d'épigrammes sur le feu roi, que chaque jour voyait
éclore. Malgré tous les soins d'une police ac-
tive, il s'en répandit beaucoup dans le public ;
j'en ai conservé plusieurs dont je m'étais fait
donner copie pour les insérer sur le livret de
mon illustre patronne. Mais lorsque Marie-Antoinette fut reine de France, elle négligea de
tenir ce recueil au courant ; et ma feuille des
bénéfices, comme je l'appelais, s'en alla à vau-
l'eau. Mes mémoires profiteront quelquefois des
malices en prose ou versifiées que je continuai,
néanmoins, de recueillir pour le cas où Sa Majesté reviendrait au goût qu'elle avait montré
pour ce genre d'amusement. Voici une des plus
malicieuses épitaphes du feu roi, que l'auteur
supposait expier, sur les brasiers éternels de
l'enfer, les calamités que la France avait souf-
fertes par lui :

> Ci-gît le bien-aimé Bourbon,
> Monarque d'assez bonne mine,

> Qui va payer sur le charbon,
> Ce qu'il gagna sur la farine[1].

Les plans de gouvernement, comme tous les plans du monde, sont chose facile à faire ; mais on rencontre plus de difficultés lorsqu'il s'agit de les exécuter. Le renvoi de trois ministres, MM. d'Aiguillon, de Boynes et de La Vrillière ne causait pas d'embarras au roi : le premier avait fait d'avance ses paquets ; les deux autres se laissèrent donner le leur avec résignation. Mais il ne fut pas aussi facile de se défaire de Maupeou et de l'abbé Terray : ils appartenaient à cette classe de gens qui ne s'en vont que lorsqu'on les chasse... On les chassa. L'improvisateur de parlements se retira dans une jolie maison qu'il possédait près de Chatou ; retraite qui donna lieu au couplet que voici :

> Sur la route de Chatou
> Le peuple s'achemine,
> Pour voir la triste mine
> Du chancelier Maupeou
> Sur la rou... sur la rou... sur la route de Chatou.

On chanta huit jours durant cette malice

---

[1] On sait que Louis XV fit, pour son compte, le commerce des blés ; ce qui ne contribua pas peu à le faire haïr du peuple.

passablement fade ; mais elle fut remplacée
avec avantage par celle-ci :

> Amis, connaissez-vous l'enseigne ridicule
> Qu'un peintre de Saint-Luc fait pour les parfumeurs ?
> Il met dans un flacon, en forme de pilule,
> Boynes, Maupeou, Terray, sous leurs propres couleurs ;
> Il y joint d'Aiguillon, et puis il l'intitule :
> *Vinaigre des quatre voleurs.*

Mais ce que l'on s'arrachait à la toilette des
dames, ce qui faisait fureur dans les petites
maisons et aux cercles des actrices à la mode,
c'était une lettre écrite par le comte Jean Du
Barry, et parvenue de Lausanne à un de ses amis.
Je la trouve tout entière dans mes papiers ; pourtant je n'en rapporte que des extraits : le surplus
n'est plus dans la sphère des détails piquants.

« Voilà mon rêve fini, mon cher ami, écrivait le comte, et après m'être endormi délicieusement en France, je me réveille en Suisse sous
le poids d'un cauchemar. Je me vois dans la
capitale du pays de Vaux, et dans une ville où
l'industrie qui m'est propre trouvera difficilement à s'exercer. Les mœurs y sont simples, les
femmes y sont sages, les hommes y sont francs,
les filles observées, les lois sévères : que diable
voulez-vous que je devienne ? Le jeu et la ga-

lanterie ont ici peu de succès, et si l'on voulait
trafiquer des Suissesses, il faudrait les vendre à
la livre. Tout ce qui m'environne me paraît
étranger; je vois de la simplicité, de la bonne
foi, de la continence, de l'amitié, de la réserve;
toutes les vertus me parlent suisse, et je n'entendais pas même leur langage quand elles me
parlaient français.

» J'étais à Paris à la tête d'une milice brillante, et les filles n'oublieront jamais combien
mon crédit a fait fleurir leur caprice. Le temps
était favorable pour faire fructifier mes talents,
et la reconnaissance de ces tendres créatures de-
vrait m'élever une statue sur la place du Palais-
Royal. J'avais fait passer par ma famille le ca-
nal des grâces et des richesses; c'était un fleuve
dont le débordement, ainsi que celui du Nil,
engraissait et fécondait bien des domaines.

» L'on m'a laissé à peine le temps d'emporter une partie du produit de mes travaux; je
me vois réduit à boire et à rêver à la Suisse, sans
obtenir les marques de considération que les
âmes nobles me prodiguaient à la cour. Mon
plus grand embarras est de savoir où je pourrai
faire agréer mon ministère.

» J'ai laissé deux ménages à Paris; je m'étais
réduit à cela: vous voyez, mon ami, que je m'a-
mendais. Je vous ferai passer des fonds pour les

alimenter, réalisés en une pacotille de fromage et de vulnéraire suisse.

» Je m'attendris sur le sort de ma pauvre belle-sœur, qui n'avait pas fait son noviciat dans des couvents aussi austères que celui dans lequel on l'a reléguée. Si l'on ne m'eût pas séparé d'elle, j'en aurais encore tiré parti ; non pas auprès du nouveau roi : Sa Majesté, et nous en avons une preuve trop frappante, n'est pas connaisseur en *bijoux* ; Crébillon fils lui même ne ferait jamais, dans cet art, qu'un mauvais élève du roi régnant. Mais j'aurais pu trouver le placement de ma belle-sœur en fort bonne maison encore... Si vous pouviez parvenir jusqu'à elle, dites-lui de ma part que je suis très-disposé à parcourir avec elle les cours étrangères, si elle veut faire un beau matin une fugue de son couvent. Il y a par le monde des rois amateurs, qui ne seraient pas éloignés peut-être de savoir comment feu Louis XV passait son temps avec sa dernière favorite... Il serait plaisant que le grand Frédéric, adroitement circonvenu, consentît à abjurer ses hérésies italiques, pour s'accommoder du Cotillon III de feu son frère de Versailles.

» J'avais projeté de passer en Turquie et de me faire marchand d'esclaves ; mais on m'a assuré que le Grand Seigneur me ferait interdire le droit d'essayer ma marchandise, et c'est un commerce que j'ai toujours voulu faire avec conscience. Je ne sais vraiment plus quel parti prendre; quand je serai décidé, je vous donnerai de mes nouvelles. »

Cependant le renouvellement du ministère avait fini de s'opérer le 24 août; ce qui fit appeler ce coup d'Etat une Saint-Barthélemy de ministres. A cette occasion, on vit poindre une influence très-prononcée que personne encore ne soupçonnait, et qui, jusqu'alors, s'était cachée sous les dehors des grâces et d'une aimable légèreté : je veux parler de l'empire exercé par Marie-Antoinette sur l'esprit de son mari ; empire qui, malheureusement, agissait sur un caractère faible, lent à se résoudre, et le plus souvent inhabile à vouloir fermement. Le monde a vu les effets de ce pouvoir; ces effets peuvent avoir été exagérés, envenimés même; mais les nier serait se refuser à l'évidence.

J'ai dit ailleurs que, dans les premières années de son mariage, la dauphine, tout en tenant madame Du Barry à une certaine distance d'elle, ne lui témoignait pas ce qu'on peut appeler de la haine. ... Mais deux femmes, quelle que soit la distance de rang qui les sépare, ne vivent pas longtemps, sans mésintelligence décidée, l'une près de l'autre, lorsqu'elles sont

également belles : toujours cette fatale beauté
sera la pomme de discorde si ingénieusement
imaginée par les poëtes. La favorite, ne pou-
vant lutter de splendeur avec une princesse
royale, quoiqu'elle fût en certains cas admise
aux droits des reines, tâcha du moins de dis-
créditer sa rivale, dans le seul avantage qu'elles
eussent en commun. Madame Du Barry, s'éta-
blissant juge des charmes de Marie-Antoinette,
insinua assez ouvertement, dans la société de
ses courtisans, que Son Altesse royale avait le
pied un peu grand, le gras de jambe un peu
masculin, la gorge bien placée, mais d'une fer-
meté contestable, et plusieurs autres observations critiques qui revinrent promptement aux
oreilles de Marie-Antoinette. Dès lors, l'inévi-
table pomme de discorde roula avec rapidité
entre Son Altesse royale et celle qui osait l'atteindre dans ce que les femmes considèrent
comme leur plus grand bien... Bientôt des propos plus malveillants succédèrent à ceux que
je viens de citer : madame Du Barry fronda,
sans trop de ménagement, l'affection très-prononcée de la dauphine pour mademoiselle
Raucourt; elle tint note des sommes considé-
rables que Son Altesse royale faisait donner
aux créanciers de cette belle actrice; puis
elle relevait avec malignité les vapeurs qui ne

manquaient pas de survenir à madame de Langeac, toutes les fois que la princesse se montrait expansive envers *Hermione* ou *Didon*. Bien plus, se prévalant de la longanimité qu'elle avait déployée lorsque le duc d'Aiguillon s'était inscrit parmi les adorateurs de mademoiselle Raucourt, Jeanne Vaubernier faisait ressortir perfidement une différence remarquable entre cette conduite et le dépit avec lequel Son Altesse royale s'était déchaînée, à cette époque, contre les déréglements d'une jeune fille qui semblait devoir rester sage.

D'encore en encore, les propos de madame Du Barry devinrent si insolents, que le roi dut un jour s'armer de son autorité royale pour obliger la favorite à respecter sa petite-fille. Le silence qu'elle garda ne fut pas long : dans l'année 1774 et quand les bals de la dauphine furent ouverts, madame Du Barry dit et fit dire que Son Altesse royale montrait une préférence marquée au jeune duc de Coigny, et que ses yeux, en le regardant, avaient une expression toute particulière.

Dans le même temps commença la réputation du chevalier Gluck, que madame la dauphine avait fait venir de Vienne, avec beaucoup de sagacité, pour tirer enfin la musique française de l'assommante mélodie de Rameau et

de ses émules. Alors madame Du Barry éleva
autel contre autel, en appelant à grands frais,
d'Italie, le compositeur Piccini. L'Europe a ri
au nez de la France séparée en deux camps, les
Gluckistes et les Piccinites, d'une part sous les
bannières de la dauphine, d'autre part sous l'é-
tendard moins illustre de Jeanne Vaubernier.

Tels furent les éléments dont se forma l'ini-
mitié que Marie-Antoinette vouait, en 1774,
à la favorite. Tant que Louis XV vécut, cette
femme trouva une sauvegarde sous l'aile des
amours; mais ce monarque étant mort, Marie-
Antoinette, qui jusqu'alors s'était contentée
d'opposer le dédain et le mépris aux attaques
d'une femme qu'elle ne pouvait combattre
autrement sans se dégrader, se vengea d'elle,
comme on se venge d'une fille, en la faisant
enfermer.

Justice était faite de ce côté; mais la reine
ne trouva pas qu'elle fût complète envers le duc
d'Aiguillon par son renvoi du ministère. Sa
Majesté voulait punir en lui l'ennemi de M. de
Choiseul et l'amant de madame Du Barry; elle
tint surtout à ce que ce seigneur ne pût recevoir les consolations de l'amour, qui peuvent
compenser toutes les disgrâces : les femmes se
connaissent bien en vengeance. Marie-Antoinette

obtint sans peine du roi que l'ex-ministre fût exilé à sa terre d'Aiguillon, en Gascogne.

Quant à l'abbé Terray, plus heureux qu'un honnête homme, ainsi qu'on le disait alors, il n'eut à subir aucun exil; il ne s'imposa pas même, à l'exemple du chancelier Maupeou, la plus courte retraite volontaire dans une maison de plaisance des environs de Paris. Il habita l'hôtel délicieusement meublé qu'il possédait. Le contrôleur général disgracié en fut quitte pour une épigramme qui, tout aiguë qu'elle était, glissa sur sa susceptibilité à l'épreuve de pareils traits. Cette épigramme, la voici :

> Grâce au bon roi qui règne en **France**,
> Nous allons voir la poule au **pot**;
> Cette poule, c'est la finance,
> Que plumera le bon Turgot.
> Pour cuire cette chair maudite,
> Il faut la Grève pour marmite,
> Et l'abbé Terray pour fagot.

M. Turgot, intendant de Limoges, et très-connu parmi les économistes, avait été d'abord pourvu du portefeuille de la marine; puis il passa au contrôle général, en cédant au lieutenant de police Sartines le premier de ces départements. M. Turgot s'était fait un nom, disait-

on, par un excellent rapport sur l'importation
des pommes de terre en France ; ce qui ne donnait pas d'incontestables garanties pour la bonne
administration de nos flottes. Quant à M. de
Sartines, l'administration supérieure des lanternes de Paris ne paraissait pas un précédent
beaucoup plus rassurant pour l'organisation
des forces maritimes du royaume. On espéra
davantage de M. Turgot lorsqu'il fut passé au
contrôle général ; toutefois, la science de l'économiste et celle de l'homme d'Etat, même lorsque
ce dernier s'occupe de finances, ne sont point
homogènes : compter avec exactitude et admi-
nistrer avec intelligence, cela fait deux. Quant
au comte de Vergènes, appelé au département
des affaires étrangères, et au comte de Muy,
chargé du portefeuille de la guerre, non-seulement ils ne purent faire oublier Choiseul, mais
peu s'en fallut qu'ils ne fissent regretter d'Aiguillon. Bref, tous ces choix servirent à prouver
que l'honnête Maurepas, durant sa longue retraite, pouvait avoir dignement apprécié les
mets et les vins délicats, mais qu'il n'avait pas
appris à connaître les hommes, en voyant passer
devant lui deux générations.

Au milieu des coups d'Etat qui s'étaient opérés
en France depuis la mort de Louis XV, le cabinet de Versailles laissa tout à fait accomplir

le partage de la Pologne, au début duquel le
feu roi avait assisté comme spectateur. On se
rappelle qu'il parut alors une caricature représentant les souverains du Nord se partageant
un gâteau des Rois, sur lequel on lisait *Pologne* :
chacun des potentats désignait, avec la pointe
de son épée, la part qui lui convenait. Le roi
de France seul n'avait ni part ni épée ; mais le
peintre malicieux s'était appliqué à lui prêter
l'air d'un mendiant ; il disait d'un ton piteux :
La part à Dieu, s'il vous plaît... Les monarques
partageants lui répondaient : *Dieu vous assiste,
mon frère.*

M. de Maurepas, fort peu soucieux de ce qui
se passait sur les bords de la Vistule, parce qu'il
avait bien assez d'embarras, sur les rives de la
Seine, à préparer la fameuse restauration parlementaire qui devait couronner son système ;
M. de Maurepas ne voyait pas sans anxiété arriver le moment fixé pour ce dernier coup de
gouvernail politique. Quant à Louis XVI, il ne
songeait guère aux parlements : de vives con-
trariétés domestiques, des chagrins même rendaient pénibles les premiers mois de son règne.
Longtemps Sa Majesté avait refusé de prêter
l'oreille aux bruits qui lui revenaient des légèretés de Marie-Antoinette ; sans approuver
ce qu'il appelait les étourderies d'enfant de Son

Altesse royale, étourderies auxquelles la gravité de son caractère ne lui permettait pas de
prendre part, il ne lui était jamais venu à l'idée
que l'on pût soupçonner la vertu de cette princesse ; sa confiance repoussa pendant plus de
quatre ans les rapports affligeants, dont il avait
pu lui-même remarquer le prétexte dans l'abandon trop marqué de la dauphine avec les personnes de sa société intime. La sécurité du roi
se démentit enfin vers le mois d'août 1774. A
cette époque, les démarches inconsidérées de
la reine revinrent au roi par des bouches
pures : Mesdames tantes et Mesdames d'Artois
et de Provence, afin d'éviter sans doute que
le mal ne devînt plus grand, c'est-à-dire les
propos plus envenimés, plus attentatoires à la
majesté du trône, prévinrent Louis XVI, non
de fautes à la réalité desquelles ces vertueuses
princesses ne croyaient pas, mais des discours
malveillants que l'on basait chaque jour sur
certaines suppositions plus malveillantes encore, qu'encourageaient des apparences trop peu
ménagées. Par exemple, le roi lui-même s'était
étonné plus d'une fois du favoritisme de madame de Langeac, dont les marques étrangement expansives n'eussent pas été comprises
par Sa Majesté, si l'on ne se fût efforcé de lui
expliquer le schisme inexplicable dont les So-

phie Arnould et les Raucourt levaient auda-
cieusement l'étendard. Louis XVI comprit peu ;
mais il comprit assez pour sentir son indignation excitée, et les reproches sévères
qu'il adressa à la reine furent empreints de
cette âpreté d'humeur que Sa Majesté ne do-
minait point encore au point de se renfermer
dans les formes polies. Marie-Antoinette, certaine déjà de pouvoir porter loin les bornes de
son empire, répondit avec plus de hauteur que
de prudence ; Louis se rappela alors que la
reine n'était que sa première sujette, et lui dé-
fendit expressément de revoir madame de Langeac. Un officier des gardes, appelé *Ab irato*,
fut chargé d'intimer à l'exilée de quitter sur
l'heure l'appartement qu'elle occupait au château... Jamais disgrâce ne fut plus brusque, plus
militairement signifiée à une femme.

Onze heures venaient de sonner ; la marquise
allait se mettre au lit, lorsqu'on lui annonça
l'étrange visite de l'officier des gardes qui s'é-
tait fait annoncer comme porteur des ordres
du roi. Madame de Langeac s'enveloppa d'une
robe de nuit et passa dans son salon, où l'envoyé de Sa Majesté l'attendait. Militaire parfaitement formé à l'école de Molé, ayant même
joué Détieulette, dans *la Gageure imprévue*,
l'exempt des gardes sema de toutes les fleurs
que son éloquence put lui fournir, le détestable

compliment qu'il venait faire à l'une des plus jolies femmes de la cour ; mais enfin il fallut bien en venir à dire, assez clairement pour être compris, que le roi ordonnait à madame de Langeac de s'éloigner immédiatement du château. La marquise en pareil cas ne pouvait se dispenser de se trouver mal, et elle le fit avec tant de coquetterie, qu'en perdant connaissance elle gagna un adorateur, ainsi que je le sus depuis.

Tout officier aux gardes de cette époque était muni d'un flacon d'eau de la reine d'Hongrie : celui-ci s'empressa de faire respirer le sien à notre belle disgraciée ; puis, la voyant revenue de son évanouissement, il lui demanda chez quelle parente, quelle amie elle désirait qu'on la conduisît.

« Des parentes, des amies ! répondit madame de Langeac avec un sourire amer ; monsieur est donc à la cour depuis bien peu de temps, s'il ignore que la disgrâce anéantit toute parenté comme toute affection.

— Mais au moins, répondit l'officier aux gardes, les admirations subsistent, et si madame la marquise daigne me le permettre, je la conduirai chez ma mère qui habite Versailles, et qui se fera un vrai plaisir de lui offrir l'hospitalité jusqu'à ce qu'elle puisse se mettre en route pour retourner à Paris... La pluie tombe par torrents ; mais les pluies d'orage, comme les

disgrâces de la beauté, ajouta galamment le
militaire, sont de courte durée, et j'espère que
dans quelques minutes je pourrai faire sortir
ma voiture pour prendre madame la marquise.

— Je vous sais gré, monsieur, d'une offre
d'autant plus obligeante qu'elle pourrait vous
compromettre gravement; et par cette raison
je dois m'abstenir de l'accepter.

— Me compromettre ! ah ! madame, sans
doute tout homme qui sait apprécier les grâces
et la beauté sera compromis en vous voyant;
mais vous savez qu'un militaire français ne re-
cule devant aucun danger.

— Voilà qui est charmant, monsieur; mais,
je vous le répète, je ne dois pas accepter votre
offre... Je me souviens maintenant d'une personne qui, je le pense, ne refusera pas de me
recevoir. Je vous prie seulement] d'agir avec
assez de bienveillance pour que mes gens igno-
rent le sujet de votre visite... Veuillez vous retirer; dans un quart d'heure j'aurai quitté
cet appartement; en prenant la peine de revenir avant de rendre compte au roi de votre
mission, vous pourrez acquérir la conviction
que les ordres de Sa Majesté ont été exécutés.

— Mais, madame la marquise, les cataractes
du ciel, ouvertes comme le premier jour du
déluge...

— Ne m'atteindront pas, je l'espère...

—Quelqu'un du château, sans doute... très-bien, très-bien.... Je l'ignore complétement.... »

A ces mots, l'officier prit la main de madame de Langeac, la baisa avec plus de vivacité que derespect, et prit congé en homme du meilleur ton. Jamais, peut-être, on n'avait chassé quelqu'un avec autant de grâce et de bon goût.

Il était minuit; la pluie tombait toujours; je l'entendais bruire sur le toit dont mon logement se trouvait fort près. Je venais de me mettre au lit, et, par un hasard assez opportun, comme on va le voir, j'avais envoyé fort tard mon domestique à Paris, d'où il ne devait revenir que le lendemain. Tout à coup j'entendis frapper à ma porte; une visite aussi tardive et par le temps qu'il faisait me surprit beaucoup. Le coiffeur n'est pas, comme le médecin, éveillé à toute heure de nuit. Je passai ma robe de chambre seulement, et j'allai ouvrir. Que devins-je, en reconnaissant madame de Langeac presque aussi négligemment vêtue que moi, et portant un petit paquet sous le bras!

« Oui, Léonard, c'est bien moi, me dit la marquise, qui s'aperçut de mon étonnement; je viens vous demander le couvert pour cette nuit..... on me chasse de mon appartement.

— On vous chasse, madame la marquise!

« — De mon appartement, et même du château.....

— Je ne puis rien comprendre à cela... Et la
reine ?

— La reine ! elle n'a pas même daigné s'in-
former de ce que j'allais devenir.

— Mais, madame, quel motif....

— Des propos, une petite intrigue bien misé-
rable, mais bien suivie, bien persistante, à laquelle Marie-Antoinette eût résisté sans doute il
y a deux ans, et qui ne la toucherait aujour-
d'hui que si elle s'attaquait à mademoiselle
Raucourt.

— La reine s'apercevra bientôt qu'une demoiselle de la comédie ne peut remplacer dans ses
affections une personne de votre qualité et surtout de votre mérite...

— Léonard, répondit madame de Langeac en
soupirant, la nouveauté est quelquefois le plus
grand des mérites... Mais, ajouta-t-elle en
femme qui voulait relever à mes yeux le choix
qu'elle faisait en ce moment de mon asile
modeste, l'inconstance n'est point une règle
tellement générale qu'elle n'ait pas, à ma connaissance, de bonnes exceptions..... Eh bien,
Léonard, vous me recevez.

— En pouvez-vous douter, madame la marquise ? »

Et nous gardâmes ensuite, l'un et l'autre, un assez long silence qui pourtant n'apporta ni embarras ni incertitude dans la manière dont l'hospitalité devait s'accomplir.

Le lendemain, de très-bonne heure, je descendis à l'appartement que madame de Langeac avait occupé; ses gens ignoraient absolument ce qui s'était passé; sa femme de chambre même, informée que madame n'avait pas couché chez elle, ne s'en était nullement inquiétée: je dus présumer, à la manière dont cette fille me parla, que cela arrivait quelquefois. J'ordonnai au cocher de la marquise d'aller l'attendre avec sa voiture à la grille du parc qui nous avait servi de sortie la nuit du bal masqué; j'y conduisis ma compagne de chambre bien voilée; elle monta en carrosse, et fouette cocher! Personne ne la vit partir de Versailles; l'officier aux gardes passa pour avoir exécuté ses ordres rigoureusement; et j'appris depuis, par-dessus les murs, que madame de Langeac lui avait tenu compte, en femme reconnaissante, de l'aimable galanterie avec laquelle il s'était conduit dans cette circonstance...

Depuis cet instant, l'ex-favorite reparut rarement à Versailles, et la reine, il faut l'avouer, se montra peu sensible à son absence. Les faveurs de cour, même lorsqu'elles sont fondées sur des passions, ne laissent ordinairement aucune trace après elles... Cela tient sans doute à la légèreté, à la ténuité de leur essence; mais peu d'exceptions pourraient être opposées à cette généralité.

Le départ précipité de la marquise expulsée ne dissipa pas entièrement le nuage qui s'était formé depuis quelque temps au-dessus de la cour : il paraissait depuis peu une pièce de vers extrêmement critique, intitulée *la Nouvelle Aurore*. Cette nouvelle Aurore, dans la satire du jour, n'était rien moins que la reine, faisant des promenades nocturnes dans le parc de Versailles, avec les dames et les jeunes seigneurs habitués de son cercle particulier. Le fait en lui-même était exact : par les belles nuits de mai et de juin, Marie-Antoinette aimait à parcourir les charmants bosquets où Le Nôtre a semé les prestiges de sa féerie; mais ce que le poëte ne disait pas, c'est que le roi lui-même et ses frères prenaient part assez souvent à ces excursions à la lueur des étoiles. Je dois ajouter pourtant qu'il arriva plusieurs fois que ni Louis XVI ni Monsieur ne furent comptés parmi les promeneurs, et que MM. de Coigny et de Vaudreuil les remplacèrent... De là l'idée qu'un de ces gentils-hommes (le premier, disait la chronique ma-

ligne) était devenu le *Titon de la reine*, sans
avoir eu besoin, pour cela, d'être rajeuni, puisque M. de Coigny joignait alors la jeunesse à
tous les avantages extérieurs.

Madame de Langeac, qui ne savait pas se faire
un scrupule même d'un vice, et qui ne regardait la galanterie, portée jusqu'au dernier point
de la faiblesse, que comme une légère erreur,
m'affirma dans le temps que la reine, au moins
quant au prétendu Titon, ne s'était point livrée
à cette erreur ; que, durant ces courses nocturnes dont les vers épigrammatiques faisaient
tant de bruit, l'abandon de Sa Majesté, autorisé
peut-être jusqu'à un certain point par l'idée
que la femme de *César* ne devait pas même
être soupçonnée, n'avait cependant jamais excédé les bornes des bienséances à l'usage des
vulgaires mortels ; qu'enfin, il lui paraissait peu
probable que M. de Coigny se fût prévalu d'aucune faveur, sinon de celle d'avoir produit peut-
être quelque émotion sur la belle souveraine.

Mais le récit des courses nocturnes auxquelles
Louis XVI n'avait pas assisté ne lui revint qu'envenimé par les ennemis de la reine, et ce fut en
cet état que l'humeur naturellement fort brusque du jeune monarque l'accueillit : il accabla
Marie-Antoinette de reproches, sans même s'assurer si le libelle qui excitait sa colère méritait

quelque confiance. De tous les moyens qu'on pouvait employer pour réprimer les imprudences, les légèretés, si l'on veut, de la reine, celui-là était assurément le plus maladroit en même temps que le plus contraire à l'éclat du trône. Marie-Antoinette avait toute la fierté de Marie-Thérèse ; comme elle, indocile au moindre joug, elle laissait cabrer son orgueil pour l'ombre d'une atteinte qu'on lui portait ; et la remontrance fougueuse du roi, remontrance d'une jalousie qu'excusait mal un amour sans transports, se heurta contre toute la fierté de cette princesse que l'univers proclamait fille des Césars. Tout porte à croire que Marie-Antoinette était sinon innocente, du moins exempte d'un blâme qui ne doit frapper que le cœur dont la vertu s'est exilée. Si par la suite l'inflammable princesse commit des fautes graves, ce que rien du reste n'a prouvé jusqu'au moment où j'écris, ces fautes surgirent du mécontentement que Louis XVI excita, en imputant à la reine des torts qu'elle n'avait pas eus primitivement.

Tout en ajoutant foi, beaucoup plus sans doute qu'il ne l'aurait dû, à la pièce de vers intitulée *la Nouvelle Aurore*, Louis XVI en fit rechercher l'auteur, qui se trouva être un certain abbé Mercier ; la Bastille fit raison au roi et à la reine de l'insolence poétique de ce rimeur mal avisé. Mais cette première tache imprimée à la réputation de Marie-Antoinette subsista.

Cependant, ce fut pendant la durée du petit orage conjugal que je viens de décrire, que le roi eut la seule inspiration galante, peut-être, dont ce bon prince se soit avisé de sa vie.

Un matin, pendant que je la coiffais, Marie-Antoinette reçut de Louis XVI un billet ainsi conçu : « Madame, je suis en état de satisfaire mainte- » nant un goût que vous m'avez fait connaître : » je vous prie d'accepter, pour votre usage parti- » culier, le grand et le petit Trianon. Ces beaux » lieux ont toujours été le séjour des favorites des » rois ; conséquemment, ce doit être le vôtre. »

Ce billet, d'une exquise courtoisie pour un roi serrurier, a dit quelque part un historien moderne, avait été écrit en souvenir du désir exprimé par Marie-Antoinette, encore dau- phine, d'avoir une maison de plaisance où elle pût faire ce qu'elle voudrait. Or, si le cadeau était galamment offert, on ne peut disconvenir qu'il fut singulièrement reçu ; aussitôt que la reine vit Sa Majesté, elle lui dit : « J'accepte » les deux Trianons, Sire, à condition que vous »n'y viendrez que lorsque vous serez invité. »

A propos du petit Trianon, je dois rapporter un mot que je me permis à la toilette de la reine, et qui pouvait perdre un courtisan. De ma part il fut accueilli favorablement; il est vrai que je venais de faire à Sa Majesté une frisure dite *engageante* du meilleur goût : où le crédit d'un ministre eût été renversé, celui d'un coiffeur ne broncha même pas... La reine venait de s'arrêter au projet de changer l'ancien nom du petit Trianon en celui de *petit Vienne*... En ce moment, mes doigts, crispés par un mouvement de contrariété, imprimèrent à mon peigne une direction oblique; les cheveux de Sa Majesté furent un peu tiraillés.

« Aïe, Léonard, que faites-vous donc? vous me tirez les cheveux d'une horrible manière.

— Pardon, madame, c'est que...

— Eh bien?

— C'est que je craignais...

— Vous craigniez quoi, Léonard?

— D'être sur le point de perdre la confiance de Votre Majesté.

— Quelle idée! et pourquoi vous l'aurais-je ôtée?

— Je pensais que Votre Majesté, devant aller chaque jour à Vienne, pourrait se décider à prendre un coiffeur autrichien.

— Léonard, que signifie ceci? répondit la reine en se retournant avec vivacité.

— Oh! rien, madame, si ce n'est que les Français, idolâtres de Votre Majesté, doivent être naturellement jaloux des Allemands...

. — Vous êtes un adroit Gascon, monsieur Léonard, dit la reine avec gravité; mais une autre fois ne touchez pas cette corde-là. »

Je ne répliquai pas, et je fis bien.

L'année 1774 se termina dans une macédoine d'événements d'où ressortirent les troubles survenus dans le ménage du roi; des discussions assez vives, assez fréquentes entre la reine et toutes les Altesses royales, tantes, sœurs et belles-sœurs de Louis XVI; la grossesse de madame la comtesse d'Artois, qui fut loin de recommander Son Altesse auprès de l'inféconde Marie-Antoinette; la réinstallation des anciens parlements, les bals de la cour[1], et les premières répétitions du *Barbier de Séville*.

---

[1] Un journaliste moderne a dit quelque part que le XIX\ siècle avait *inventé le moyen âge*, pour raviver nos sensations, en les retrempant d'un peu de barbarie. Il est de fait que notre époque croit avoir inventé beaucoup de choses, et le moyen âge est du nombre. Mais le XVIII\ siècle et la cour de cette époque réclament la priorité d'une telle tentative de restauration, et l'on va voir qu'alors les choses furent portées plus loin que de nos jours. Après un bal chez la reine, où l'on avait choisi les habits du règne de François I\, il fut question sérieusement de faire reprendre ce costume à la noblesse, et la reine se chargea d'en parler à Louis XVI, afin qu'il consacrât ce caprice par un édit : « Madame, répondit le roi, je ne souffrirai pas qu'une pareille farce soit jouée à ma cour. Cette mascarade est

Parmi les choses grotesques qui marquèrent
le début de l'année 1775, il faut citer le fait suivant : un soir du mois de janvier l'on vit tout
à coup une bande blanche apposée sur l'affiche
de la comédie italienne ; chacun s'approcha et
put lire : *Relâche, à cause de la mort du pape.*
Les gens à vue courte ne concevaient pas comment les excommuniés ordinaires du roi faisaient relâche pour la mort du chef de l'Eglise
qui les repoussait ; mais les observateurs avisés
devinèrent tout d'abord le pourquoi : c'était un
hommage rendu à la mémoire de Clément XIV,
par son bon ami Carlin, qui faisait la pluie et
le beau temps parmi ses camarades. En bonne
conscience, arlequin ne pouvait pas moins faire
pour l'honnête pontife qui, peu de mois avant
sa mort, avait donné une excellente abbaye au
fils de l'excommunié Bertinazi. On n'a jamais
su comment l'hommage quelque peu hérétique
des comédiens avait été reçu en paradis, où le

---

bonne pour le carnaval ; mais j'espère bien que le premier jour du carême chacun reprendra les habits de son
temps. Je vais, en attendant, faire rassurer le commerce
alarmé par le bruit de votre folle métamorphose. Si quelqu'un de vous persistait, je l'enverrais, non pas à la Bastille, mais aux Petites-Maisons. » Comme Louis XVI était
homme à tenir parole, on s'abstint de rétablir le moyen
âge... par les habits.   *(Note de l'Éditeur.)*

dernier vicaire de Jésus-Christ lui-même n'avait dû se faire admettre qu'avec peine, vu ses idées visant à la philosophie. On trouvait des discoureurs orthodoxes qui prétendaient que le Père éternel étant de toute nécessité Moliniste, Ganganelli ne pouvait manquer d'avoir été envoyé en purgatoire pour huit ou dix mille années seulement.

A propos de susceptibilité religieuses, certaines personnes trouvent que Louis XVI s'occupe un peu trop du salut de ses ministres : un faiseur d'épigrammes a supposé à cet égard ce dialogue entre le roi et M. de Maurepas :

« Mon contrôleur Turgot, dites-moi, quel homme est-ce ?
— Sire, il a l'esprit juste et le cœur citoyen,
Il respecte les lois et les mœurs.
           — C'est fort bien ;
    Mais jamais il n'entend la messe.
— Sire, je n'en sais rien ; on tient tant de discours :
L'abbé Terray, dit-on, l'entendait tous les jours. »

Je n'en ai pas fini avec les choses saintes, assaisonnées aux épices mondaines. Un matin que je préparais dans le cabinet de la reine les accessoires de sa coiffure du jour, j'entendis une conversation singulière qu'elle avait avec mademoiselle Bertin, sa marchande de modes, et qui fut suivie d'un fait digne d'être cité. Mais

je dois reprendre la narration de plus haut,
pour faire mieux ressortir ce que l'anecdote offre d'originalité. M. Richard, premier président
au parlement de Dijon, avait voué sa fille au
cloître, par des considérations de famille dont
elle ne reconnaissait nullement la légitimité,
et beaucoup de choses en elle se révoltaient contre les vœux qu'elle s'était vue dans l'obligation
de faire. La religieuse Richard savait que les
dames chanoinesses se ménageaient, dans leurs
chapitres extrêmement nobles, des immunités
d'un grand intérêt, qui rendaient leur position fort tolérable, pour ne pas dire plus;
et c'était précisément à ce plus que je ne dis pas
qu'aspirait la fille du président. En conséquence
elle écrivit à des parents qui tenaient à Versailles
un certain rang, et les pria de solliciter en cour
la sécularisation de sa maison, dont elle était
devenue abbesse, et l'autorisation d'y fonder un
chapitre noble.

La sécularisation fut accordée, et madame
Richard, destinée à porter au cou un beau ruban bleu, demanda que ce fût la reine qui lui
conférât cet insigne des dames chanoinesses.
Marie-Antoinette consentit volontiers à cette
sorte d'investiture. Le jour et l'heure furent
indiqués à madame Richard; mais Sa Majesté
oublia bientôt le tout.

Cependant notre chanoinesse arrive à Versailles, et, sachant que la reine est à la messe, diffère quelque temps à se rendre chez Sa Majesté. L'office étant fini, Marie-Antoinette congédie ses dames, sans se rappeler le moins du monde le cérémonial du cordon, et rentre dans son appartement, où mademoiselle Bertin l'attendait en mettant la dernière main à quelques ajustements destinés à la toilette du jour. Après avoir examiné tous ses attifets avec un éloge auquel se mêla quelque peu de critique, Sa Majesté, se rappelant tout à coup la nouvelle chanoinesse, s'écria :

« Ah! mon Dieu, que je suis étourdie! madame Richard, l'abbesse du nouveau chapitre, va venir pour recevoir de moi le cordon, et je n'ai pas conservé une de mes dames; comment ferons-nous, mademoiselle Rose ?

— En vérité, madame, répondit la marchande de modes, je ne sais que dire à Votre Majesté.

— Il me vient une idée, reprit Marie-Antoinette, en riant à l'avance de ce qu'elle allait dire... nous pouvons, je crois, nous passer de mon service d'honneur.

— Et le moyen, madame ?

— Rien de plus simple; madame Richard ne vous connaît pas; elle ne reviendra jamais à la cour; vous allez prendre un de mes ha-

bits, et vous remplirez les fonctions de ma dame
d'honneur.

— Votre Majesté y pense-t-elle? une marchande de modes aider à la consécration royale
d'une abbesse !

— Pourquoi pas? est-il si difficile d'être là,
près de moi, pour tenir sur un bassin d'or la
croix et le cordon de cette bonne chanoinesse? »

Mademoiselle Bertin essaya quelque temps
de se défendre de jouer cette comédie en cour;
mais l'idée plaisait à la reine; elle y tint et
s'amusa beaucoup pendant la toilette précipitée qu'elle aida sa marchande de modes à
faire, pour devenir dame d'honneur postiche.
A peine cette métamorphose était-elle terminée,
que l'on annonça madame Richard.

J'avais tout entendu, et, curieux de voir ce
qui allait se passer, j'appliquai mon nez à une
porte vitrée, à travers laquelle je vis la scène
de l'investiture. Elle se fit avec une dignité que
mademoiselle Rose simula, parbleu! en excellente comédienne... Assurément la nouvelle
abbesse du chapitre noble retourna dans sa
maison, fière d'avoir été décorée par la reine,
et ne se doutant pas que, dans cette cérémonie
chevaleresque, Sa Majesté eût été secondée par
sa marchande de modes.

Je crois avoir déjà dit que M. Turgot, contrôleur général, était économiste, conséquemment homme à systèmes. Il en imagina un, au commencement de l'année 1775, sur les grains et les farines ; ce système trouva beaucoup de détracteurs, et déversa quelque ridicule sur le ministre honnête homme. Le crayon satirique le représentait en cabriolet, avec madame la duchesse d'Anville, qui passait pour son amie et même pour sa maîtresse. On voyait, attelés à la voiture, l'abbé Baudeau, l'abbé Roubeau, MM. Dupont, de Vaines et autres coryphées de la secte des économistes. En roulant sur des tas de blé, le cabriolet se renversait ; le contrôleur général et sa compagne étaient culbutés, et madame d'Anville, dont les jupes se trouvaient relevées, laissait lire ces mots écrits sur son derrière : *Liberté, liberté, liberté tout entière.*

Mais on ne s'en tint pas aux caricatures : le peuple, qui rit volontiers, cesse de rire quand son estomac crie. Le système Turgot fit éclater à Paris une émeute, que M. le maréchal de Biron fut chargé de réprimer. Alors la chanson aiguisa contre lui ses traits ; on lui chanta, sur l'air de *Joconde* :

Biron, tes glorieux travaux,
En dépit des cabales,

> Te font passer pour un héros,
>   Sous les piliers des halles ;
> De rue en rue, au petit trot,
>   Tu chasses la famine ;
> Général digne de Turgot,
>   Tu n'es qu'un Jean farine.

La critique traita plus sérieusement le chef des économistes ; elle s'éleva pour lui jusqu'aux vers héroïques de dix syllabes, dans cette épigramme :

> Un Limousin, très-grand réformateur,
> D'un beau haras fait administrateur,
> Imagina, pour enrichir le maître,
> Un beau matin, de retrancher le paître
> Aux animaux confiés à ses soins.
> Aux étrangers il ouvre la prairie ;
> Des râteliers il fait ôter les foins :
> Un jour n'est rien dans le cours de la vie.
> Le lendemain, les chevaux affamés
> Tirent la langue et baissent les oreilles...
> On court à l'homme... Il reprend : « A merveille,
> « Ils y seront bientôt accoutumés ;
> Laissez-moi faire...» On prend donc patience.
> Le lendemain, langueur et défaillance ;
> Et l'économe, en les voyant périr,
> Dit : « Ils allaient se faire à l'abstinence ;
> Mais on leur a conseillé de mourir
> Exprès pour nuire à mon expérience. »

M. de Maurepas aussi eut son lot dans la bordée épigrammatique du moment :

> Monsieur le comte, on vous demande ;
> Si vous ne mettez le holà,
> Le peuple se révoltera...
> — Dites au peuple qu'il attende :
> Il faut que j'aille à l'Opéra.

Dans les premiers jours de juin nous partîmes, mademoiselle Bertin et moi, pour nous rendre à Reims ; nos fonctions nous ayant appelés tous deux dans cette ville à l'occasion du sacre. La marchande de modes de la reine voulut voyager à petites journées ; j'y consentis : mademoiselle Rose avait un si joli pied, qu'on ne pouvait rien lui refuser.

Le sacre de Louis XVI fut un sujet longtemps exploité par la chronique scandaleuse, qui à quelques vérités mêla beaucoup de mensonges en rapportant cet événement. Ce que l'on appela *l'aventure de la porte neuve* excita surtout, au plus haut point, l'attention et la malice publiques. La reine, enchantée des beaux sites que l'on remarquait en ce lieu, y fit louer une maison, dans laquelle, le 9 juin, Sa Majesté offrit à souper au roi. Sa Majesté, selon sa coutume, s'ennuya et bâilla pendant le repas. Le roi se retira de bonne heure, en recommandant à la reine d'en faire autant; mais il ne devait pas en être ainsi. Dès que le monarque fut parti avec les têtes graves, Marie-Antoinette déclara qu'elle entendait prolonger une aussi charmante soirée, et qu'en conséquence elle donnait congé à l'étiquette.

Je n'étais point dans la maison de la Porte-Neuve durant le souper du 9 juin; je n'en puis parler que par les rapports des personnes qui s'y trouvaient, et je dois avouer que cette relation fut on ne peut plus affligeante pour la vertu de Sa Majesté. On a parlé d'une dispersion des joyeux convives dans les jardins, d'abord brillamment illuminés, puis tout à coup rendus aux doubles ténèbres de la nuit et de leurs charmilles touffues...On a dit aussi qu'après avoir erré quelques instants dans l'obscurité, la jeune souveraine fut rencontrée par je ne sais quel sylphe, dont elle a toujours, a-t-elle dit, ignoré le nom, qu'elle ne put reconnaître... et dont la témérité dépassa toutes les bornes... Personne certainement n'a pu confirmer la véracité d'une si étrange aventure; on n'a pu en former le récit que des répercussions de divers échos qu'on devait soupçonner d'infidélité; car Marie-Antoinette ne manquait pas d'ennemis. Pour achever, cependant, de mentionner un fait dont le retentissement fut général en 1775, j'ajouterai que le duc de Coigny passa pour être le sylphe téméraire de la Porte Neuve; et l'on assura que ce seigneur, privilégié des cercles de la reine, avait vu ses soupirs accueillis avec une telle clémence, que seul il pouvait avoir risqué de déplaire autant à Sa Majesté.

Le 10 au matin, Louis XVI, sans avoir été informé de l'audace mystérieuse du sylphe, en apprit assez sur l'espèce d'orgie de la Porte-Neuve pour témoigner à la reine son extrême mécontentement, avec l'âpreté de formes qui caractérisait ses remontrances. La reine écouta impatiemment l'homélie royale, mais Louis XVI interdit les promenades à la Porte-Neuve... Il fallut bien obéir.

On a beaucoup parlé de l'appartement construit pour la reine dans l'intérieur de la cathédrale de Reims au moment du sacre : je suis mieux fixé à cet égard que sur la scène du 9 juin. Il est vrai que cet asile, tout à fait profane, ainsi qu'on va pouvoir en juger, élevé dans la maison du Seigneur, offrait une étrange disparate avec la sainteté du lieu. Là se trouvait réuni tout ce qui pouvait favoriser une vie mondaine et sensuelle : boudoir, chambre à coucher voluptueusement décorés, cabinet de toilette avec tous ses accessoires, y compris même des lieux secrets à l'anglaise... Ainsi les

grandeurs de la terre ne voulaient pas renoncer, même dans le temple du Roi des rois, aux
douces prérogatives du rang. Il faut convenir
que c'était se livrer commodément à la piété.
J'oubliais de dire que dans la petite maison de
plaisance construite sous les arceaux gothi-
ques de Saint-Remy, l'on avait ménagé une
salle des gardes, où l'on ne jurait pas moins que
dans celle de Versailles, et un œil-de-bœuf en
miniature, qui pouvait à peine contenir les mé-
disances qu'on y débitait.

Une chose encore frappa dans les cérémo-
nies du sacre, ce fut le retranchement d'un passage du rituel où le prêtre consécrateur, en
prononçant certaine phrase latine, se tourne
vers le public, comme pour lui demander
son consentement à l'élection du monarque.
Depuis bien des siècles cette formule n'était
plus en France qu'un vain simulacre; mais nul
souverain n'avait osé faire disparaître ce dernier gage de la puissance populaire... La secte
appelée les patriotes nota, à l'encre rouge, ce
nouvel empiétement du pouvoir royal.

Lorsque la cour fut revenue à Versailles, la
reine opéra dans sa maison un changement
capital qu'elle méditait depuis longtemps. Sa
Majesté établit une charge de surintendante,
qu'elle donna à madame la princesse de Lam-

balle. Cette dame, belle, gracieuse et sage, était, comme on sait, veuve d'un jeune prince qu'elle avait adoré, sans obtenir le retour que tant de qualités réunies méritaient. La reine affectionnait madame de Lamballe avec cette puissance de sentiments qui lui était propre; ce vif attachement fit penser, à tort, du moins je le crois fermement, qu'elle s'était faite la continuatrice de madame de Langeac dans la partie inexplicable des bonnes grâces de Marie-Antoinette, que je suis bien tenté de croire elle-même fabuleuse. L'aimable duchesse de Mouchy avait succédé à madame de Noailles dans les fonctions de dame d'honneur : révolution d'appartement que la reine fomentait depuis plusieurs années. Madame la duchesse de Cossé céda dans le même temps sa charge de dame d'atour à la princesse de Chimay, et madame de Mailly fut nommée première dame pour accompagner.

A cette époque aussi l'on vit paraître à la cour un personnage dont le nom, relevé par je ne sais quelle maison d'éducation élégante et coquette, est parvenu jusqu'à moi à l'étranger : je veux parler de madame Campan, qui fut nommée l'une des premières femmes de chambre, et qui remplaça souvent madame de Misery, lorsque le quartier de celle-ci était venu. Ce remplacement s'opérait à la grande satisfaction de la reine : Sa Majesté se voyait délivrée avec plaisir d'une femme gourmée, inflexible dans ses habitudes héraldiques, et sans le moindre goût pour tout ce qui tenait à la toilette. Quand le temps du service de madame de Misery arrivait, Marie-Antoinette disait en riant à ses autres dames : « Prenons garde à nous, voici venir l'impératrice reine ; » faisant ainsi allusion aux manières graves de sa première femme de chambre, qui lui rappelait la sévérité de Marie-Thérèse. Mais notre belle souveraine acquit dans madame Campan une conseillère aimable, initiée aux gentilles subtilités de la coquetterie délicate, et faite pour comprendre les goûts de Marie-Antoinette, pour suivre même ses caprices dans leurs volages sinuosités. La jolie figure de madame Campan, son esprit enjoué et fécond, une sorte de prestige dans le langage qu'elle tenait de la nature, et que l'art avait perfectionné, lui obtinrent bientôt un grand crédit auprès de la reine : l'admission de cette femme séduisante autant qu'habile dans la chambre de Sa Majesté fit époque.

Madame Campan accomplit chez la reine cette révolution que Sa Majesté désirait : l'importante étiquette de l'ancienne cour fit place aux grâces et à la légèreté. La nouvelle fonctionnaire, toujours soigneuse de prévenir les désirs de la reine, ne calculait nullement le prix des choses; grâce à ses heureuses et nombreuses innovations, que nous secondions de tout notre pouvoir, mademoiselle Bertin et moi, les dépenses de Sa Majesté n'eurent bientôt plus de bornes... Je dois donc dire, pour rendre hommage à la vérité, que madame Campan ouvrit chez la reine cette source de prodigalités qui devint bientôt un véritable torrent dévastateur.

Que dirai-je des bruits qui coururent à la cour sur les assiduités de M. le comte d'Artois auprès de madame Campan, sinon que cette dame était bien jolie et passablement ambitieuse?...Cela ne prouve rien après tout contre sa vertu; et je suis convaincu, autant qu'on peut l'être, que madame Campan, devenue directrice d'une grande maison d'éducation, n'enseigna à ses élèves que des principes de sagesse que sa vie ne pouvait démentir.

Dans le grand mouvement intérieur de la chambre, ma pauvre amie, mademoiselle Bertin, éprouva une déconvenue qui lui fut bien sensible : la reine, sans cesser de lui être attachée, mais persuadée que l'immense développement imprimé à sa toilette serait un fardeau accablant pour sa marchande de modes, lui donna un coadjuteur, ou plutôt un rival dans le sieur Boislard. Je ne sais trop si, à propos d'une fourniture de chiffons, on peut dire :

Du côté de la barbe est la toute-puissance;

mais en peu de temps Boislard s'empara de ce qu'il y avait de plus lucratif dans ces fournitures, et par la suite ce partage inégal contribua beaucoup à déranger les affaires de mademoiselle Rose. Je ne voudrais pourtant pas affirmer qu'il n'y ait pas eu d'autres causes déterminantes...

Quant à moi, je restai seul en possession de l'empire de la coiffure, dont je déléguai les soins secondaires à mon premier ministre Fremont. La reine fut persuadée sans doute que le trône de la coiffure était trop étroit pour être partagé.

FIN DU PREMIER VOLUME.

[illegible]
[illegible]
[illegible]

[illegible]
[illegible]

[illegible]
[illegible]
[illegible]
[illegible]

TABLE DES MATIÈRES

CHAPITRE PREMIER.

CHAPITRE II.

CHAPITRE V.

CHAPITRE VI.

CHAPITRE VII.

CHAPITRE XI.

CHAPITRE XII.

Paris. — Decourchant, imprimeur, rue d'Erfurth, 1.

22 juin 9.

www.ingramcontent.com/pod-product-compliance
Lightning Source LLC
LaVergne TN
LVHW050135060726
842524LV00001B/223